本书是中国地质大学（武汉）研究生精品教材建设项目成果，得到湖北省高校人文社科重点研究基地——大学生发展与创新教育研究中心科研开放基金项目（编号：DXS202004、DXS2021006）、中国地质大学（武汉）马克思主义理论研究与学科建设计划项目（编号：MX2106)、中国地质大学（武汉）马克思主义理论学科培育计划资助。

中 国 地 质 大 学 马 克 思 主 义 文 库

社会主义市场经济概论

以政治经济学为理论基础的阐释

常荆莎　易又群　王晓南　著

社会科学文献出版社
SOCIAL SCIENCES ACADEMIC PRESS (CHINA)

目　录

导　论

　　社会主义市场经济理论是中国智慧和中国方案最显著的组成部分之一。中国智慧和中国方案，为"中国特色社会主义道路、理论、制度、文化不断发展，拓展了发展中国家走向现代化的途径，给世界上那些既希望加快发展又希望保持自身独立性的国家和民族提供了全新选择"①。"提出建立社会主义市场经济体制的改革目标，这是我们党在建设中国特色社会主义进程中的一个重大理论和实践创新，解决了世界上其他社会主义国家长期没有解决的一个重大问题。"②

　　完善和发展社会主义市场经济理论，是坚持和发展中国特色社会主义的题中应有之义，在实践和理论的不断探索中，用发展的实践丰富完善理论，也用发展的理论推进实践沿着正确的方向和轨道运行。在这个过程中，哲学社会科学具有不可替代的重要地位，哲学社会科学工作者具有不可替代的重要作用。③

　　将社会主义市场经济理论从执政党的创新理论转化为学科化的学术理论，是推进社会主义市场经济理论成熟的一个重要环节。因为只有清晰准确地回答社会主义市场经济的来龙去脉、是什么、目标何在等一系列基本问题，理论才能日臻完善，才能有利于推动实践的良性前行。

---

① 《十九大报告辅导读本》，人民出版社，2017，第10~11页。
② 习近平：《切实把思想统一到党的十八届三中全会精神上来》，载《习近平谈治国理政》，外文出版社，2014，第94页。
③ 习近平：《在哲学社会科学工作座谈会上的讲话》，《人民日报》2016年5月18日，第1版。

一 社会主义市场经济理论的研究对象与任务

成熟的学科有明确的研究对象、研究任务等学科属性，既脱离混沌、区别于其他学科、划定学科边界，也因确立研究方向而获得基于学科价值带来的发展空间。

（一）社会主义市场经济理论的研究对象

当代经历过社会主义社会的国家都遇到过运用市场的问题，对这些源于实践的问题进行理论探索，大都是从这些国家执政的共产主义政党领导人开始的，他们以马克思主义理论为指导，以社会实践环境及其变化为根据，在社会主义社会各个时期做出了对资源配置方式的不同组织安排。

世界上第一个社会主义国家苏联，在"十月革命"胜利建立苏维埃政权但尚未完全进入社会主义社会的苏俄时期，于1921年开始实施"新经济政策"，探索性地运用过市场手段激发社会经济活力，恢复战后的国民经济。这一探索虽未确立稳定的经济体制，但在调动微观经济主体的活力上发挥过十分有效的作用。世界上各社会主义国家都首先选择计划经济奠定自己的物质技术基础，其中对各国最有影响力的是斯大林领导下的苏联高度集中的计划经济，被称为"斯大林模式"或"苏联模式"。

第二次世界大战后，实行市场经济的西方主要资本主义国家迎来战后一段和平时期的经济繁荣，社会主义国家也逐渐运用市场盘活国民经济。20世纪50年代起，南斯拉夫等东欧社会主义国家相继开启经济改革，希望突破苏联模式过于集中的计划经济体制对微观经济主体的束缚。20世纪70年代末，几乎所有社会主义国家都在通过计划经济奠定了一定的物质技术基础后，为了进一步盘活社会经济，开启了市场取向的资源配置方式改革。

社会主义国家在经济实践中运用市场时，理论上并没有完全回答清楚社会主义经济为什么需要市场、市场可以被社会主义运用到何种程度、社会主义怎样才能用好市场并防止哪些冲击、为社会主义服务的市场经济历史使命何在等问题。苏联、南斯拉夫等社会主义国家在20世纪80年代后的市场化经济改革中放弃了社会主义制度，经济改革演变成社会制度改向，其中的重要原因是其对这些问题在理论认识和实践处理上很混乱。

1992年，中国共产党第十四次全国代表大会将建立社会主义市场经济体制确立为中国经济体制改革的目标，标志着社会主义市场经济理论的诞生。作为中国共产党的创新理论，它是在整体上把握经济发展的社会主义方向，推进不断加强运用市场手段激发社会经济活力，促进社会生产力发展的实践探索中产生的。

　　社会主义市场经济理论是社会科学的一员，但它一经产生就呈现学科交叉性，涉及法学、经济学、管理学等学科门类的知识。作为中国共产党在中国社会主义初级阶段的创新理论，它首先是中国特色社会主义理论体系的重要内容，从属于法学门类马克思主义理论一级学科中马克思主义中国化二级学科。与此同时，社会主义市场经济理论是中国特色社会主义政治经济学的重要部分，是经济学门类理论经济学一级学科下政治经济学的具体内容。不仅如此，社会主义市场经济理论分析的诸多问题，涉及经济学门类的应用经济学、管理学门类的工商管理和公共管理、法学门类的政治学和科学社会主义等学科知识。

　　社会主义市场经济理论源于实践又高于实践，产生的时间较短。理论本身需要在指导实践中不断检验、深化、成熟。转化为学术体系的社会主义市场经济理论，还有很多基础性和重要的问题需要通过不断研究和探索进一步厘清。比如，理论界在将社会主义市场经济理论从中国共产党的创新理论转化为学术体系的学科理论过程中，关于社会主义市场经济理论的研究对象、研究任务、核心内容，以及马克思主义政治经济学和西方经济学对构建社会主义市场经济理论的价值等问题，有的认识日趋清晰，有的则依然众说纷纭、莫衷一是。比如，在中国共产党提出建立社会主义市场经济体制初期，学术界曾经有人将社会主义市场经济等同于西方资本主义国家率先运用的市场经济，以为搞社会主义市场经济就是像西方资本主义运用市场经济那样，全盘自由化、市场化。

　　实际上，执政党选择社会主义市场经济的初心是明确的。与此相应，转化为学术体系的社会主义市场经济理论，必须明确解析社会主义市场经济理论的历史逻辑、理论逻辑、现实逻辑，才能担负理论回答现实问题、引导实践的使命。

　　中国共产党第十四次全国代表大会指出："社会主义市场经济体制是同社会主义基本制度结合在一起的。"① 次年，《中共中央关于建立社会主义市

---

① 中共中央文献研究室编《十四大以来重要文献选编》（上），人民出版社，1996，第 19 页。

场经济体制若干问题的决定》重申："我们要建立的社会主义市场经济体制，就是要使市场在社会主义国家宏观调控下对资源配置起基础性作用。"[①]这是对社会主义市场经济的根本定位。我们对社会主义市场经济理论问题的把握，必须基于这一根本定位和由此确定的方向，走稳走远我国经济体制改革之路。市场经济与我国社会主义基本制度相结合，使市场在国家宏观调控下对资源配置起基础性乃至决定性作用，这是社会主义市场经济理论的根本问题。因此，市场经济与我国社会主义基本制度的结合及与之相应的经济关系，是社会主义市场经济理论的研究对象。具体而言，社会主义市场经济理论，研究市场经济与我国社会主义基本制度能否结合、应否结合、如何结合、应达到的目标、实际效果、历史发展趋势等问题。换言之，社会主义市场经济理论，要回答市场经济与我国社会主义基本制度结合的合理性、必要性、可行性、结合方式、系统性要求等一系列基本问题。

（二）社会主义市场经济理论的研究任务

社会科学和自然科学都以揭示客观规律为己任，自然科学所转化的技术一旦被人类普遍运用，一个国家的社会运行条件对自然科学发展产生什么影响的问题通常被隐藏。社会科学以揭示人类社会现象的变化规律为研究任务，与自然科学不同，各种社会现象通常发生在以国家这样的统一体作为存在形式的人类社会，因此社会科学研究直接受人类所处社会环境的深刻影响。社会科学研究的根本性、原则性问题是"为什么人"的问题。世界上伟大的哲学社会科学成果都是在回答和解决人与社会面临的重大问题中创造出来的。研究者生活在现实社会中，研究什么，主张什么，都会打下社会烙印。[②] 一方面，每个国家的社会科学研究要立足于本国社会状况，以解决本国问题为目的，各个阶段的研究主要着眼于本国具体社会条件下事物内在规律发生作用的过程、形式、结果，在特殊性中获得对普遍规律的认识。另一方面，人类会运用既往已经发现的规律，与本国的社会情势相结合，揭示和解决本国的社会问题。所以，社会科学具有国家形态。也就是说，社会科学会揭示在本国特殊性中蕴含的普遍性和运用社会科学

---

① 中共中央文献研究室编《十四大以来重要文献选编》（上），人民出版社，1996，第520页。

② 习近平：《在哲学社会科学工作座谈会上的讲话》，《人民日报》2016年5月18日，第1版。

的普遍原理，回应、解释、解决一个国家社会现象、问题，从而可能形成一个国家处理社会问题模式的知识体系。① 正如列宁所说，没有抽象的真理，真理总是具体的，每一种情况都适合于它的一个特殊。② 19 世纪空想社会主义者欧文说过，环境决定着人们的语言、宗教、修养、习惯、意识形态和行为性质。同时期的黑格尔，写信给把荷马的作品译成德语的 J. H. 沃斯说："路德让圣经说德语，您让荷马说德语，这是对一个民族所作的最大贡献，因为，一个民族除非用自己的语言来习知那最优秀的东西，那么这东西就不会真正成为它的财富，它还将是野蛮的。如果您认为这两个例子都已过去，现在我想说，我也在力求教给哲学说德语。如果哲学一旦学会了说德语，那么那些平庸的思想就永远也难于在语言上貌似深奥了。"③ 社会科学的国家形态本质上说明，各民族都需要把本民族特殊性土壤上诞生的文化凝练出普遍性推介给世界，经由民族意义达到世界意义。社会主义市场经济理论正是这样经由中国原创并指导实践，再不断凝练出社会主义驾驭市场经济来解放和发展生产力的规律的。

一个具体科学理论所要揭示的规律是以研究对象为原点的，如同马克思在《资本论》第一卷序言中阐释的："我要在本书研究的，是资本主义生产方式以及和它相适应的生产关系和交换关系……本书的最终目的就是揭示现代社会的经济运动规律。"④ 社会主义市场经济理论是中国特色、中国风格、中国气派社会科学的组成部分，是作为中国形态哲学社会科学成就典范的中国化马克思主义。⑤ 探究中国社会主义初级阶段社会形态下的社会运行规律，解决中国的社会问题，是中国社会实践向当代中国社会科学提出的急迫任务，也是中国社会科学的根本责任。⑥ 与社会主义市场经济理论

① 常荆莎等：《论社会科学国家形态——中国特色社会科学的逻辑前提》，《理论月刊》2012年第 1 期，第 63 页。

② 《列宁全集》（第四十卷），人民出版社，1986，第 447 页。

③ 苗力田译编《黑格尔通信百封》，中国人民大学出版社，2014，第 199～200 页。

④ 《马克思恩格斯文集》（第五卷），人民出版社，2009，第 8、10 页。

⑤ 常荆莎、吴东华：《中国化马克思主义是中国形态哲学社会科学成就的典范》，《中国井冈山干部学院学报》2011 年第 9 期，第 16 页。

⑥ 常荆莎、吴东华：《论中国社会科学的根本责任——建构和发展中国形态的社会科学》，载全国高校社会科学科研管理研究会组编《2011 社会责任与哲学社会科学繁荣发展》，武汉大学出版社，2011，第 29 页。

的研究对象相对应，其承担寻找市场经济服务于社会主义的基本途径、社会主义市场经济健康运行的基本条件、影响社会主义驾驭市场经济能力的基本因素等具体任务。总体上说，社会主义市场经济理论的任务是揭示社会主义市场经济发生发展的规律。

二 社会主义市场经济理论的方法论和研究方法

（一）社会主义市场经济理论的方法论

方法论是人们认识和改造世界的根本方法，是认识问题的方法原理。一个学科以什么方法论为指导，决定其建构与发展的站位和科学高度。"哲学社会科学发展状况与其研究者坚持什么样的世界观、方法论紧密相关。人们必须有了正确的世界观、方法论，才能更好观察和解释自然界、人类社会、人类思维各种现象，揭示蕴含在其中的规律。马克思主义关于世界的物质性及其发展规律、人类社会及其发展规律、认识的本质及其发展规律等原理，为我们研究把握哲学社会科学各个学科各个领域提供了基本的世界观、方法论。只有真正弄懂了马克思主义，才能在揭示共产党执政规律、社会主义建设规律、人类社会发展规律上不断有所发现、有所创造，才能更好识别各种唯心主义观点、更好抵御各种历史虚无主义谬论。"[1]

社会主义市场经济理论是中国化马克思主义的重要组成部分，以辩证唯物主义和历史唯物主义为方法论。

辩证唯物主义将唯物主义和辩证法有机地统一，认为物质是第一性的、意识是第二性的，物质世界按照内在固有规律运动、变化和发展。"任何知识的来源，在于人的肉体感官对客观外界的感觉"[2]，"观念的东西不外是移入人的头脑并在人的头脑中改造过的物质的东西而已"[3]。理论源于实践，是实践经验的凝练升华，又要在不断地指导实践中接受实践的检验，得到发展和完善，"只有人们的社会实践，才是人们对于外界认识的真理性的标准。实际的情形是这样的，只有在社会实践过程中（物质生产过程中，阶级斗争过程中，科学实验过程中），人们达到了思想中所预想的结果时，人

---

① 习近平：《在哲学社会科学工作座谈会上的讲话》，《人民日报》2016 年 5 月 18 日，第 1 版。
② 《毛泽东选集》（第一卷），人民出版社，1991，第 288 页。
③ 《马克思恩格斯选集》（第二卷），人民出版社，2012，第 93 页。

们的认识才被证实了。人们要想得到工作的胜利即得到预想的结果，一定要使自己的思想合于客观外界的规律性，如果不合，就会在实践中失败。人们经过失败之后，也就从失败取得教训，改正自己的思想使之适合于外界的规律性，人们就能变失败为胜利，所谓'失败者成功之母'，'吃一堑长一智'，就是这个道理。辩证唯物论的认识论把实践提到第一的地位，认为人的认识一点也不能离开实践，排斥一切否认实践重要性、使认识离开实践的错误理论"[①]。

辩证唯物主义坚持全面、联系、发展地分析问题。"马克思和恩格斯称之为辩证方法（它与形而上学方法相反）的，不是别的，正是社会学中的科学方法，这个方法把社会看做处在不断发展中的活的机体（而不是机械地结合起来因而可以把各种社会要素随便搭配起来的一种什么东西），要研究这个机体，就必须客观地分析组成该社会形态的生产关系，研究该社会形态的活动规律和发展规律。"[②] 恩格斯指出，形而上学唯物主义"不能把世界理解为一种过程，理解为一种处在不断的历史发展中的物质。这是同当时的自然科学状况以及与此相联系的形而上学的即反辩证法的哲学思维方法相适应的"[③]，"旧唯物主义是非历史的、非辩证的（是反辩证法意义上的形而上学的），它没有彻底和全面地贯彻发展的观点"[④]。

历史唯物主义不是简单的承认物质第一性，物质决定意识。"物质生活的生产方式制约着整个社会生活，政治生活，精神生活的过程，不是人们的意识决定人们的存在，相反，是人们的社会存在决定人们的意识。"[⑤] 感性的生活决定意识，意识来源于实践。"既然唯物主义总是用存在解释意识而不是相反，那么应用于人类社会生活时，唯物主义就要求用社会存在解释社会意识。"[⑥] 马克思在批判形而上学唯物主义时指出[⑦]，唯物史观"这种方法是唯一的唯物主义的方法，因而也是唯一科学的方法。那种排除历

---

① 《毛泽东选集》（第一卷），人民出版社，1991，第284页。
② 《列宁选集》（第一卷），人民出版社，2012，第32页。
③ 《马克思恩格斯文集》（第四卷），人民出版社，2009，第282页。
④ 《列宁选集》（第二卷），人民出版社，2012，第421页。
⑤ 《马克思恩格斯选集》（第二卷），人民出版社，2012，第2页。
⑥ 《列宁选集》（第二卷），人民出版社，2012，第423页。
⑦ 赵磊：《马克思主义政治经济学何以"实证"》，《政治经济学评论》2020年第1期，第178页。

史过程的、抽象的自然科学的唯物主义的缺点，每当它的代表越出自己的专业范围时，就在他们的抽象的和意识形态的观念中显露出来"[①]；"哲学上的'唯理论'和'经验论'都不懂得认识的历史性或辩证性，虽然各有片面的真理（对于唯物的唯理论和经验论而言，非指唯心的唯理论和经验论），但在认识论的全体上则都是错误的"[②]。

社会主义市场经济理论以辩证唯物主义和历史唯物主义为根本方法，这是由社会主义市场经济理论要追求科学、以揭示社会主义初级阶段社会经济内在规律为己任、实现科学性和阶级性高度统一决定的。社会主义市场经济理论要通过把握生产力和生产关系、经济基础和上层建筑的矛盾运动，揭示社会主义市场经济问题及其表现的各种经济关系的变化规律，继而运用这些客观存在的规律使市场经济服务于社会主义建设。对此，必须把握有机统一的两个方面。一方面，社会主义市场经济理论要致力于全面、联系、发展地认识市场、市场经济的基本特点，明确社会主义运用市场、市场经济的根本目的，探索市场、市场经济为社会主义所用的健康方式，破解过滤市场、市场经济危害因素的难题。另一方面，必须基于社会存在决定社会意识的基本原理，在生产力和生产关系、经济基础和上层建筑的矛盾运动中，调动包括市场各类主体在内的一切积极因素，巩固中国特色社会主义道路、制度、理论、文化，把握和坚持我国现阶段市场经济的社会主义方向，既不走高度集中计划经济等封闭僵化的老路，也绝不能走全盘自由化、市场化、西方资本主义化等改旗易帜的邪路。

（二）社会主义市场经济理论的研究方法

方法论决定和指导具体方法，在辩证唯物主义和历史唯物主义为根本方法的方法论指导下，社会主义市场经济理论必须坚持逻辑与历史相统一、理论联系实际的原则，充分运用历史分析法、比较分析法、矛盾分析法、系统分析法等方法。在剖析社会主义市场经济理论与具体实践问题时，还可以运用实证分析与规范分析、定性分析与定量分析等诸多方法。

逻辑与历史相统一既是理论研究的原则，也是一种研究方法。客观事物的发展过程是对其进行分析的逻辑依据，逻辑是客观事物历史发展过程

---

① 《马克思恩格斯文集》（第五卷），人民出版社，2009，第429页注。
② 《毛泽东选集》（第一卷），人民出版社，1991，第291页。

的理论再现，这种再现应基于事物发展的过程，符合物质第一性、意识第二性，社会存在决定社会意识的唯物辩证法基本原理。逻辑与历史相统一，是将对事物的分析与事物的产生发展历史过程相统一。正如恩格斯指出的，"历史从哪里开始，思想进程也应当从哪里开始，而思想进程的进一步发展不过是历史过程在抽象的、理论上前后一贯的形式上的反映；这种反映是经过修正的，然而是按照现实的历史过程本身的规律修正的，这时，每一个要素可以在它完全成熟而具有典型性的发展点上加以考察"①。

理论联系实际是唯物辩证法和唯物史观的内在要求。理论应该源于对实际问题的分析研究，只有从实际出发的理论，才是反映客观存在的理论，既凝练与升华实践也接受和经得起实践的检验。中国共产党长期革命斗争的经验教训证明，脱离实际的理论只是教条，用脱离实践的理论指导实践必然走向失败。因此，社会主义市场经济理论必须实事求是地在将理论追求和现实条件相结合的基础上，探索社会主义市场经济基本规律。

对社会主义市场经济理论进行历史分析，既是对唯物辩证法和唯物史观的具体运用，对逻辑与历史相统一原则的贯彻，也是一种对事物发展历史过程进行系统分析的方法。历史分析法基于客观事物不断发展变化这一特征而以发展、变化的观点分析事物，分析比较事物发展不同阶段的状态和联系，搞清来源、实质、发展趋势。社会主义市场经济理论分析问题常常首先采用这一方法，探索市场、市场经济、社会主义与市场的关系等问题的由来，不断以此揭示社会主义市场经济发生发展的历史条件，揭示社会主义市场经济的历史使命与发展前景。

比较研究法是研究与判断可比性事物的相似性或相异程度的方法。社会主义市场经济理论按一定的标准，既可以对有联系的事物进行空间比较，也可以比较考察同一事物在不同时间的状态，找出异同；既探求寓于特殊性中的普遍规律，也分析普遍规律在特殊条件下发生作用的过程与结果。

矛盾分析法基于世界由存在对立统一关系即矛盾着的事物组成，矛盾运动推动事物变化发展这一基本原理，在分析事物的过程中把握矛盾的状态、性质、变化趋势，继而确定矛盾的解决方式，寻找与创造解决矛盾的条件。社会主义市场经济理论运用矛盾分析法，围绕社会基本矛盾、主要

---

① 《马克思恩格斯选集》（第二卷），人民出版社，2012，第14页。

社会主义市场经济概论

矛盾及其决定的具体矛盾，把握我国社会主义初级阶段发展社会主义社会生产力、完善中国特色社会主义制度体系、有效解决社会发展各个阶段生产力发展急迫问题的经济体制之间的对立统一关系，处理相互交织的各种矛盾。

系统分析法是社会主义市场经济理论研究问题的必要方法。系统分析法以系统论为指导，全面、联系、发展地认识复杂社会系统整体及其内部要素间、系统与所处环境间的联系，获得对事物性质和动态发展趋势整体性、综合性的认识。

实证分析与规范分析是研究经济问题的常用具体方法。实证分析法在对经济现象、经济行为、经济活动等事物进行分析时，研究事物是什么或不是什么，据此预测经济主体合规律的经济行为会产生怎样的效果，为决策者提供决策依据。规范分析法通过对已有事物的把握，在建立判断事物运行状态的价值标准基础上，研究事物应该怎样，为决策者以一定标准制定政策措施引导事物达到应有之势态提供依据。社会主义市场经济理论需要通过实证研究了解把握具体问题的特性，也需要通过规范研究使人们运用相关事物的内在规律实现预期目标。

定性分析与定量分析是分析问题的两种基本方法。定性分析是对事物进行质的分析，通过分析事物的属性，把握事物与其他事物质的区别。而事物是变化的，对变化的事物进行定量分析，就是在定性分析的基础上分析事物所处状态的程度，以获得更准确、更客观、更科学的结论。社会主义市场经济理论在分析相关问题时，需要以定性分析为基础，实现定量分析与定性分析有机结合。必须清醒地认识到，定量分析是服务于定性分析的，没有对质的准确认识和把握，纯粹地将分析问题建立在假设条件上的定量化、模型化定量分析，丝毫无益于实现对事物性质更准确的把握。忽视定性分析的基础性，以定量分析为目的、为标准，这是以往古典经济学和之后庸俗经济学的重要特征。理论史和经济实践证明，这种分析范式恰恰常常偏离事物的性质和研究目的，使理论分析陷入数学化歧途。

社会主义市场经济理论需要运用的具体研究方法还有很多，上述研究方法也不是各自独立的而往往是被综合运用的。事实上，人类在研究自然或社会问题的过程中，几乎无法只运用一种研究方法分析解决问题，综合运用各种方法才能探索和获得相应的结果。

010

三　社会主义市场经济理论的基本内容体系

社会主义市场经济理论作为一门年轻的交叉学科，可以涉猎很广的内容。

（一）社会主义市场经济理论的内容由其学科交叉性决定

学术界现有的公开出版物中，最早的是著名经济学家依据党的十四大关于建立社会主义市场经济体制的初衷，以马克思主义政治经济学为理论基础撰写的，其中以刘诗白主编的教材、刘国光撰写的专著为代表。刘诗白主编的《社会主义市场经济理论》作为最早的教学适用读物之一，为人们提供了将中国共产党的创新理论学术化和教材化的模板。书中有关市场结构、宏观经济运行与宏观调控等问题的阐释，较多运用西方经济学的原理①，这既有理论发育时间较短而难以避免借鉴西方市场经济理论的因素，也与社会主义市场经济实践面临的复杂和尖锐问题未充分暴露有关。作为中国社会科学院学部委员专题文集，《社会主义市场经济理论问题》② 于2013 年出版，该书集结刘国光先生自 1991 年 10 月至 2011 年 5 月的系列报告和论文，在很大程度上反映了学界将理论研究与现实问题相结合的历史过程及其高水平成果，非常适合政治经济学基础较为扎实的研究者学习。

2007 年以后，随着高校在相关专业本科生、研究生教育中开设社会主义市场理论方面的课程，我国一些著名高等学府的教师相继编写了一些各有特色的教材，在编写程式上既介绍适合本科生、研究生学习的理论，也配有相关的案例、复习思考题等，体现了学理化的社会主义市场经济理论日益完善和成熟。

（二）本书界定的社会主义市场经济理论基本内容

作为中国共产党的创新理论的社会主义市场经济理论，诞生和学理化的时间都不长，因此介绍社会主义市场经济理论的读物在所涉内容上仍无法摆脱边界模糊的问题。比如有的未廓清"社会主义市场经济理论"与"社会主义经济理论"的边界，有的只讨论社会主义市场经济体制而缺乏历史渊源的必要解析等。可喜的是，有学者在著作中探究到研究对象、相关

---

① 刘诗白主编《社会主义市场经济理论》，西南财经大学出版社，2005，第 144、261 页。
② 刘国光：《社会主义市场经济理论问题》，中国社会科学出版社，2013。

内容这一基础层面的问题①，这有利于推进社会主义市场经济理论这一中国共产党创新理论的学理化。

本书以《社会主义市场经济概论》为名，旨在概括地阐述社会主义市场经济的理论与实践发展脉络。为推进社会主义市场经济理论学理化，本书力图对社会主义市场经济是什么、从哪里来、如何运行、效果怎么样、往哪里去等生命历程中的基本问题进行基本的交代。据此，社会主义市场经济理论的基本内容应该是：社会主义市场经济理论的学科属性、社会主义市场经济理论的重要范畴、马克思主义经典作家对社会主义利用市场的探索、新中国经济体制变迁过程、我国经济体制改革的目标与性质、社会主义市场经济的基本特征、社会主义市场经济的理论资源、社会主义市场经济的基本框架、社会主义驾驭（运用、运行、把控）市场经济的机制应把握的重要关系及经济规律体系、社会主义市场经济的历史地位和使命。这些内容是社会主义市场经济理论必须回答的最基本问题。在此基础上，社会主义市场经济理论可以扩展研究内容，探究与社会主义市场经济相关的诸多问题。

思考题：

1. 如何认识社会主义市场经济理论的研究对象和任务？

2. 为什么社会主义市场经济理论必须以辩证唯物主义和历史唯物主义为方法论？

3. 社会主义市场经济理论应该包括哪些最基本的内容？

---

① 李丰才编著《社会主义市场经济理论》（第三版），中国人民大学出版社，2018。

第一章

社会主义市场经济理论的重要范畴

"研究问题，要从人们看得见、摸得到的现象出发，来研究隐藏在现象后面的本质，从而揭露客观事物的本质的矛盾。"[①] 客观存在的事物是理论观察分析的最基本依据，理论把认识到的客观事物先用范畴来描述和概括。列宁说过，概念、范畴是人类认识的阶梯和支撑点，社会主义市场经济理论的一系列重要范畴是把握社会主义市场经济理论的阶梯。

第一节　经济制度与经济体制

解析事物，要把握事物的内涵和外延。内涵是指一类事物的共同特性或属性，是一类事物与其他类事物的根本区别所在。外延是符合一类事物共同特征的所有对象集合。

一　经济

经济是人们熟悉的范畴，经济领域是社会主义市场经济理论的核心视域。

根据相关记载或史书的描述，关于经济较有影响的表述在古汉语中有"经济""经世""济世经邦"，但它们与现代意义的经济一词含义并不等同。东晋葛洪（284～364年）在《抱朴子》之"审举"这一篇中写道：

---

① 《毛泽东文集》（第八卷），人民出版社，1999，第139页。

"故披洪范而知箕子有经世之器，览九术而见范生怀治国之略。"此后，有识之士将"经世"作为立世追求，意为整治天下，拯救民众，使社会繁荣，百姓安居。《晋书·殷浩传》中有："足下沈识淹长，思综通练，起而明之，足以经济。"此处经济指治理国家，普济万民。"济世经邦"一词源于描写唐代诗人李白一生遭际的明朝戏曲《彩毫记》，剧作家屠隆（1542～1605年）戏中一句写李白："此行指望济世经邦。"济世经邦在此指拯救世人，治理国家。

英语 economy 的词根 econom 来源于希腊语，eco 意为家计、家庭事务，nom 的意思是规则或管理。在西方文献中，最早使用"经济"一词的是古希腊思想家色诺芬（约公元前 430～前 354 年）。他在《经济论》中首次用"经济"一词，意指管理财富争取盈余，列举了奴隶主按照对自己合算的原则对待奴隶，他的"经济"一词相通于现代的家庭管理。19 世纪中期，日本思想家参照古汉语"经世济民"，将英文 economics 译为"经济学"，economy 译作"经济"①，并于 19 世纪下半叶将其传入中国。

外延包括了一类事物的所有表现形式。现代社会中，经济一词呈现出丰富的外延。比如，这个方案比较经济，经济在此意味着这样的做法合算、节约资源；又比如，工业经济、国民经济，经济在此指社会财富的生产与组织运行；再比如，资本主义经济、社会主义经济，经济在此是指社会生产方式的相应制度；经济活动、经济行为中的经济是指生产、分配、交换与消费等社会实践；自然经济、商品经济和产品经济中的经济指劳动产品的配置方式；市场经济、计划经济中的经济是指起社会经济资源配置的基础性方式……由此我们看到，大到社会经济运行、小到个人或家庭等微观主体获得收入与产生支出，从某个经济事物到各类经济问题，由表层的经济现象到深层的经济规律，虽然经济范畴的全部外延无法穷举，但这些形式有一个共同的特征，那就是都与人类物质资料生产活动相关。

经济是人类社会发展到一定阶段才形成的历史范畴，当人类从自然界获取物资及予以再加工生产越来越不能满足需要时，必然面临谁的资源、用以满足谁的需要、满足哪些需要的问题。表面上看，合算是人类配置资

---

① 潘昌龙：《简论神田孝平的历史地位》，《内蒙古大学学报》（哲学社会科学版）1989 年第 4 期，第 109 页。

源的通行标准，但实质上，私有制产生以来，配置谁的资源、对谁合算、先满足谁的需要，这些都是由资源属于谁决定的。经济活动的内容首先是物质生产，物质生产是真正从物质上、在不断更新的形态上持久地解决人们生存与发展物质需要问题的根本手段。[①] 在欲望与资源稀缺的矛盾基础上产生经济这一范畴，其本义即内涵在于：资源所有者基于自身意愿，在以物质资料生产实践为核心的活动中，对投入与产出做出最佳处理。经济活动追求一定的投入获得最大产出，或以最小的投入获得一定的产出。经济概括了人类社会在一定阶段通过物质生产获取生存、发展所需物质生活资料的活动及其中的相互关系。

与经济这一范畴相对应的经济学，是人类研究如何将生产资料所有者的有限资源有效配置到各种用途的学科体系。根据研究对象和研究范围不同，经济学门类有多个分支，如理论经济学、应用经济学等。理论经济学根据方法论的不同，又主要分为马克思主义政治经济学和西方经济学两大体系或范式。作为探究社会运行问题的社会科学组成部分，真正的经济科学从来不应该，也不可能脱离现实社会的人。马克思主义政治经济学从物质资料生产是人类生存和发展的基础出发，研究社会生产方式及与之相对应的经济关系，揭示人与人结成相互关系适应人与自然和谐共生关系的规律，具有鲜明维护社会发展动力——劳动者——的阶级立场，是劳动阶级推翻受压迫受剥削的旧社会制度、建立联合起来当家做主新社会制度的理论武器。西方经济学以自然科学的外表乔装自己，聚焦于研究人与物、物与物关系的优化，试图表现出超脱于人与人之间的经济关系。而实质上，这恰恰证明其以既有的生产资料私有制及其决定的人与人不平等的相互关系不容置疑为前提，将资源配置问题的分析建立在生产资料私有制天经地义的基础上。这就使西方经济学存在视域狭隘、固化的先天缺陷，也由此决定其为了逃避一些真问题而只能采用唯心主义和机械唯物主义方法论，拘泥于部分客观而不敢面对全面客观，形成"头痛医头、脚痛医脚"的经济理论体系。

---

① 张俊山：《科学抽象在中国特色社会主义政治经济学建设中的意义》，《当代经济研究》2020年第1期，第9页。

二 经济制度与经济体制反映的生产关系

认识社会主义市场经济是什么、为什么、怎么样、怎么办等一系列基本问题的基础在于，首先要搞清经济制度和经济体制这对范畴及其相互关系，经济制度与经济体制是社会主义市场经济理论的基础范畴。

在英文中，制度和体制都以单词 system 表示，但中国语境中制度和体制在词义上具有差异，二者是我国改革开放以来既紧密联系又有内涵区别的热词。从广义上看，制度是一个社会的规范体系，既包括相关社会组织发布的一切有形的规定、规则，也包括无形但强烈影响人们活动方式的规矩。狭义的制度是指体现社会本质特性的社会经济、政治等关系的规范体系，是一种社会形态与其他社会形态根本区别之所在。体制是社会管理组织安排层面的规范，主要安排社会管理的具体方式及组织机构、处理公共事务的体系及规章和管理机制等。体制是按社会制度要求制定的，属于制度在操作层面上的具体实现。也就是说，体制是社会制度的实现形式。

每个社会的政治、经济、文化等基本制度，是相对持久的、定型化的社会关系的反映，存续于这一社会始终，具有作用范围的普遍性和作用效力的持续性，在推动社会生产力发展的过程中不断得以完善和巩固。而一个社会的制度主体在不同的阶段性历史任务面前，可根据生产力发展的要求不同而调整、运用不同的体制。

生产关系系统具有多层次性，按建立生产关系的基本出发点到生产关系的具体实现过程，可以分为本质层、组织安排层、具体运行层。相应地，反映生产关系的规范也会分层。经济制度与经济体制体现不同层次的生产关系。

在一个社会的制度体系中，经济制度是政治制度、文化制度等其他社会制度得以建立和稳定的基础。人与人在社会生产中形成的社会生产关系是一个复杂的系统，在马克思主义理论中，广义的经济制度是一个社会的生产关系总和。中国共产党概括的中国特色社会主义制度，[①] 也是从广义上揭示制度外延的。

狭义的经济制度是本质层生产关系，是社会性质的经济展现。其内容

---

① 《胡锦涛文选》（第三卷），人民出版社，2016，第 527 页。

包括一个社会的生产资料所有制及由此决定的生产者地位、个人消费品分配原则、社会生产目的等。揭示社会主要资源"属于谁"和"为谁"谋利益。

经济制度与经济体制体现不同层次的生产关系。在经济制度明确了"谁的"资源和"为谁"谋利益等本质生产关系的基础上,为了实现"谁的"资源和"为谁"谋利益的制度要求,制度主体必须选择最能为其解决一系列重大问题的组织安排层面的生产关系,经济体制就是组织安排层面生产关系的规范。经济体制是经济制度的实现形式,只有解决"如何做"和"做什么"才能更好地服务于"谁的"资源和"为谁"谋利益的组织安排问题。比如组织安排哪些主体参与社会经济运行、他们之间组成怎样的相互关系,即协调社会经济运行实践"有谁"参加和"怎样"参加的问题。又比如通过具体地规范个人之间、个人与组织之间、组织与组织之间的生产关系,使经济制度的性质通过人们的现实活动得以实现。

三 经济体制与经济制度的关系

经济体制是经济制度得以实现的具体方式,基于经济制度是社会制度的基础,经济体制也是社会制度体系要求得以实现的承担者。经济体制与经济制度既统一又对立。

一方面,经济体制同经济制度在相互作用中有机统一。第一,经济制度和经济体制都体现社会生产关系,经济制度是经济体制的执行基础,经济体制是经济制度的落实途径,经济制度决定选择什么样的经济体制最有利于解决制度主体面临的生产力急迫问题,达到巩固完善制度的目的。第二,每个社会都致力于发展生产力,但其中本质的问题是为谁发展、谁获得生产力发展的最大果实,经济体制和经济制度都必须适应和推动其所处社会的生产力发展才能获得存在空间。第三,经济制度是社会制度体系中的基础性制度,是社会政治、文化、思想意识等制度及其实现形式的基础,也要求政治、文化、思想意识等制度必须有利于维护经济制度的稳定,促进经济制度的成熟与完善。经济制度选择新的经济体制会引发相关政治、文化体制和社会意识形态的形成与调整,经济体制调整及其引发的政治、文化体制和社会意识形态变化,一定会反作用于经济制度。

另一方面,经济体制和经济制度的区别十分明显。第一,二者体现不同层次的经济关系，规范不同层次的问题。经济制度体现本质层经济关系，规范社会资源是"谁的"和"为谁"谋利益等经济性质的核心问题；经济体制体现核心经济关系的诉求是如何实现的，规范"如何做"和"做什么"去达到"谁的"资源和"为谁"谋利益的要求。第二，经济制度体现生产关系的一般性，经济体制反映生产关系的多样性。一种经济制度贯穿于一个社会始终，其根据不同阶段解决生产力最急迫问题的需要可以适时选择不同的经济体制，一种经济体制的功效也可服务于不同经济制度对这种功效的需要。第三，经济制度和经济体制之间的主从关系不是绝对的。虽然经济体制是经济制度的实现形式，应该落实经济制度的要求，巩固和完善经济制度，但实践已经证明，经济体制有自身特定的运行趋势。这就使其并不必然纯粹有利于巩固与发展经济制度，特别是经济制度驾驭不了经济体制内在的、与经济制度对抗的力量时，理应处于从属层次的生产关系完全可能跃升至主导性生产关系，瓦解经济制度的应然要求且其力量足以掏空整个社会制度基础。第四，不同经济体制与经济制度的耦合关系亲疏有异，这是由经济体制与经济制度各自的内在特性决定的。就全球现行的两种主要经济体制而言，市场经济体制内在的市场主体趋利性与资本主义私有制经济多元主体个利为先相互交融促进，使市场经济体制在资本主义经济制度中如鱼得水；而私有制微观主体虽然可以卓有成效地运用计划手段，协调安排势力范围内的资源，但资本主义私有制否定了以计划为基础性方式配置全社会资源的可能性，即资本主义制度无法实行计划经济体制。当社会生产力发展到必须克服私有制束缚，由社会占有生产资料时，社会主义公有制提供了运用计划经济体制配置社会资源的天然基础，计划经济体制是社会主义公有制经济制度的子弟兵；在社会主义制度基础上，将市场作为基础性或主要的资源配置方式，目前我们还没有凝练出高度融合二者的有效方式，以实践效果看，使市场经济服务于社会主义进行得远不如使市场经济服务于资本主义顺利。"市场经济是一种与资本主义私有制浑然融为一体的经济运行方式，要使之能够象发展资本主义生产那样推动社会主义经济的发展，就必须将市场经济与社会主义有机地融为一体……在如何建立一个能够适应社会主义公有制基本制度要求的市场经济体制方面，则仍处于探索之中……特别是从市场经济的产生和发展过程来看，其与社主义相矛盾的地方比与资本主义相矛盾的地方要更多一些。"① 正是由于这种内在的亲疏机理，东西方学者长期把计划经济和市场经济分别视为社会主义经济制度和资本主义经济制度。

只有基于经济体制是经济制度要求的具体实现方式、与经济制度既统一又对立的原理，才能深刻认识改革开放总设计师邓小平的经济体制改革思想，我们才能正确理解好运用好相关思想推动改革开放。1979 年，邓小平指出："说市场经济只存在于资本主义社会，只有资本主义的市场经济，这肯定是不正确的。社会主义为什么不可以搞市场经济，这个不能说是资本主义。"② 1987 年，邓小平谈道："为什么一谈市场就说是资本主义，只有计划才是社会主义呢？计划和市场都是方法嘛。只要对发展生产力有好处，就可以利用。它为社会主义服务，就是社会主义的；为资本主义服务，就是资本主义的。"③ 1992 年，邓小平视察南方并发表一系列谈话，提出"计划经济不等于社会主义……市场经济不等于资本主义"④。这些论断都指明计划和市场都可以作为经济手段，我们建设社会主义经济也可以运用市场配置资源的手段，而非去社会主义、抽离新中国本质层次的生产关系。1992 年 6 月，江泽民在中央党校的讲话中提出倾向于使用社会主义市场经济体制这个提法⑤，随后党的十四大决定建立社会主义市场经济这一新体制。这就实现了将市场经济从经济制度中剥离出来并定位为一种经济体制，也在根本上承前启后地强调了经济体制改革必须为促进社会主义制度完善发展服务。

第二节　中国社会主义初级阶段基本经济制度

社会主义制度、社会主义经济制度、社会主义初级阶段的经济制度、中国社会主义初级阶段基本经济制度，是相互联系又相互区别的。

---

① 习近平：《对发展社会主义市场经济的再认识》，《东南学术》2001 年第 4 期，第 28～29 页。
② 《邓小平文选》（第二卷），人民出版社，1994，第 236 页。
③ 《邓小平文选》（第三卷），人民出版社，1993，第 203 页。
④ 《邓小平文选》（第三卷），人民出版社，1993，第 373 页。
⑤ 《江泽民文选》（第一卷），人民出版社，2006，第 202 页。

一 我国社会主义初级阶段基本经济制度的理论发展

新中国对社会主义的发展阶段及其经济制度与基本经济制度，经历了一个认识过程。

（一）社会主义制度和社会主义经济制度

《中华人民共和国宪法》第一章总纲第一条：中华人民共和国是工人阶级领导的、以工农联盟为基础的人民民主专政的社会主义国家。社会主义制度是中华人民共和国的根本制度。第六条：中华人民共和国的社会主义经济制度的基础是生产资料的社会主义公有制，即全民所有制和劳动群众集体所有制。社会主义公有制消灭人剥削人的制度，实行各尽所能、按劳分配的原则。国家在社会主义初级阶段，坚持公有制为主体、多种所有制经济共同发展的基本经济制度，坚持按劳分配为主体、多种分配方式并存的分配制度。第十一条：在法律规定范围内的个体经济、私营经济等非公有制经济，是社会主义市场经济的重要组成部分。国家保护个体经济、私营经济等非公有制经济的合法的权利和利益。国家鼓励、支持和引导非公有制经济的发展，并对非公有制经济依法实行监督和管理。第十八条：中华人民共和国允许外国的企业和其他经济组织或者个人依照中华人民共和国法律的规定在中国投资，同中国的企业或者其他经济组织进行各种形式的经济合作。在中国境内的外国企业和其他外国经济组织以及中外合资经营的企业，都必须遵守中华人民共和国的法律。它们的合法的权利和利益受中华人民共和国法律的保护。

我国现行宪法的上述条款及相关条款的内容，明确了社会主义制度和社会主义经济制度在我国的根本性和基础性。不难理解，社会主义制度和社会主义经济制度内涵上是内在联系与统一的，外延上社会主义经济制度包括在社会主义制度之内。社会主义经济制度是社会主义制度在经济领域的内容体现，是社会主义制度主要和重要的组成部分。社会主义经济制度同时是社会主义政治制度、文化制度、社会建设制度等制度的支撑基础。

（二）我国社会主义初级阶段的基本经济制度外延演变

世界各国的每个社会历史阶段都存在多种生产关系，换言之，具有该社会性质的生产关系总与其他社会性质的生产关系共存。不同性质的生产关系会按地位与作用，形成占统治地位的主导生产关系和受其影响的其他生产关系。马克思在 1857 年的《〈政治经济学批判〉导言》中写道："在一切社会形式中都有一种一定的生产决定其他一切生产的地位和影响，因而它的关系也决定其他一切关系的地位和影响。这是一种普照的光，它掩盖了一切其他色彩，改变着它们的特点。"[①]

生产资料所有制是体现一个社会最根本经济关系的经济制度。改革开放后，我国不断引入多种所有制经济形式，逐渐形成现阶段我国生产资料所有制格局。1997 年，党的十五大做出规定："公有制为主体、多种所有制经济共同发展，是我国社会主义初级阶段的一项基本经济制度。"[②] 这是中国共产党在改革开放后对社会主义初级阶段基本经济制度的第一个阐述。通过分析对基本经济制度的这个外延性界定，我们可以凝练出其中的理论内核，它是对我国社会主义初级阶段合法所有制形式这一重大经济关系做出的安排，即对所有制结构的确定。公有制为主体、多种所有制经济共同发展，明确了这些所有制形式中，公有制占据主体地位、核心地位，是我国社会主义初级阶段所有制结构的核心，履行决定性职能、起主导性作用；相应地，多种所有制形式虽不是社会主义性质的经济主体，但可以合法成为社会主义市场经济的重要主体，参与社会主义市场经济活动，与公有制经济共同发展。

2019 年召开的党的十九届四中全会，通过《中共中央关于坚持和完善中国特色社会主义制度 推进国家治理体系和治理能力现代化若干重大问题的决定》，指出"公有制为主体、多种所有制经济共同发展，按劳分配为主体、多种分配方式并存，社会主义市场经济体制等社会主义基本经济制度，既体现了社会主义制度优越性，又同我国社会主义初级阶段社会生产力发展水平相适应，是党和人民的伟大创造"[③]。这是对我国社会主义初级阶段基本经济制度的创新性概括，丰富了我国社会主义初级阶段基本经济制度的外延。从所有制结构、个人消费品分配方式结构、社会经济运行方式三个方面重大经济关系的部署上，更加全面地把握和概括了我国社会主义初级阶段的基本经济制度。这一新概括，必须放在社会主义基本制度的本质要求和

---

① 《马克思恩格斯选集》（第二卷），人民出版社，2012，第 707 页。
② 中共中央文献研究室编《十五大以来重要文献选编》（上）人民出版社，2000，第 20 页。
③ 《中共中央关于坚持和完善中国特色社会主义制度 推进国家治理体系和治理能力现代化若干重大问题的决定》，人民出版社，2019，第 18 页。

现阶段经济运行方式有机结合、中国特色社会主义建设实践必须坚持科学社会主义重大原则、中国特色社会主义仍然处于社会主义初级阶段的逻辑中科学认识。厘清社会主义基本制度、社会主义性质的经济制度即根本经济制度、社会主义初级阶段基本经济制度、社会主义市场经济体制之间的关系，避免认识这一问题时的概念自身模糊和混淆及由此误导实践。将社会主义市场经济体制纳入社会主义初级阶段的基本经济制度，是新时代中国特色社会主义理论创新，不是要否定或改变社会主义市场经济的体制性质，而是更加强调经济运行方式与社会主义基本制度的统一，贯彻落实经济体制改革既不走封闭僵化老路，也不走改旗易帜的邪路的原则。

公有制为主体、多种所有制经济共同发展，秉承了党的十五大以来布局我国现阶段所有制结构的原则，明确规定坚持公有制在现阶段所有制结构中的主体地位、多种所有制经济在推进社会主义现代化进程中的共同发展地位。按劳分配为主体、多种分配方式并存，党的十九届四中全会以前称之为我国社会主义初级阶段的个人收入分配制度。它建立在公有制为主体、多种所有制经济共同发展基本原则的基础上，反映所有制决定分配方式这一基本原理，规范的是我国现阶段各种形式的个人收入分配及各自地位与相互关系。社会主义市场经济体制，是1992年党的十四大确立的我国经济体制改革的目标模式，是我国现阶段选择的资源配置方式。党的十九届四中全会将三者统一归结为现阶段我国基本经济制度，反映的是中国共产党就现阶段社会经济运行中合法参与社会经济活动的主体、经济主体合法获得个人收入的分配方式、经济体制基本经济关系做出组织安排。深刻理解这三个主要组成部分的内在共同特征，是我们在理论上搞清基本经济制度的性质，实践中处理好相应经济关系的必然要求。

二 我国社会主义初级阶段基本经济制度与社会主义经济制度的关系

在理论上厘清经济制度与现阶段基本经济制度的关系，这既对把握社会经济关系的性质十分重要，又对处理好经济关系适应现阶段多层次社会生产力现实之间的关系十分重要。

基本经济制度与经济制度密切相关但不能混为一谈。经济制度与基本经济制度的关系，犹如粮食和粮食制品的关系。基本经济制度好比粮食制品，首先必须包含作为主料的粮食，还会包含无害的辅料与添加物，使粮食制品能够更好地满足人的需要和维护健康。经济制度体现一个社会的性质，决定这个社会的基本面貌，规定社会活动的基本原则。比如，生产资料公有制是社会主义最根本的经济制度，资本家私人占有制是资本主义最根本的经济制度，它们是分别体现社会主义社会和资本主义社会根本性质的"普照之光"，主导社会经济运行目的，规定社会活动的基本原则，决定其他所有制经济必须在无害于社会性质的基础上存在。党的十九届四中全会所概括的我国社会主义初级阶段基本经济制度中，公有制、按劳分配是社会主义经济制度，决定我国社会主义初级阶段的社会主义性质，犹如粮食制品中的粮食；多种所有制经济、多种分配方式、被社会主义运用的市场经济体制，可以使社会主义社会在多层次生产力的基础上增强经济活力，满足多层次消费需要，这些经济关系犹如粮食制品的配料，这些配料必须以不危害社会主义社会的性质为基本前提。

我国现阶段基本经济制度规范的是所有制结构、个人收入分配方式结构、经济体制，对此我们必须明确以下三点。

第一，我国现阶段基本经济制度明晰了生产资料所有制基本形式、个人收入分配方式、经济体制的性质和地位。其中公有制、按劳分配、社会主义基本制度体现我国社会主义性质，非公有制、多种分配方式是非社会主义经济制度。市场经济体制是先行被资本主义社会制度利用的资源配置方式。将存在于我国社会主义初级阶段现实经济运行中的多种所有制经济、多种分配方式、市场经济混淆为社会主义性质的经济制度抑或经济基础，既在理论上说不通，也会将实践引上改旗易帜的邪路。

第二，确立我国社会主义初级阶段的基本经济制度，是以生产力决定生产关系、生产关系必须符合生产力性质为理论基础的。我国社会主义初级阶段基本经济制度的每一个方面都是一个组合体，在经济运行实践中，每个组合中的元素既有互补性也有相斥性。我国现阶段生产力水平在行业、地区间的不平衡问题的存在，决定了非公有制经济对社会主义初级阶段公有制经济具有必要和重要的补充作用，由此也必然要求有相应的多种分配方式，社会经济运行通过市场体系实现也更为灵活便利。但是，生产力发展不平衡是我国已整体进入社会化大生产阶段的基础上的不平衡，不顾社会化大生产这个基础，不顾促进生产力发展对社会进一步占有生产资料的要求，否定不断完善的生产资料公有制对发展我国社会主义社会生产力无可替代的巨大作用，绝不可能使我国发展成为成熟的社会主义现代化强国。因此，中国共产党和人民政府必须与时俱进，确保维护发展中国先进生产力的生产关系基础，确保维护人民当家做主和社会主义国家性质的经济基础，确保维护中国共产党为民执政的前提。只有坚决发展、完善、巩固生产资料公有制，才可能实现按劳分配、实现市场经济为社会主义服务。对于以各种方式试图动摇公有制经济及由此决定的按劳分配的地位，偏离社会主义市场经济正确方向的问题，中国共产党从根本上不断强调"坚持公有制为主体，促进非公有制经济发展，统一于社会主义现代化建设的进程中"①。党的十九大报告指出："必须坚持和完善我国社会主义基本经济制度和分配制度，毫不动摇巩固和发展公有制经济，毫不动摇鼓励、支持、引导非公有制经济发展，使市场在资源配置中起决定性作用，更好发挥政府作用。"② 党的十九届四中全会再次突出强调我国"坚持公有制为主体、多种所有制经济共同发展和按劳分配为主体、多种分配方式并存，把社会主义制度和市场经济有机结合起来，不断解放和发展社会生产力的显著优势"③。

第三，一些错误认识经不起实践检验。长期以来，社会上存在一些错误认识。比如，片面、孤立、静止地强调生产力标准，无视生产关系具有促进或阻碍生产力发展的反作用，把非公有制经济的必要性和重要性夸大到"一私就灵、无所不能"，回避其阻碍生产力发展、恶化内部生产关系、给社会带来不经济效应等问题。又比如，以为公有制经济可以无须数量界限，可以自行实现控制力、影响力、带动力，一压再压国有经济这一公有制主体在所有制结构中的比重。再比如，掩耳盗铃地模糊本质层、组织安排层、具体运行层生产关系，回避掩盖公有制内部具体生产关系被侵蚀等问题，对以资本逻辑对待劳动者、机器排挤工人、管理层腐败等非社会主义生产关系现象不以为然。这些错误认识及其导致的行为，会掏空社会主义生产关系地基。因为不良生产关系将不仅穿透处于从属地位经济关系的健康发展底线，也会蔓延穿透整个社会主义经济健康发展底线，松动社会

① 《江泽民文选》（第三卷），人民出版社，2006，第548页。
② 习近平：《决胜全面建成小康社会 夺取新时代中国特色社会主义伟大胜利——在中国共产党第十九次全国代表大会上的报告》，人民出版社，2017，第21页。
③ 《中共中央关于坚持和完善中国特色社会主义制度 推进国家治理体系和治理能力现代化若干重大问题的决定》，人民出版社，2019，第3页。

主义性质的生产关系。实践中公有制经济内部存在的问题以及公有制经济被削弱的趋势，都已充分说明这些问题必然产生严重后果。

总之，在理论上分清生产关系的层次及其应起何种作用，是实践不被误导和扭曲的重要前提。

第三节　计划经济、市场经济、社会主义市场经济

现代经济社会的经济体制主要有计划经济和市场经济两种基本类型。

一　计划经济和市场经济

（一）计划与计划经济和市场与市场经济

1992年，邓小平在"南方谈话"中提出："计划多一点还是市场多一点，不是社会主义与资本主义的本质区别。计划经济不等于社会主义，资本主义也有计划；市场经济不等于资本主义，社会主义也有市场。计划和市场都是经济手段。"[①] 必须清楚，这里的有计划指利用计划调节经济活动、有市场指利用市场调节经济活动。计划或运用计划手段调节经济运行，不等于采用计划经济体制；同理，市场或以市场为手段调节经济运行，不能等同于采用市场经济体制。

计划是指人们对实践活动做出预先安排，将计划作为调节经济运行的手段或方式，称为有计划、按计划。相对于人们把运用市场这只"看不见的手"调节经济，运用计划手段对经济的调节被称为"看得见的手"。当一个社会以计划作为资源配置基础性方式即经济体制时，这种经济体制就是计划经济体制，简称为计划经济。

有计划和计划经济的关键区别在于，前者把计划当作一般的经济手段，后者则是以计划作为社会经济资源的基础性配置方式。比如，资本主义有计划，这是资本主义社会借鉴社会主义社会用得好、用得有效的计划手段调节经济运行，不仅微观经济个体最大限度地运用计划手段实现内部节约资源和高效管理，全社会也开始运用具有一定约束力的宏观经济计划，维

---

① 《邓小平文选》（第三卷），人民出版社，1993，第373页。

护资本主义国家的整体和长远利益。但是资本主义私有制封死了以计划作为全社会主要资源的基础性配置方式之门，在私有制神圣不可侵犯的前提下，整个社会很难将统一的计划作为配置资源的基础性方式。

市场是存在交换活动及相应交换关系的领域，既可以是有形的物理空间，比如食品市场、超市等，也可以是达成交换关系的任一场合。运用市场来调节经济运行，称为有市场、市场调节。而市场经济，是指一个社会以市场作为资源配置基础性方式的经济体制。

市场调节被称为"看不见的手"。1776年，英国古典政治经济学的集大成者亚当·斯密出版《国民财富的性质和原因的研究》即《国富论》，提出"看不见的手"理论。认为每一个人力图使自己的资本收获最大价值回报，虽然其一般无意于促进公共利益，也不知道能促进多大公共利益，但他谋取自己利益的投资会被一只看不见的手即市场机制引导，在投资时带来促进并不出自他本心的公共利益增进效果。亚当·斯密这一理论包含三方面意蕴：理性经济人的人性假设、看不见的手原理、市场具有高效性。亚当·斯密作为经济自由主义的代表人物，其理论长期影响后人，但他在肯定市场高效一面时未重视市场低效与无效的一面。

有市场不等于采用市场经济，市场和市场经济的关键区别在于市场是一般的经济手段还是社会经济资源的基础性配置方式。

（二）计划经济和市场经济的所长所短

20世纪80年代之前，建立社会主义社会的国家均在无产阶级取得政权后首先选择了计划经济。计划经济体现人们自觉遵循社会化大生产按比例发展规律，全社会事先做出的计划优先考虑社会整体、根本、长远利益，从而配置社会经济资源具有事前性与宏观性等总体特点。主要运用市场配置社会主要资源的市场经济被资本主义国家率先普遍采用，市场经济的总体特点是市场主体具有自我决定市场参与行为的自发性、经济决策结果必须经过市场检验——私人劳动转化为社会劳动——获得社会承认后才知晓的事后性、经济决策以追求市场主体微观利益为目标的微观性。

1. 计划经济和市场经济各有所长

目前，我们分析计划经济的长处主要是基于各社会主义国家计划经济的实践经验。

第一，计划经济具有在短期内集中有限资源进行重点建设的宏观高效性。

马克思在《资本论》中论述资本集中的作用时指出："假如必须等待积累使某些单个资本增长到能够修建铁路的程度，那么恐怕直到今天世界上还没有铁路。但是，集中通过股份公司转瞬之间就把这件事完成了。"[①]私人资本集中是剩余价值规律驱使的，以利润最大化为目的。社会主义国家为了尽快突破物质技术基础薄弱的束缚，同样可以运用集中的基本原理。运用这一原理，社会主义国家能够通过计划经济，突破资本主义私有制唯资本利益是图的锁链，赢得为社会整体、长远、根本利益而更快集中的更大优势。在国力薄弱、积累有限的基础上，计划经济对社会资源的快速动员力是资本主义的资本集中无法媲美的。以当时工业总产值居欧洲第四位的苏联为例，1928 年开始实行第一个国家五年计划，经过两个五年计划，到 1937 年时苏联工业总产值跃居欧洲第一，世界第二。1928 ~ 1941年，苏联先后进行了三个五年计划的建设，不仅基本完成了社会主义工业化的任务，在文化教育领域也取得较大进展。由落后的农业国变成了社会主义工业强国，跻身工业化国家行列，为后来取得反法西斯战争的胜利奠定了物质基础。[②] 1929 ~ 1937 年，苏联工业年均增速为 20%，1937 年工业总产值比 1913 年增长 7 倍，而同期资本主义国家只增长 0.3%。[③] 计划经济的这种全局性高效率，不仅出现在苏联，建立在薄弱物质技术基础上的各个社会主义国家，都通过运用计划经济，在短期内集中有限资源进行了重点建设。

第二，计划经济具有能够统筹规划宏观经济总量和重大经济结构的平衡性，可最大限度地稳定社会经济和控制收入差距。

全社会遵循社会化大生产的按比例发展规律制订计划，便于统筹规划宏观经济总量和重大经济结构，建立健康完善的国民经济体系，促进经济、社会和环境的协调发展。在落后基础上建立的各个社会主义国家，都在短期内通过计划经济体制极大地促进了社会主义社会生产力的发展，也有效控制了收入分配差距。比如，我国是全球唯一拥有联合国产业分类目录中

---

① 《马克思恩格斯选集》（第二卷），人民出版社，2012，第 283 页。

② 吴恩远：《"斯大林模式"与"苏联模式"的界定和评价》，《长江师范学院学报》2020 年第 1 期，第 71 页。

③ 李慎明、李小宁等：《〈居安思危——苏共亡党的历史教训〉——8 集 DVD 教育参考片解说词》（上），《科学社会主义》2006 年第 5 期，第 112 页。

所有工业门类的国家，是世界各国的典范，这得益于我国进入社会主义社会后起步就运用计划经济体制，建立了独立的比较完整的工业体系和国民经济体系，取得了大量自主科研成就与研发技术，建成了国计民生所必需的大量基础设施。从新中国成立到 1976 年的短短 28 年中，我国主要靠人力修建的 84000 多座水库，至今仍在农业生产中发挥着最基础和中坚性作用。① 又比如，个人获得收入是一个微观问题，而收入分配态势和格局则是宏观经济总量及结构问题，这些问题在计划经济中是基于全局、根本、长远利益得以布局的，打牢了起步基础且有效防范了社会主义经济关系地基的空洞。比如新中国成立之初，以经济弱国的实力取得抗美援朝战争胜利的奇迹。进入社会主义社会后，在当时的时代背景下，新中国的计划经济着眼全局发展战略，有力地支撑了政治上的御敌于国门之外和取得外交的节节胜利，同时在全社会范围内有效控制了收入分配差距。从当今测量收入分配的基尼系数看，我国计划经济时期的基尼系数长期低于 0.2，世界各国几乎找不到这样的国家，② 这为阔步发展我国国民经济营造了稳定的社会环境。不仅如此，从我国的经验看，计划经济的平衡性还表现在促进经济、社会和环境的协调发展上，这既是自觉遵循按比例发展规律使然，也是我国在总结苏联社会主义经济模式经验教训的基础上，将统筹兼顾综合平衡作为制定国民经济计划必须坚持的原则推动的。

必须清楚的是，实行计划经济的这些国家曾经采取的大都是高度集中的计划经济体制，不能视之为唯一的计划经济模式或标准。

市场经济是商品经济的高级形态，是商品经济发展到市场体系成熟完备可以胜任资源配置的基础性方式之责时才出现的。市场经济被当代资本主义国家普遍采用，他们的经验证明，市场经济的长处主要体现在微观领域。在市场经济中，作为商品经济基本规律的价值规律得以发挥作用，在与资本主义生产资料私有制相结合的市场经济中，趋利的微观主体能够借助市场体系，在"看不见的手"即市场机制引导下自发地谋求自己资源的高效配置，主观趋利但客观上也达成对社会多方面需求的满足，在市场竞争机制的促进下提高技术水平和管理水平。

---

① 李慎明：《正确评价改革开放前后两个历史时期》，《红旗文稿》2013 年第 9 期，第 19 页。
② 李实：《中国特色社会主义收入分配问题》，《政治经济学评论》2020 年第 1 期，第 117 页。

2. 计划经济和市场经济各有短板

从被社会主义各国运用过的苏联模式计划经济实践来看，计划经济的缺陷主要体现在微观领域。基于宏观整体利益做出的以指令性计划为主的计划决策，在实施中表现出明显的局限性：作为微观经济主体的企业在高度集中的计划管理下缺乏自主性，对社会需求变化难以做出灵敏反应，微观主体缺乏灵活性从而使经济运行容易刻板化，民众生活的个性化需求难以满足；对于长期为计划经济提供社会性积累而利益得不到同步增进的行业（比如当时我国的农业部门），易产生动力不足等问题；同时应该看到，计划经济具有较高的技术门槛，如果对经济规律认识不足、了解的经济信息不够全面和及时、制定计划的技术手段薄弱，制定的计划就无法反映实际情况，容易在很大程度上脱离实际经济运行的现实需要，造成巨大的预先性浪费或供给严重不足。

资本主义运用市场经济的历史证明，微观主体内部有组织性，整个市场体系受生产资料私有制束缚而无组织性，市场经济在宏观领域表现出明显缺陷：在每个微观主体自发追求利润最大化的决策中，整个市场体系显示出的是盲目性；决策效果事后性决定了市场供给对需求的反映必然是滞后的，现实的供给实际只不过是在满足变化了需求，滞后性叠加在盲目性上，放大市场的失衡；市场不可能是万能的，市场经济存在不能自发解决宏观经济平衡、外部性影响、公共物品供给、竞争造成垄断以及收入差别过大、市场失灵等严重问题。

对市场失灵问题的研究在相当长时间内被亚当·斯密的经济自由主义盛行所压制或淹没，1929 年爆发的资本主义世界经济大危机使人再也不能否认市场的失灵，除了梅纳德·凯恩斯在《就业、利息和货币通论》中承认资本主义市场经济会出现"有效需求不足"的宏观问题，使西方宏观经济学得以创立，其他经济学家也不得不承认现实中会面对的市场体系问题，承认市场有缺陷，很多具体的问题也开始走向深入研究。

博弈论得到发展后，非零和博弈揭示出个体最佳选择并不等于团体也获得最佳结果，即使群体中个体选择是理性的，但由此带来的集体结果可能是非理性的。1950 年，美国兰德公司 Merrill Flood 和 Melvin Dresher 提出这一机理的拟定模型，后来 Albert Tucker 以囚徒的决策为例，提出"囚徒困境"模型。

"囚徒困境"模型假设甲、乙两名共谋犯罪囚徒被分开囚禁而无法互相串通，如果两人都沉默而不坦白（简称为"不坦白"），则每人将被囚禁 1 年；若一人坦白并检举对方（简称为"坦白"）而另一人沉默，则坦白并检举对方者即刻获释，沉默者将面临服刑 10 年。若都坦白和互相揭发对方，则二者将均获刑 8 年。由于囚徒自利，都不信任对方，因此每人都倾向选择坦白并检举对方。最终，非合作博弈均衡（纳什均衡）会落在非合作点上（如表 1 - 1 所示）。

表 1 - 1　囚徒可选择方案

	甲不坦白	甲坦白
乙不坦白	二人同服刑 1 年	乙服刑 10 年，甲获释
乙坦白	甲服刑 10 年，乙获释	二人同服刑 8 年

"囚徒困境"模型反映出两个囚徒间一种非合作的特殊博弈导致非零和结果，甲、乙都不坦白的总损益值为 - 2，但甲、乙基于自利都倾向坦白，而都坦白时总损益值达到 - 16（如表 1 - 2 所示）。所以，即使合作对双方都有利，"经济人"保持合作也很困难。"囚徒困境"是非零和博弈的典型例子，证明了个人最佳选择导致团体获得最差结果。虽然只是模型，但现实中在价格竞争、环境保护、人际关系等问题上，也经常出现类似情况。这一模型说明亚当·斯密基于经济人假设的市场高效结论存在重大缺陷。

表 1 - 2　囚徒可选择方案的损益值

	甲不坦白	总损益	甲坦白	总损益
乙不坦白	- 1，- 1	- 2	- 10，0	- 10
乙坦白	0，- 10	- 10	- 8，- 8	- 16

（三）"南方谈话"对计划和市场的定位

有学者将邓小平"南方谈话"关于社会主义与市场、市场经济问题的论述概括为 7 个理论要点：第一，计划和市场都是发展生产力的经济手段；第二，社会主义和市场经济之间不存在根本矛盾，社会主义也可以搞市场经济；第三，社会主义可以通过计划调节和市场调节相结合发展经济；第四，计划还是市场多一点，不是社会主义与资本主义的本质区别；第五，资本主义市场经济和社会主义市场经济的相同点是都运用市场经济方法，不同点是市场经济为不同性质的所有制服务；第六，要避免市场经济滑向资本主义，必须确保公有制经济占主体地位，走共同富裕的道路，始终避免两极分化；第七，社会主义市场经济的优越性在于坚持"四项基本原则"。[①]

"南方谈话"从理论上把市场经济从经济制度中剥离出来，为党的十四大把我国经济体制改革目标模式确定为社会主义市场经济体制打破了东西方均存在的思想桎梏，也为党的十四大形成社会主义市场经济理论提供了思想基础。

与之前对社会主义经济体制、市场经济关系等问题的认识相比，社会主义市场经济理论明确了计划和市场不具有制度属性，二者具有如下特点。第一，手段性。计划和市场都是资源配置的经济手段。第二，非全能性。计划和市场两种手段在调节经济的活动中各有长处，也各有缺陷。计划经济以计划为基础性方式配置资源，可以快速、有效地解决国民经济整体性、协调性发展等宏观问题，但在激发微观主体的利益等方面显得缺乏足够的灵敏性；市场经济以市场为基础性方式配置资源，以利润为动力激发微观主体积极性，实现微观层面有效盘活和高效配置资源，但其在宏观协调层面表现得无力，存在配置公共产品失灵等不足。第三，可利用性。计划经济使我国实现了快速建立健全国民经济结构和工业化的初步基础，高效盘活微观经济的市场犹如带动经济增长的"良驹"，社会主义制度通过驾驭好这匹"良驹"，就可以发展社会生产力，增进社会主义物质基础并在此基础上发展社会主义的各项事业。

普遍性寓于特殊性之中的哲学原理告诉我们，普遍性是从特殊性中抽象出来的，没有无特殊性的普遍性。如果说在理论上可以将市场经济作为一个从现实中抽象出来的理论形态，那么，这一理论形态就是从现实中存在的资本主义市场经济和社会主义市场经济中凝练出来的。换言之，在现代经济社会中，现实存在的只有资本主义市场经济和社会主义市场经济，不存在除此之外的一个独立的市场经济。

---

① 吴易风：《邓小平的社会主义市场经济理论》，《成人高教学刊》2005 年第 1 期，第 4~8 页。

二 社会主义市场经济

社会主义市场经济是社会主义市场经济理论的核心范畴。市场并非资本主义和社会主义的本质区别，那为什么会有"社会主义市场经济"呢？社会主义市场经济体制目标确立的早期，从不同视角解析社会主义市场经济的不乏其人。比如，有的相对于传统计划经济、资本主义市场经济两个参照系而言，认为我国要建立的是生产资料公有制基础上，有一定计划指导和宏观调控的市场经济；而有的则把社会主义市场经济解释成市场经济发展过程中的一个特定阶段，是市场经济制度的一个具体形态，明显无视市场经济为谁服务这一本质问题。

其实，基于邓小平所回答的市场经济不姓"资"也不姓"社"，市场经济具有非制度性和可利用性，很容易就可以得出社会主义市场经济的内涵：为社会主义服务的市场经济就是社会主义市场经济，或者说，以社会主义方式驾驭、运用市场经济，市场经济才能够为社会主义服务，服务于社会主义的市场经济的才是社会主义市场经济。现实中从来不存在一个无服务对象的市场经济，社会主义市场经济既不是这种虚无缥缈的市场经济，其必须服务于特定的社会主义社会，与社会主义基本制度相结合；它也不是为资本主义追求剩余价值最大化服务的市场经济，而是必须服从于以最大限度满足人民日益增长的美好生活需要为中心，是市场经济体制与社会主义基本制度的有机统一。正是基于这样的内涵，社会主义要充分运用和挖掘市场经济的正面效用，同时必须通过各种方式消减市场经济对社会主义道路、理论、制度、文化的危害。邓小平对市场经济的解析与毛泽东关于商品生产性质取决于与什么社会制度结合的结论，在理论逻辑上高度一致，这反映了我国社会主义经济建设理论经历了中国共产党几代领导的不断探索与发展。

中国共产党的十四大报告是社会主义市场经济理论诞生的标志，充分说明了我国经济体制改革选择社会主义市场经济体制作为目标模式的初心。此后，中国共产党不断丰富、发展、完善社会主义市场经济理论，阐释社会主义市场经济理论中的重要范畴和相关问题。研究社会主义市场经济问题，均应以中共中央重大决定、决议精神为基本依据，以社会主义社会制度为根本前提与背景。

关于我国社会主义市场经济的特点，党的十四大报告从社会主义市经济的实践主体、个人从社会主义市场经济运行结果中获得收入的方式、维护社会主义市场经济安全稳健运行必需的调控几个重要方面，做出了明确概括。社会主义市场经济体制是同社会主义基本制度结合在一起的。在所有制结构即社会主义市场经济的实践主体上，以公有制包括全民所有制和集体所有制经济为主体，个体经济、私营经济、外资经济为补充，多种经济成分长期共同发展，不同经济成分之间还可以自愿实行多种形式的联合经营。国有企业、集体企业和其他企业进入市场，通过平等竞争发挥国有企业的主导作用。在分配格局上，以按劳分配为主体，其他分配方式为补充，兼顾效率与公平。运用包括市场在内的各种调节手段，既鼓励先进，促进效率，合理拉开收入差距，又防止两极分化，逐步实现共同富裕。在宏观调控上，我们社会主义国家能够把人民的当前利益与长远利益、局部利益与整体利益结合起来，更好地发挥计划和市场两种手段的长处。国家计划是宏观调控的重要手段之一。要更新计划观念，改进计划方法，重点是合理确定国民经济和社会发展的战略目标，搞好经济发展预测、总量调控、重大结构与生产力布局规划，集中必要的财力物力进行重点建设，综合运用经济杠杆，促进经济更好更快地发展。[1]

总之，党的十四大设计制定社会主义市场经济体制是同社会主义基本制度结合在一起的，突出经济体制与社会主义基本制度的结合、经济体制与经济制度的结合。坚持公有制和按劳分配为主体、其他经济成分和分配方式为补充的基础上，使市场在社会主义国家宏观调控下对资源配置起基础性作用，[2] 这是对社会主义市场经济特点的最准确定位。我们是在中国共产党领导和社会主义制度的大前提下发展市场经济，什么时候都不能忘了"社会主义"这个定语定位的是社会主义市场经济的性质，确定的是市场经济这匹"良驹"的主人。之所以表述为社会主义市场经济，就是要坚持我们的制度优越性，有效防范资本主义市场经济的弊端。[3]

---

[1] 中共中央文献研究室编《十四大以来重要文献选编》（上），人民出版社，1996，第 19~20 页。

[2] 《中国共产党第十八届中央委员会第三次全体会议文件汇编》，人民出版社，2013，第 215 页。

[3] 习近平：《不断开拓当代中国马克思主义政治经济学新境界》，《求是》2020 年第 16 期，第 4 页。

　　从内容口径上看，社会主义市场经济可以有广义和狭义之分。广义的社会主义市场经济泛指社会主义社会中存在的市场经济关系，包括对社会主义市场手段各种程度的运用。其中，按市场经济手段的发育及其在社会主义经济中的不同使命，社会主义可以运用市场对经济资源起辅助性配置作用、起基础性乃至决定性作用，前者只是把市场作为资源配置的手段之一，后者则赋予市场经济手段以经济体制的使命。社会主义社会中存在的市场经济关系既包括对社会主义有利的也包括对社会主义不利的，我国的实践业已证明市场经济对社会主义产生了有利和有害双重影响。狭义社会主义市场经济是指党的十四大以来建立和完善的社会主义市场经济，是为社会主义服务的市场经济，具体来说是服务于我国社会主义初级阶段完善与发展中国特色社会主义制度的市场经济。多年来，我国通过理论探索和宏观调控实践，努力实现有效遏制社会主义中的市场经济危害性的一面。

　　从表现形态看，社会主义市场经济包括社会主义市场经济理论与社会主义市场经济实践。除此之外，社会主义市场经济的外延还可以从目的、手段、定位、使命等不同角度解析。

　　思考题：

　　1. 如何认识市场、市场经济、社会主义市场经济之间的关系？

　　2. 如何深刻把握经济制度与经济体制的内涵及其相互关系？

　　3. 如何深刻把握经济制度与基本经济制度的内涵及其相互关系？

　　4. 什么是计划经济和市场经济？其各自特点和利弊何在？

第二章

马克思主义经典作家对社会主义市场
问题的探索

关于社会主义经济与市场的关系问题，马克思主义经典作家做出了理论和实践上的艰辛探索。马克思、恩格斯在其卷帙浩繁的著作中，为未来社会勾勒出了一幅蓝图。但是，他们对社会主义与市场经济两者的关系持何种观点？这需要深入挖掘马克思、恩格斯著作中相关思想的本质内核。俄国十月革命突破了马克思、恩格斯的理论设想，无产阶级革命的胜利首先发生在资本主义发展不充分、经济文化相对落后的俄国。列宁和斯大林在领导苏联社会主义经济建设的实践中，对社会主义与市场关系问题做出了富有创新性又极其曲折的探索。

第一节　马克思、恩格斯的社会主义经济思想

根据马克思、恩格斯的早年分析，未来社会将不存在商品货币关系，而实行全社会统一的计划经济。但这是以社会主义社会脱胎于社会生产力高度发达、市场经济高度发展带来资本主义因基本矛盾尖锐化而灭亡为前提的。与此同时，他们也没有完全否定未来社会与商品、市场之间的联系，甚至在一些论述中还为社会主义运用市场保留了一定的空间。马克思、恩格斯晚年通过对俄国等东方国家经济社会发展的深入研究，提出了经济文化比较落后的国家越过"资本主义制度的卡夫丁峡谷"的可能性，这一可能性蕴含了社会主义可以与市场经济相结合的思想。

一 马克思、恩格斯早年对未来社会不存在市场关系的理论分析

马克思、恩格斯主要以当时西欧发达资本主义国家为对象，科学地研究了资本主义社会的历史演进，预测建立于"资本主义时代的成就的基础"[①] 之上的未来社会，并对其基本特征做了概略性分析。

首先，未来社会是在资本主义充分发展到难以解决自身矛盾的条件下所形成的。马克思从社会形态相继更迭的历史联系出发去考察资本主义，指出资产阶级"现在的生产条件就表现为正在扬弃自身，从而正在为新社会制度创造历史前提的生产条件"[②]。在马克思、恩格斯看来，未来社会是资本主义生产方式矛盾运动本身提出的、用以解决这些矛盾的必然趋势。科学地论证社会主义，就要揭示资本主义的特殊矛盾和指出取代它的道路。

马克思通过研究商品经济及其运行规律，发现生产商品的劳动具有私人劳动和社会劳动二重属性。资本主义生产资料私有制最初适应和促进生产力发展，促进分工协作，极大地推动了社会化大生产。在社会化大生产的进一步发展中，生产资料私有制决定了资本主义社会生产的无计划性和无政府状态，经济规律的要求往往是通过破坏性和不均衡的方式实现的，私有制越来越成为社会化生产的障碍。社会化生产所表现的生产力是资本主义基本矛盾中革命的、关键性的方面。要想解决这一基本矛盾及其衍生的其他矛盾，只能"在事实上承认现代生产力的社会本性"[③]，即"只有由社会公开地和直接地占有已经发展到除了适于社会管理之外不适于任何其他管理的生产力"[④]。资本主义生产方式在这种与生俱来的矛盾中运动着，在发展中不可避免会产生冲突，这些冲突"在把资本主义生产方式本身炸毁以前不能使矛盾得到解决"[⑤]，使资本主义生产陷入无处可逃的"恶性循环"之中。资本主义越是发展就越是会造成其自身无法化解的深刻危机。在周期性的危机中，资本主义的矛盾剧烈爆发，"经济的冲突达到了顶点：

[①] 《马克思恩格斯文集》（第五卷），人民出版社，2009，第 874 页。

[②] 《马克思恩格斯文集》（第八卷），人民出版社，2009，第 110 页。

[③] 《马克思恩格斯文集》（第三卷），人民出版社，2009，第 560 页。

[④] 《马克思恩格斯文集》（第三卷），人民出版社，2009，第 560 页。

[⑤] 《马克思恩格斯文集》（第三卷），人民出版社，2009，第 556 页。

生产方式起来反对交换方式，生产力起来反对已经被它超过的生产方式"①。这些危机和冲突表明，资本主义生产方式无法继续驾驭生产力的发展，而且日益增长的生产力要求消除这些矛盾，"要求摆脱它作为资本的那种属性，要求在事实上承认它作为社会生产力的那种性质"②。资本主义制度在资本主义社会化生产中越来越呈现其在容纳生产力上的狭隘性，因而在发展到一定阶段后会成为生产力发展的限制或桎梏。社会生产力和现行生产关系之间日益增长的不相适应，最终导致"资本退位并让位于更高级的社会生产状态"③。

其次，未来社会经济制度的首要特征是在实行全部生产资料公有制基础上进行劳动生产，产品采取商品形式的基础不存在了。生产资料公有制是社会主义经济制度最基本的特征。恩格斯强调，社会主义社会"同现存制度的具有决定意义的差别当然在于，在实行全部生产资料公有制（先是国家的）基础上组织生产"④。马克思认为，资本主义私有制的历史走向潜藏在其历史形成的过程之中，私有制正在扬弃自身并为新社会的公有制创造历史前提。整个社会的生产力在资本主义时期得到突破性发展，但生产力的进一步发展却受限于生产资料私有制这一资本主义形式的束缚，必然导致"社会地占有而不是作为各个私的个人占有这些生产资料"⑤ 的结果。生产资料的社会占有，决定了共产主义社会中商品货币关系会走向消亡。

马克思、恩格斯认为，商品交换是私有制条件下自发的社会分工的产物，是利益不同的生产者之间的一种劳动交换关系。因此，一旦社会占有生产资料，商品生产就将因消除了利益不同这一交换基础而被消除，未来社会不存在商品货币关系，人们将"用公共的生产资料进行劳动，并且自觉地把他们许多个人劳动力当做一个社会劳动力来使用"⑥。生产资料公有制把生产者联合起来去有计划地实现共同目标，因此产品采取商品形式的基础就不存在了。"生产的共同性一开始就使产品成为共同的、一般的产品……

---

① 《马克思恩格斯文集》（第九卷），人民出版社，2009，第 293 页。
② 《马克思恩格斯文集》（第三卷），人民出版社，2009，第 557 页。
③ 《马克思恩格斯全集》（第三十一卷），人民出版社，1998，第 149 页。
④ 《马克思恩格斯文集》（第十卷），人民出版社，2009，第 588 页。
⑤ 《马克思恩格斯文集》（第八卷），人民出版社，2009，第 386 页。
⑥ 《马克思恩格斯文集》（第五卷），人民出版社，2009，第 96 页。

单个人的劳动一开始就被设定为社会劳动。"① 因此，产品不再具有交换价值。在未来社会所发生的产品相互让渡的关系，不是一种产品交换关系。资本主义社会的商品交换关系在未来社会将不存在。马克思、恩格斯还设想：在生产资料公有制的基本前提下，未来社会的经济运行方式是在社会生产中有计划地分配社会劳动时间。劳动者在共同占有的生产资料上进行有组织、有计划地劳动，产出的产品归属全体劳动者，因此作为交换的商品就丧失了其存在的必要性。

资本主义生产的无政府状态造成了破坏力强大的周期性危机，因此计划性生产在未来社会具有重要意义。在《资本论》中，马克思阐明了劳动日益社会化、生产资料公有制，以及按计划组织全部再生产过程之间的经济联系。如马克思所言，只有在生产资料公有制基础之上，资本主义的无政府状态才能由联合起来的生产者的总意志和总计划所代替。资本主义之后，更高级的生产方式应该是整个社会发展和生产的计划性。恩格斯在《反杜林论》中也强调，整个社会范围内的计划性是共产主义社会形态的基本特征，即"按照社会总体和每个成员的需要对生产进行的社会的有计划的调节"②，"一旦社会占有了生产资料，商品生产就将被消除，而产品对生产者的统治也将随之消除。社会生产内部的无政府状态将为有计划的自觉的组织所代替"③。由于联合起来的劳动者用共同占有的生产资料进行劳动，因此劳动产品自然也就归全体劳动者共同所有，产品无须作为商品在各个劳动者之间进行交换。商品自然就没有存在的必要了。

概而言之，马克思、恩格斯早年以英、法等当时西欧发达资本主义国家为分析对象，得出在继资本主义之后的更高级的社会形态中，商品关系、价值关系和货币关系将不复存在的结论。从马克思、恩格斯关于未来社会基本特征的一般论述来看，商品货币关系将会消亡，有计划的生产将会代替市场的盲目作用。在共产主义社会中，人将不再受控于商品生产、价值规律等这些自发起作用的机制。未来社会经济运行形式的基本特征是：社会对劳动时间进行有计划的分配，并调节着社会生产按比例发展。这种经

---

① 《马克思恩格斯文集》（第八卷），人民出版社，2009，第66页。
② 《马克思恩格斯文集》（第九卷），人民出版社，2009，第296页。
③ 《马克思恩格斯文集》（第九卷），人民出版社，2009，第300页。

济运行形式被后人认定为"计划经济"①。

二 马克思、恩格斯对未来社会利用市场可能性问题的间接论述

总体而言，马克思、恩格斯认为未来社会将不存在商品经济而实行计划经济，但他们并没有对社会主义利用市场持完全否定态度，甚至某些论述间接暗含了在未来社会中，市场等要素依然可以存在。

首先，社会劳动的计划调节和市场调节问题。马克思关于社会劳动在未来社会中计划调节和市场调节的论述，主要集中体现在《1857—1858年经济学手稿》中。② 马克思提出，有计划地分配社会劳动时间是未来社会的首要经济规律，他不仅探讨了未来社会中社会劳动的计划配置问题，而且分析了商品经济中社会劳动的市场配置问题。

在商品经济中，作为一般交换价值的商品成为一种特殊的商品，即货币；而作为商品交换媒介的货币，则代表了一定的劳动时间。实质上，并不是货币而是劳动时间在"调节"商品交换，每个商品是在不断地同劳动时间进行交换。但是劳动时间无法直接成为货币，它只能象征性地存在于货币这种特殊的商品中。货币是劳动时间的对象化，而劳动时间才是交换价值的内在尺度和实体。尽管马克思在论述商品经济运行形式时，并未提及市场和市场调节的问题。但是，他从最抽象的意义上谈道，"每一种产品都必定要投入市场"③，"产品只有到达市场才是处于经济流通中"④，而货币到产品的转化"形成各种不同的市场"⑤，等等。这就表明，马克思已经清楚地认识到，市场是以货币为媒介的商品流通的必要场所，市场调节是贯穿整个商品流通过程的必要机制。但是，马克思预测在未来社会中，商

---

① "计划经济"的概念并非马克思、恩格斯首创，他们的著作中并没有使用这一概念。"计划经济"的首次使用见于列宁在1906年5月20日发表的《土地问题和争取自由的斗争》一文。列宁指出："只要还存在着市场经济，只要还保持着货币权力和资本力量，世界上任何法律都无法消灭不平等和剥削。只有建立起大规模的社会化的计划经济，一切土地、工厂、工具都转归工人阶级所有，才可能消灭一切剥削。"在这里，列宁是把"计划经济"与"市场经济"分别作为社会主义与资本主义两个对立的经济特征使用的。

② 顾海良、张雷声：《从马克思到社会主义市场经济》，北京出版社，2001，第50~57页。

③ 《马克思恩格斯全集》（第三十卷），人民出版社，1995，第240页。

④ 《马克思恩格斯全集》（第三十卷），人民出版社，1995，第521页。

⑤ 《马克思恩格斯全集》（第三十卷），人民出版社，1995，第534页。

品经济以及与之相联系的交换价值、货币、市场等都不复存在。劳动时间无须以商品货币的形式交换，未来社会将以计划的方式而不是市场的方式来调节、分配社会劳动。

尽管社会劳动的市场调节和计划调节分别属于商品经济社会和未来社会的两种不同的经济运行方式，但是两者调节的内容和对象并未发生根本改变。"对社会劳动的配置，实质上仍然是对社会劳动时间的合理分配。"①马克思认为，在未来的共产主义社会里，商品生产和价值规律的自发性将被克服，但其物质内核，即社会劳动的按比例分配以及劳动时间的节约仍具重要意义。因为时间的节约、分配或调节实质上都是以社会劳动时间为其内在尺度和基本规定，不同社会所通用的衡量尺度基本都是社会平均的必要劳动时间。鉴于此，马克思高度强调在未来社会的经济运行中，时间的节约以及有计划地分配劳动时间于不同生产部门之间的重要性。

未来社会的经济运行形式与商品经济条件下的运行形式之间虽然有显著区别，但这两种形式从根本上都把社会劳动时间作为调节的内在尺度和对象。在商品经济条件下，社会劳动时间的调节以交换价值（货币为其表现形式）为中介，以迂回间接的形式通过价值规律的作用得以体现，从而最终实现劳动时间的节省以及按比例地分配于各生产部门。而在未来社会中，劳动以直接的社会形式体现。劳动在交换以前就成为一般劳动，社会劳动时间因此通过计划调节方式得以直接体现。概括地说，劳动时间在社会各生产部门之间的按比例分配，在商品经济条件下主要通过"自发的"市场机制的作用实现，而在未来社会中则主要通过"自觉的"计划机制的作用实现。

在《1857—1858 年经济学手稿》中，马克思认为，从时间上看，社会劳动的市场调节和计划调节是先后起于两种不同性质的社会制度中。但如果按马克思的逻辑分析，"这两种调节方式的兼容却是可能的。因为这两种调节方式借以作用的基础和对象都是社会劳动时间及其在社会各生产部门之间的分配或配置问题"②。正如马克思在给路·库格曼的一封信中所提到的："按一定比例分配社会劳动的必要性，决不可能被社会生产的一定形式

---

① 顾海良、张雷声：《从马克思到社会主义市场经济》，北京出版社，2001，第 54 页。
② 顾海良、张雷声：《从马克思到社会主义市场经济》，北京出版社，2001，第 55 页。

所取消，而可能改变的只是它的表现方式……在不同的历史条件下能够发生变化的，只是这些规律借以实现的形式。"[①] 因此，同样都是建立在社会化大生产基础上的资本主义经济和未来社会经济，其中的市场调节方式和计划调节方式一样都具有按比例分配社会劳动的必然性。因为两者的调节对象都是社会劳动时间或社会劳动，根本目标都是时间的节约，即合理分配或配置劳动时间。而市场调节和计划调节的区别是：商品经济的运行形式是利用市场机制对社会劳动时间加以自发调节，而未来社会经济的运行形式则是利用计划机制在全社会范围内对社会劳动时间加以自觉调节。

此外，《哥达纲领批判》中也暗含关于社会劳动时间的计划调节和市场调节相结合的思想。马克思在此对共产主义的高级和低级阶段做了区分。在共产主义社会的第一阶段，马克思明确指出尽管商品交换的内容和形式发生了改变，但是商品交换的原则仍然通行。实际上是以一种迂回的方式间接承认，在未来的共产主义社会中市场调节仍然存在，并在一定的范围内继续发挥其作用。由于这一阶段的生产力发展水平还没有达到使整个社会物质财富充裕的地步，因此人们之间物质利益关系的调节以及劳动产品与消费品之间的交换，仍然需要借助于商品等价交换的原则。换言之，在未来社会商品交换的内核和实质仍然是可以被接受的，需要做出改变的只是它借以实现的具体形式而已。这也就间接表明，在未来社会中劳动时间的计划调节和市场调节是可以相结合的。

其次，关于过渡时期利用商品经济的论述。马克思、恩格斯多次强调，资本主义与共产主义之间存在一个过渡时期，私有制的消灭以及个体的改造都需要历经一个较长的阶段。由于新社会孕育、脱胎于旧社会之中，在政治上、经济上和思想上势必会带有旧社会的印记；而且，共产主义社会需要建立在高度发达的生产力基础上，因此共产主义社会的实现将会经历一个相当长的发展过程。无产阶级夺取政权以后，不可能立即废除私有制，也"正像不能一下子就把现有的生产力扩大到为实行财产公有所必要的程度一样"[②]，私有制的废除只能在其所必需的大量生产资料被创造出来以后才能实现。"'资本和地产的自然规律的自发作用'只有经过新条件的漫长发展

---

① 《马克思恩格斯文集》（第十卷），人民出版社，2009，第 289 页。
② 《马克思恩格斯文集》（第一卷），人民出版社，2009，第 685 页。

过程才能被'自由的联合的劳动的社会经济规律的自发作用'所代替。"① 因此，过渡时期不仅存在公有制经济，也存在各种非公有制经济成分。

不仅如此，无产阶级在过渡时期还面临艰巨的发展任务。一方面，鉴于历史上资产阶级革命的历史经验以及巴黎公社的失败教训，无产阶级必须要巩固无产阶级政权。另一方面，无产阶级面临着在政治上和经济上改造国家的重任。无产阶级专政必须废除旧的国家机器，建立新型的民主国家。同时，要消灭私有制，按公有制原则改造社会经济，以及尽可能快地发展社会生产力。完成这些艰巨的任务，需要一个较长的时期。"以自由的联合的劳动条件去代替劳动受奴役的经济条件，只能随着时间的推进而逐步完成（这是经济改造）。"② 工人阶级要"创造出现代社会在本身经济因素作用下不可遏止地向其趋归的那种更高形式，他们必须经过长期的斗争，必须经过一系列将把环境和人都加以改造的历史过程"③。相应地，私有制、商品交换、市场调节等也会在一定范围和一段时期内继续存在。事实上，马克思、恩格斯很少把消灭商品货币关系作为社会主义革命的直接任务，而是视其为逐步改造私有制后的一个自然结果。这意味着在一段时期内，社会主义必须与市场共存，并广泛利用市场来实现社会主义的目的。

在向新社会过渡期间，由于生产力的发展程度和劳动的社会化水平，无法实现使直接意义上的劳动具有直接的社会性质，商品货币关系以及商品经济和市场经济就有存在的客观必然性。虽然资本主义生产方式被消灭了，但商品生产的物质内容将脱离之前所采取的资本主义形式，继续存在。

三 马克思、恩格斯晚年对落后国家利用市场机制走向社会主义的探讨

马克思和恩格斯晚年都曾探讨过俄国等东方社会的性质、结构、现状和前景等一系列重大问题，不再把共产主义低级阶段的起点仅局限于发达的资本主义国家，提出一条非资本主义发展道路。马克思、恩格斯晚年提出的落后国家在一定历史条件下可以跨越资本主义发展阶段的思想，蕴含

---

① 《马克思恩格斯文集》（第三卷），人民出版社，2009，第199页。
② 《马克思恩格斯文集》（第三卷），人民出版社，2009，第198页。
③ 《马克思恩格斯文集》（第三卷），人民出版社，2009，第159页。

着社会主义可以而且应该运用市场的思想。①

首先，东西方国家在走向社会主义中所选择的发展道路有所不同。东方国家经济上具有落后性，这些国家的资本主义市场经济发展不充分，多半仍处于自然经济或小商品经济阶段。东方国家落后的生产方式具有稳固性、持久性。尽管马克思早年设想，以西欧发达资本主义国家为起点的未来社会不存在商品货币关系。但是，俄国、中国等东方落后国家的生产力发展状况与西欧资本主义国家差异很大，经济相对落后的东方国家与经济较为发达的西方国家相比，生产力发展水平低得多。这就决定了东方国家在走向社会主义过程中所选择的发展道路是极为不同的，东方落后国家根本无法根据马克思、恩格斯所设想的以西方发达国家为起点的未来社会蓝图走向社会主义。

其次，落后国家跨越"资本主义制度的卡夫丁峡谷"，即非资本主义道路的可能性。19世纪70年代以后，资本主义经济发展趋向稳定，殖民地化和全球化发展迅猛，西欧以外的国家，尤其是亚洲、非洲这些经济文化相对落后的国家相继被卷入资本主义生产体系之中。马克思多次强调，与西欧发达国家相比，俄国等东方落后国家向共产主义过渡和发展的道路较为独特，因此俄国可以不走向资本主义而又吸收和利用资本主义所创造的一切文明成果。在一定历史环境和历史条件下，经济相对落后的非资本主义国家也可以成为共产主义发展的"起点"、"新生的支点"、"新生的因素"以及"现代社会所趋向的那种经济制度的直接出发点"②。

关于落后国家的发展前景问题，马克思在《资本论》中指出：资本主义生产的规律正以"铁的必然性"发生作用，资本主义的生产方式正在实现向非资本主义国家扩展的发展趋势。但马克思晚年在给俄国《祖国纪事》杂志编辑部的信中，批驳了民粹派理论家米海洛夫斯基把《资本论》中关于西欧资本主义发展道路的论述绝对化的错误看法。1881年，俄国劳动解放社成员查苏利奇在来信中向马克思提出了一个问题：世界各国是否都要毫无例外地经过资本主义发展阶段，才能进入共产主义社会？马克思在回信中答复道，一个国家是否一定要经过资本主义阶段取决于其所处的具体

---

① 孙来斌：《"跨越论"与落后国家经济发展道路》，武汉大学出版社，2006。
② 《马克思恩格斯文集》（第三卷），人民出版社，2009，第576页。

历史环境，绝不能将西欧资本主义发展的具体模式机械式地套用在国情与之截然不同的俄国。他将资本主义生产起源的"'历史必然性'明确地限制在西欧各国的范围内"①。但马克思还是设想：如果俄国能够发挥历史赋予的有利条件，能够取得西方无产阶级的帮助，它"就使俄国可以不通过资本主义制度的卡夫丁峡谷，而把资本主义制度所创造的一切积极的成果用到公社中来"②。

通过科学分析俄国农村公社的历史发展和现实状况，马克思预测它有可能成为俄国通向社会主义道路的起点。基于对农村公社的深入研究，马克思把俄国的农村公社视为俄国社会"新生的支点"、俄国社会主义"发展的起点"。农村公社可以通过发展土地公有制以及消灭私有制来保存自身，从而"成为现代社会所趋向的那种经济制度的直接出发点"③。马克思的结论是，像保存着原始土地公共所有制的俄国这类落后国家，可以不必经历西方历史发展所经历的资本主义阶段，直接过渡到高级的共产主义公共所有制形式，而俄国的土地公有制可能会成为共产主义发展的起点。据此，马克思探讨了俄国"跨越"资本主义发展阶段，直接过渡到社会主义的发展道路问题。

但理论上的可能性不是直接的现实性。恩格斯根据经济形态演变的一般规律，分析了俄国农村公社存在的局限性。作为以公有制为基础的原生社会形态，向以私有制为基础的次生社会形态所过渡的形式，公社所固有的二重性赋予其强大的生命力，使它在一定条件下或许可以成为向共产主义所有制形式直接过渡的起点。但是农村公社的二重性中既包含着积极因素也包含着消极因素，可能会产生两种完全不同的历史结局。农村公社并不是俄国走向社会主义直接的、现成的"基础"，仅仅依靠农村公社的积极因素即公有制，俄国是无法走向共产主义的。"或者是它的私有制因素战胜集体因素，或者是后者战胜前者。一切都取决于它所处的历史环境。"④

最后，跨越"资本主义制度的卡夫丁峡谷"的具体路径。落后国家实现跨越发展既需要欧洲的无产阶级革命与俄国革命的双向互动，也需要充

---

① 《马克思恩格斯文集》（第三卷），人民出版社，2009，第589页。
② 《马克思恩格斯文集》（第三卷），人民出版社，2009，第575页。
③ 《马克思恩格斯文集》（第三卷），人民出版社，2009，第576页。
④ 《马克思恩格斯文集》（第三卷），人民出版社，2009，第586页。

分利用俄国处于资本主义时代的历史环境以及世界市场的外部环境，积极借鉴资本主义制度的文明成果。

其一，欧洲的无产阶级革命对俄国农村公社发展前景具有重要影响。在《论俄国的社会问题》一文中，恩格斯驳斥了民粹派理论家鼓吹俄国可以借助农村公社直接过渡到社会主义的主张。他认为，随着俄国资本主义的发展，农村公社所有制正趋于解体。但也并不能因此就否认其具有不经过资本主义阶段而转变为高级形式的可能性，前提是这种公有制能在集体耕作的方式下继续发展直到条件成熟。这就必须要具备一定的历史条件，即"西欧在这种公社所有制彻底解体以前就胜利地完成无产阶级革命并给俄国农民提供实现这种过渡的必要条件，特别是提供在整个农业制度中实行必然与此相联系的变革所必需的物质条件"[1]。他表示，"如果有什么东西还能挽救俄国的公社所有制，使它有可能变成确实富有生命力的新形式，那么这正是西欧的无产阶级革命"[2]，从而高度强调了西欧无产阶级革命对于俄国农村公社的重要性。

马克思、恩格斯在《共产党宣言》1882 年俄文版序言中也明确地指出，资本主义在俄国迅速盛行起来，资产阶级土地所有制也得到了初步发展，那么已经大遭破坏的俄国公社这一原始土地公共占有形式，"是能够直接过渡到高级的共产主义的公共占有形式呢？或者相反，它还必须先经历西方的历史发展所经历的那个瓦解过程呢？"[3] 他们对于这个问题所给出的答复是："假如俄国革命将成为西方无产阶级革命的信号而双方互相补充的话，那么现今的俄国土地公有制便能成为共产主义发展的起点。"[4] 马克思、恩格斯已经意识到资本主义经济关系在俄国的发展，使俄国公社这一原始土地公共占有形式遭到破坏。因此把欧洲无产阶级革命与俄国革命的双向互动，看作改变俄国社会性质的关键因素，从而对俄国社会的前途进行了新的思考。

在《〈论俄国的社会问题〉跋》中，恩格斯再次强调了相同的观点：毋庸置疑，只有在西欧无产阶级胜利并且生产资料转归公有之后，那些资本主义生产刚刚起步但氏族制度或其残余尚存的国家，才可以把公有制的残

---

① 《马克思恩格斯文集》（第三卷），人民出版社，2009，第 399 页。
② 《马克思恩格斯文集》（第三卷），人民出版社，2009，第 399 页。
③ 《马克思恩格斯文集》（第二卷），人民出版社，2009，第 8 页。
④ 《马克思恩格斯文集》（第二卷），人民出版社，2009，第 8 页。

余以及与之相适应的人民风尚作为强大的手段，从而大大缩短向社会主义社会发展的过程，并且避免西欧国家之前所不得不经历的大部分苦难和斗争。"但这方面的必不可少的条件是：目前还是资本主义的西方作出榜样和积极支持。"① 只有看到西方发达国家是如何在无产阶级革命后克服了资本主义，并且将现代工业的生产力作为社会财产来服务于整个社会时，落后国家才能缩短向社会主义社会的发展过程，成功的可能性也更有保障。而且，"这不仅适用于俄国，而且适用于处在资本主义以前的阶段的一切国家"②。

其二，实现"跨越"资本主义发展阶段，还需要充分利用俄国社会经济发展的现实，即俄国处于资本主义时代的历史环境之中。它可以利用世界市场的外部环境，并积极借鉴一切资本主义的文明来实现自身发展。马克思指出俄国并不是脱离现代世界而孤立生存的，它与资本主义生产同时存在，无须完全依靠自己的力量去获得西欧长期进化中取得的经济成就。俄国不仅保存着公社所有制，而且"同时又生存在现代的历史环境中，同较高的文化同时存在，和资本主义生产所统治的世界市场联系在一起"③。这就证明，一方面，俄国会难以避免地被卷入"世界市场网"。因为商品经济的发展会促使社会生产力的极大发展和生产资料的不断集中，随着这种集中，劳动过程的规模不断扩大而且其协作形式也日益发展，科学日益被自觉地、广泛地应用于技术方面，土地日益被有计划地加以利用，一切生产资料因持续转化为共同使用的社会生产资料而得以节约，最终就形成了以世界市场为基点的资本主义经济全球化趋势。"各国人民日益被卷入世界市场网，从而资本主义制度日益具有国际的性质。"④ 另一方面，俄国完全可以主动利用资本主义这种生产方式的积极成果，从而抓住历史赋予的机遇去实现非资本主义发展道路。

恩格斯在《〈论俄国的社会问题〉跋》中也指出：在西方资本主义积极支持下，落后国家向社会主义社会发展的过程能够缩短。这适用于俄国，也适用于处在资本主义以前阶段的一切国家。但相较而言，俄国最易实现目标，"因为这个国家的一部分本地居民已经吸取了资本主义发展的精神成

---

① 《马克思恩格斯文集》（第四卷），人民出版社，2009，第459页。
② 《马克思恩格斯文集》（第四卷），人民出版社，2009，第459页。
③ 《马克思恩格斯全集》（第二十五卷），人民出版社，2001，第472页。
④ 《马克思恩格斯文集》（第五卷），人民出版社，2009，第874页。

果"①，因此俄国几乎可以在革命时期与西方同时完成对社会的改造。这就强调了吸收、利用资本主义的成果对俄国社会发展的积极作用。

马克思、恩格斯晚年关于落后国家跨越资本主义的理论设想，为经济落后国家走向社会主义提供了理论上的可能性。② 但限于当时各方面的因素，他们并未预测到社会主义革命会率先发生在经济文化相对落后的国家。因此当理论上的可能性变为现实以后，对于革命胜利后的国家应当实行何种体制来建设、巩固和发展社会主义经济关系等问题，马克思和恩格斯并没有进行具体的、明确的阐释，而是将一些宏观设想蕴含在"跨越论"设想之中。这一设想，实际上蕴含了落后国家走向社会主义道路是可以而且应该利用市场机制的思想，从而为社会主义与市场机制的有机结合开辟了理论空间。

第二节　列宁、斯大林对社会主义运用市场的实践

十月革命胜利之后，列宁提出经济文化比较落后的国家可以"不经过资本主义发展阶段而过渡到苏维埃制度，然后经过一定的发展阶段过渡到共产主义"③ 的论断。然而俄国的实践却证明：落后国家企图取消商品货币市场，实行集中统一计划经济体制从而直接过渡到共产主义是行不通的。因此，列宁认识到了这一点后，便在战争结束后实行新经济政策。新经济政策是在"走向"社会主义过程中保留商品交换、利用市场机制的突破性尝试，但是其中也包含着计划和市场的二元对立。

一　列宁领导的红色政权经济实践

（一）新生政权的经济困境

十月革命将社会主义从理论变成现实，是 20 世纪人类历史上最重要的历史事件之一。十月革命胜利后，摆在布尔什维克党面前的是一个史无前

---

① 《马克思恩格斯文集》（第四卷），人民出版社，2009，第 459 页。
② 王东：《"晚年马克思"新解》，《教学与研究》1996 年第 5 期，第 41~44 页。
③ 《列宁选集》（第四卷），人民出版社，2012，第 279 页。

例的历史新难题，即如何在一个与马克思主义创始人所设想的先进资本主义国家相差甚远的落后农业国家进行社会主义建设。同时，新生不久的苏维埃政权即刻就陷入了严峻的国内外危机之中。在国内，俄国地主和资产阶级联合起来发动单方叛乱；在国际上，由于仇视社会主义，1918 年至1920 年，英、美、日三国组织了十四个帝国主义国家企图大规模武装干涉苏维埃政权。苏俄国内外的反动势力勾结在一起。双重夹击之下，苏俄国内危机重重，原本就落后的经济更是异常困难。为应对紧急的战争状态和物资极度匮乏的不利条件，确保有限的财力物力集中用于后方供应和前线需要，苏维埃陆续实施了一系列适应战时需要的经济政策，被称为"战时共产主义"。该政策的主要措施包括：对一切企业实行国有化；采取余粮收集制，垄断粮食贸易；建立义务劳动制；等等。

"战时共产主义"能够集中人力物力以确保苏维埃政权战时必需，最终在短期内获胜，捍卫和巩固了新生的政权。在"战时共产主义"政策下，农民的粮食是以余粮收集制的方式而非买卖的方式获得，职工的劳动报酬是通过实物支付，居民的粮食、日用品是国家免费发放的，企业也不进行经济核算，这些无疑扩大了经济关系实物化的范围。但由于"战时共产主义"与不通过商品货币关系而直接过渡到共产主义的设想有所契合，因此在经典社会主义理论的影响下，当时的苏俄领导人不仅没有意识到"战时共产主义"所具有的临时性和过渡性，甚至在战争结束后仍然继续推行这种非常政策，希望通过"战时共产主义"迅速向共产主义社会直接过渡。

"战时共产主义"的主要做法之一是建立在国家垄断粮食基础上的"粮食征收制"。"战时共产主义"（在战争结束后继续实施）脱离了当时俄国的实际生产力水平，挫伤了广大农民的生产积极性，也引发了整个社会强烈的不满。积蓄已久的情绪最终愈演愈烈，继而酿成了严重的政治危机。经济的困顿和政权的危机都给苏俄敲响了警钟，促使布尔什维克不得不深刻反思"战时共产主义"的存废问题。1920 年秋，苏维埃在反对外国武装干涉与平定反革命武装叛乱的斗争中基本取得胜利，列宁审时度势分析了"战时共产主义"的功过是非，指出在新的历史条件下，必须从当时俄国的客观实际出发，制定新的方针政策。当时，为了直接了解基层群众的诉求，列宁深入乡村调查，阅读群众的来信，接待不断来访的工人、农民和基层干部。许多农民在给列宁和政府的请求信中表达了对余粮收集制的不满并要求废除这一制度。面对农民取消余粮收集制的一致要求，1921 年 3 月，列宁在俄共（布）第十次代表大会上宣布停止"战时共产主义"，并且全党一致通过以粮食税替代余粮收集制的决议。新经济政策正式启航。

（二）新经济政策

新经济政策的核心内容发生过两次大的转变。第一次是在实施初期，即从 1921 年 3 月到 10 月。在这一阶段，由于粮食税规定农民在交给国家一定的粮食税之后，其余的粮食和农产品全部由自己支配。粮食税实施后，农民手中就会拥有剩余的粮食和农产品，这些东西中的一部分就会变成商品流向市场，于是列宁设想通过局部的产品交换来预防资本主义的滋生泛滥。列宁设想通过国家资本主义形式的交换机构，有组织地把国有企业和各种国家资本主义企业生产的产品同农民进行商品交换。但这种"商品交换"实质上是实物交换，它既不通过市场，也不需要货币。

1921 年 10 月底，在莫斯科省第七次党代表会议上，列宁在关于新经济政策的报告中宣布产品交换失败。自此，开始新经济政策的第二个阶段。其重心从国家资本主义再退，退至由国家对商业和货币流通加以调节，允许农民的自由贸易和私人商业获得发展，但这种发展要在国家的调节范围之内进行。商品买卖被提上日程后，商品、货币、市场机制被引入社会主义经济建设中，这一史无前例的创举突破了传统社会主义观。

新经济政策的核心内容之一就是利用商品货币关系，实现从产品交换到商品交换的转变。一方面，工业和农业通过商业联系起来，这是过渡时期经济建设的中心环节。商业是联系社会主义经济与农民经济的关键纽带，只有利用商业才能建立与农民的紧密联系。"新经济政策的基本的、有决定意义的、压倒一切的任务，就是使我们开始建设的新经济……同千百万农民赖以为生的农民经济结合起来。"[1] 其全部意义就在于，而且仅在于"找到了我们花很大力量所建立的新经济同农民经济的结合"[2]。另一方面，一切生产单位和供应单位必须在国家指导下，实行"商业化原则"，即根据商品生产和商品流通规律办事。新经济政策实施之初，列宁提出："应当把商

---

① 《列宁选集》（第四卷），人民出版社，2012，第 662 页。
② 《列宁选集》（第四卷），人民出版社，2012，第 661 页。

品交换提到首要地位，把它作为新经济政策的主要杠杆。"① 此后还多次强调，新经济政策的一个重要方面就是，要"学习管理""学会经商"，国有企业要采用"商业化原则"，实行"经济核算制"，"在相当程度上实行商业的和资本主义的原则"。② 也就是说，新经济政策时期的列宁意识到，必须要有计划地利用商品货币关系向社会主义过渡并建设社会主义。如日本经济学家佐藤经明所言，列宁"亲自领导了向新经济政策的转变，并且第一个为过渡时期利用市场的必然性问题奠定了理论基础"。③

1924 年 1 月列宁逝世，党内高层围绕新经济政策产生了巨大的分歧，并最终废除了这一政策。作为一个在正统的马克思主义理论指导下建立的政党组织，布尔什维克党的意识形态既涵括了经典的马克思主义观，尤其是关于"直接过渡"等思想，同时又带有俄国传统的反商品、反市场思想的烙印。而新经济政策的实施意味着货币关系的确立、商品交换的合法以及市场体制的建立，这些现象直接与布尔什维克党的意识形态产生了矛盾。一方面，出于恢复和发展生产力的需要，强调要发展国家资本主义和扩大市场；另一方面，意识形态支配的俄共领导者却又认为"计划性仍然是社会主义经济的标志"④。这种贯穿于新经济政策过程中的二元冲突，在某种程度上导致了新经济政策的半途而废。

新经济政策将市场引入社会主义的举措，使苏俄的经济恢复和发展在实践中取得了明显成效，对于恢复和发展国民经济、提高人民的生活水平、改善工农关系、巩固工农联盟和苏维埃政权，都发挥了积极作用。更重要的是，这也是社会主义建设史上首次尝试在社会主义中引入市场因素。由于种种主客观因素，特别是由于其中蕴含着市场与计划的二元冲突，新经济政策未能持续执行下去。

二 斯大林社会主义经济模式

20 世纪 30 年代，苏联逐步建立起了高度集中的中央计划经济体制。这一体制以完全的社会主义公有制为基础，实行高度集中的国家指令性计划，

---

① 《列宁选集》（第四卷），人民出版社，2012，第 533 页。
② 《列宁选集》（第四卷），人民出版社，2012，第 620 页。
③ 〔日〕佐藤经明：《现代社会主义经济》，凌星光等译，中国社会科学出版社，1986，第 43 页。
④ 孙来斌：《"跨越论"与落后国家经济发展道路》，武汉大学出版社，2006，第 215 页。

抑制了市场在国民经济中的调节作用。但对于社会主义和商品、市场的关系问题，斯大林在晚年也做出了一些有益的探讨，主要体现在《苏联社会主义经济问题》一书中。

（一）斯大林经济模式的确立

1929 年 5 月，第五次苏维埃代表大会通过并在全国实施指令性质的《苏联第一个五年国民经济建设计划》。1929 年 12 月，联共（布）中央发布的《关于改组工业管理的决议》规定，企业实行三级式的严格管理制度，即最高国民经济委员会——联合公司——企业。1930～1933 年，苏联政府通过对信贷、税制和工资的改革，加强了对工商业的严格计划管理。1935 年，苏联通过第一个《农业劳动组合示范章程》，将之前已经形成的集体农庄制度确定下来，建立起了严格的农产品义务交售制，以确保粮食生产和分配的各个环节管理权掌握在国家手中。总之，苏联通过逐步对工商业、农业实行严格的计划管理，取缔了私人工商业，市场商品流通也被排斥，高度集中的计划经济体制就此初步形成。

1930 年，在联共（布）十六大上，斯大林初步确定了苏维埃执行的经济制度："（一）资产阶级和地主阶级的政权已经被推翻而代之以工人阶级和劳动农民的政权；（二）生产工具和生产资料即土地和工厂等已经从资本家那里夺过来并转为工人阶级和劳动农民群众所有；（三）生产的发展所服从的不是竞争和保证资本主义利润的原则，而是计划领导和不断提高劳动者物质和文化生活水平的原则；（四）国民收入的分配不是为了保证剥削阶级及其为数众多的寄生仆役发财致富，而是为了不断提高工农的物质生活和扩大城乡社会主义生产；（五）劳动者的物质生活状况的不断改善和劳动者的需求（购买力）的不断增长既然是扩大生产的日益增长的源泉，因而也就是保证劳动者免遭生产过剩的危机，免受失业增长的痛苦和贫困的痛苦；（六）工人阶级和劳动农民是国家的主人，他们不是为资本家而是为自己劳动人民做工的。"[①] 1936 年，苏联颁布新宪法，以法律形式确认了生产资料所有制结构和以部门为主的经济管理体制的合法性、正当性。至此，斯大林经济模式基本确立。

---

① 《斯大林全集》（第十二卷），人民出版社，1955，第 280～281 页。

（二）斯大林经济模式的实质

斯大林经济模式的实质就是高度集中的计划经济体制。在这种体制下，国家是经济活动的主体，采取国家所有制、集体所有制两种形式的生产资料公有制，依靠自上而下的行政命令或指令性计划的方式，对整个经济进行直接全面严格地干预和调节，并且排斥商品货币关系和市场的调节作用。

斯大林高度集中的计划经济体制主要有两个特点。

其一，实行单一的生产资料公有制。在实现社会主义工业化的初期，斯大林就明确指出，社会主义不可能建立在公有制和私有制并存的基础上。鉴于此，在实施高速工业化和农业集体化运动的过程中，苏联对城市资本主义经济成分以及农村中的资本主义经济成分即富农经济采取了限制、排挤并最终消灭的政策。1936 年前后，苏联基本形成单一的社会主义公有制，即国家的全民的形式和集体农庄的形式。① 一方面，追求高度的社会主义公有制。在 1936 年《关于苏联宪法草案》的报告中，斯大林宣布："生产工具和生产资料的社会主义所有制已经确立而成为我们苏联社会不可动摇的基础。"② 为了实现高度公有制，苏联的工业和农业在短期内迅速进行了所有制的变革。在工业方面，随着第一个、第二个五年计划的顺利完成，苏联创建了一大批国营大工厂。同时，城市资本主义工商业逐渐萎缩直至消失殆尽，工业几乎全部实现社会主义公有。在农业方面，之前"小生产者的海洋"已汇集为集体农庄。1934 年在联共（布）十七大上，斯大林宣布在苏联宗法式经济、私人资本主义和国家资本主义这几种社会经济成分"已经不存在"，小商品生产也"已经被排挤到次要位置了"③。另一方面，不允许其他经济成分的存在。斯大林认为，"国家的即全民的所有制以及合作社－集体农庄的所有制"④，即公有制是苏联社会的基础，私人经济则是

---

① 虽然当时的社会仍存在一些归居民或庄员个人所有的辅助经济，如宅旁园地，但这只是计划经济的补充，而且这些形式的数量和规模都受到严格限制，根本影响不到公有制在苏联所有制结构中的地位。而且，1936 苏联宪法规定，居民可以占有一定的个人消费品和个人住宅，其中包括"公民的劳动所得的收入和储蓄、住宅、家庭副业、家庭日常用品、个人使用与享受的物品，以及公民个人财产的继承权"。但这些"个人财产"都只是消费性的，并非能够进行再生产的私有生产资料，丝毫不会改变苏联的所有制性质。

② 《斯大林文集（1934—1952 年）》，人民出版社，1985，第 102 页。

③ 《斯大林全集》（第十三卷），人民出版社，1956，第 273 页。

④ 《斯大林文集（1934—1952 年）》，人民出版社，1985，第 92 页。

走向社会主义的障碍。因此，商品流通被限制甚至是取消，市场活动近乎成为非法行为。到20世纪30年代中期，外资合营的企业基本被取消。据1936年的统计，国家所有制与合作社－集体农庄所有制所占的比重，在全国生产基金中分别是90%和8.7%；在工业产值中是97.3%和2.6%；在农业产值中是76%和20.3%。① 其他经济成分几乎无生存空间，被当作"特殊情况"而暂时存在。

其二，实行高度集中的指令性计划。1926年，在共产国际执行委员会第七次扩大全会上，斯大林在提及苏联的社会主义建设时就指出，"社会主义经济是最统一最集中的经济，社会主义经济是按计划进行的"②。到1927年12月的联共（布）第十五次代表大会上，斯大林进一步提出，社会主义经济是"指令性计划"的思想。③

斯大林指出："我们的计划不是臆测的计划，不是想当然的计划，而是指令性的计划。这种计划各领导机关都必须执行，这种计划能决定我国经济在全国范围内将来发展的方向。"④ 有计划、按比例分配社会劳动，被斯大林概括为国民经济有计划发展规律。这是社会主义特有的经济规律，"是作为资本主义制度下竞争和生产无政府状态的规律的对立物而产生的。它是当竞争和生产无政府状态的规律失去效力以后，在生产资料公有化的基础上产生的"⑤。1926年之后，苏联开始制定国民经济年度控制数字，即简单预测一年之后的国民经济发展状况。1929年4月批准的第一个指令性（五年）计划，规定了近50个工业部门的具体任务。1931年，苏联开始制定年度计划和季度计划，按计划分配的资金已占到苏联国民收入总额的2/3。1933年，第二个五年计划开始实施，其中囊括了一切国民经济部门，有120个工业部门包括在计划之中。

苏联的指令性经济计划，具有两个鲜明特点。一是"计划就是法律"，即指令性计划一旦通过，就具有法律效力，国家的各个部门以及各个企业

① 刘克明、金挥主编《苏联政治经济体制七十年》，中国社会科学出版社，1990，第363～364页。

② 《斯大林全集》（第九卷），人民出版社，1954，第122页。

③ 《斯大林全集》（第十卷），人民出版社，1954，第280页

④ 《斯大林全集》（第十卷），人民出版社，1954，第280页。

⑤ 《斯大林文集（1934—1952年）》，人民出版社，1985，第602页。

必须严格执行。二是排斥市场调节，国家经济发展完全听令于指令性计划，市场调节被排斥在外。由于国家直接控制全部生产资料，直接组织生产、分配，并且统一编制经济计划，统一决定经济决策，为确保全社会的经济机构和机构、管理部门能够有效运转，国家经常采用强制、行政命令甚至暴力方式。虽然，当时生活消费用品允许用来交换，农村也保存着有限的集市贸易市场，农产品可以通过市场流通，国家供应给农民、市民的日常生活用品也可以通过市场转移到消费者手里。但是生产资料不再通过市场流通，而且通过市场流通的生活消费品，其生产数量和出售价格也都是由国家统一规定，价值、价格、货币、利润等虽然保留着"外壳"，但实际上根本就不能发挥经济杠杆的调节作用。

1936 年，斯大林在《关于苏联宪法草案》的报告中宣告："苏联社会已经做到在基本上实现了社会主义，建立了社会主义制度，即实现了马克思主义者又称为共产主义第一阶段或低级阶段的制度。这就是说，我们已经基本上实现了共产主义第一阶段，即社会主义。"① 1939 年，苏联在初步完成了社会主义工业化和农业集体化后，斯大林宣布苏联已经完成了无阶级社会主义社会的建设并进入从社会主义逐渐过渡到共产主义的阶段。他将社会主义这一长期的、复杂的历史阶段短暂化和简单化。高度集中的计划经济体制，把社会主义与商品经济对立起来，这种过急过快的经济发展模式既创造了苏联奇迹，也给苏联的经济发展带来后患，对其他社会主义国家的建设发展产生了深远影响。

（三）斯大林对社会主义社会商品生产和价值规律的理论认识

新经济政策终结时，苏联的许多理论家就顺势提出要消灭商品货币关系，认为价值、货币等范畴与苏维埃经济是不相容的。而斯大林当时却承认社会主义中存在商品货币关系，尽管他只是从流通角度来认识这一问题。1934 年 1 月，在联共（布）第十七次代表大会上，斯大林批驳了那种社会主义就应该马上取消货币的观点，并指出"货币在我们这里还会长期存在，一直到共产主义的第一阶段即社会主义发展阶段完成的时候为止"②。同时，斯大林也批评了一些共产党员轻视商业的价值、对商业持高傲和鄙视态度

① 《斯大林选集》（下卷），人民出版社，1979，第 399 页。
② 《斯大林全集》（第十三卷），人民出版社，1956，第 304 页。

的现象，强调了推进苏联商品经济的必要性和重要意义。当时在苏联经济学界还有一种流行观点，即苏维埃经济中不存在价值规律。苏联《政治经济学教科书》初稿既阐释苏维埃经济中商品货币关系的特点，但又否认价值规律在经济中的作用。斯大林明确指出，社会主义阶段仍然存在价值规律，但它在苏联经济中是以改造过的形态在起作用。20 世纪 50 年代初期，斯大林从理论上确认社会主义制度仍然存在商品生产和价值规律，并在《苏联社会主义经济问题》中做了系统阐述。

1. 社会主义条件下商品生产存在的原因、范围和性质

第一，商品生产在当前"仍是必要的东西"。当时联共（布）党内有些同志断定，在赢得政权且将生产资料收归国有之后，商品生产就没有继续存在的必要了。斯大林分析，无产阶级取得政权以后，虽然在工业中具备使生产资料转归社会所有的条件，但在农业中仍然存在人数众多的中小私有生产者，无法做到将这些中小生产者的生产资料公有化。也就是说，俄国的无产阶级获得政权以后，并未能立即实现一切生产资料的公有化，因此自然也无法立即消灭商品生产。

斯大林认为，在苏联社会主义经济中，仍然存在两种社会主义生产的基本形式：国家的即全民的形式和集体农庄形式。其中，国家企业的生产资料和产品属于全民财产。在集体农庄中，虽然包括土地和机器在内的生产资料属于国家，但由于劳动和种子是自己所有，因此生产的产品属于各个集体农庄所有。因此，国家所能支配的只是国家企业的产品，而集体农庄的产品则是自己所有、自己支配。但由于集体农庄在交换需要的各类物品时，只愿意通过商品买卖的方式进行。也就是说，除了经过商品联系外，集体农庄不接受与城市的其他经济联系。因而，需要在个人消费品领域保留有限的商品生产与市场交换。但斯大林并不认为商品、货币关系会一直存在。

第二，苏联社会主义制度下的商品仅限个人消费品，不包括全民所有制企业中的生产资料。斯大林认为，苏联商品生产存在的唯一原因就是两种生产资料公有制形式的存在。而生产资料是在全民所有制内部调拨的，所有权仍然属于国家，因此生产资料被排除在商品范畴之外。公有制条件下，生产资料并不用来出售，而是由国家分配给自己的企业。而且作为生产资料的所有者，国家尽管将其交给企业，但仍然持有生产资料的所有权。

企业虽然从国家获得了生产资料，但只是依照国家制度的计划来使用生产资料，并不拥有所有权。如斯大林所说，"无论如何不能把我国制度下的生产资料列入商品的范畴"①，它"脱出了价值规律发生作用的范围，仅仅保持着商品的外壳（计价等等）"②。斯大林甚至认为，农机机械不能出售给集体农庄，否则集体农庄会成为基本生产工具的所有者，就会因巨量的农业生产工具投入商品流通领域而"扩大商品流通的活动范围"③，如此一来，只会阻碍苏联向共产主义前进，导致苏联远离共产主义。

第三，商品生产与资本主义生产存在根本区别，社会主义的商品生产是特种的商品生产。斯大林认为，商品生产和资本主义生产是极为不同的两种事物，商品生产并不是在任何时候或是在任何条件下，都会导向资本主义。商品生产的发展远远早于资本主义生产，后者是前者的最高形式。无论是奴隶制度还是封建制度，商品生产都曾存在过，但也都未引导至资本主义。只有出现了资本家剥削工人的制度时，商品生产才会导向资本主义。因为当生产资料集中到私人手中时，丧失生产资料的工人就只能出卖劳动力给资本家，这就开始了资本主义生产。在资本主义条件下，商品生产的发展是漫无限制的，它包罗一切地扩展着。

由于苏联已经建立了生产资料公有制，消灭了雇佣劳动制度、剥削制度等，这些条件一定会使商品生产的发展受到严格限制。因此苏联的"商品生产是和资本主义制度下的商品生产根本不同的"④。而且社会主义制度下的商品生产，基本是由联合起来的社会主义者，即国家、集体农庄、合作社所进行的商品生产，活动范围也仅限于个人消费品。这种商品生产不仅不会演变成资本主义生产，而且"它注定了要和它的'货币经济'一起共同为发展和巩固社会主义生产的事业服务"⑤。

2. 价值规律的作用和范围

第一，斯大林认为价值规律在流通领域，特别是个人消费品的交换过程中，发挥着一定的调节作用。但苏联社会主义的商品生产只限于个人消

---

① 《斯大林文集（1934—1952年）》，人民出版社，1985，第638页。
② 《斯大林文集（1934—1952年）》，人民出版社，1985，第638页。
③ 《斯大林文集（1934—1952年）》，人民出版社，1985，第670页。
④ 《斯大林文集（1934—1952年）》，人民出版社，1985，第610页。
⑤ 《斯大林文集（1934—1952年）》，人民出版社，1985，第609页。

费品，因此"价值规律发生作用的范围，首先是包括商品流通，包括通过买卖的商品交换，包括主要是个人消费的商品的交换"[1]。而价值规律对个人消费品的交换所起到的调节作用，被严格地限制在一定范围内，不会像在资本主义制度中一样拥有广阔场所。在苏联的经济制度下，商品生产被限制在一定范围内，大部分消费品的价格由国家制定。生产资料公有制、国民经济有计划发展的规律以及国民经济的计划化，就限制了"价值规律发生作用的范围及其对生产的影响程度"[2]。

第二，斯大林认为价值规律对生产领域不起调节作用。由于不承认生产资料属于商品范畴，因此价值规律也不会对生产过程起调节作用。但斯大林认为，价值规律的作用不限于商品流通流域。企业在生产过程中应该考虑利用价值规律进行经济核算，计算成本、价格和盈利。在《苏联社会主义经济问题》中，斯大林通过总结苏联经济管理的教训，肯定了社会主义制度下价值规律的作用，同时还强调要重视并利用价值规律以便处理经济核算和盈利问题、成本问题、价格问题等。虽然价值规律在社会主义生产中并无调节作用，但仍对商品生产有一定影响，这是因为"抵偿生产过程中劳动力的耗费所需要的消费品，在我国是作为商品来生产和销售的，而商品是受价值规律作用的。也正是在这里可以看出价值规律对生产的影响"[3]。斯大林认为，这是在规划生产时不能不考虑的一点。

由此可见，斯大林建立的高度集中的社会主义计划经济体制，包含了对马克思、恩格斯思想的教条式理解，这是放弃列宁新经济政策的认识根源。斯大林在《苏联社会主义经济问题》中，主要论述了社会主义制度下商品经济的存在原因以及价值规律的有限作用。从其中的论述来看，尽管斯大林承认商品交换的存在和价值规律的作用，但他对商品交换和价值规律持有的却是"限制"的态度。斯大林认识到在社会主义制度下商品经济、价值规律的重要作用，但同时又严格限制商品生产和商品流通，极力排斥价值规律和市场调节，坚持社会主义的计划经济和计划调节。从根本上，他仍然坚持认为商品交换和价值规律是与社会主义公有制和计划经济相对

---

① 《斯大林文集（1934—1952年）》，人民出版社，1985，第611页。
② 《斯大林文集（1934—1952年）》，人民出版社，1985，第613页。
③ 《斯大林文集（1934—1952年）》，人民出版社，1985，第611页。

立的。因此，尽管在马克思主义经济思想史上，《苏联社会主义经济问题》中蕴含的相关思想对进一步探讨社会主义与市场之间的关系问题有所启迪，但是这种理论认识"从总体上看还没有超出传统计划经济的认识框架"，"没有从根本上突破把社会主义同商品经济对立起来的观点"①。

思考题：

1. 关于未来社会的经济体制问题，马克思、恩格斯提出了哪些思想？

2. 如何认识新经济政策？

3. 关于社会主义的商品生产和价值规律，《苏联社会主义经济问题》中蕴含着哪些有益思想？

---

① 颜鹏飞：《马克思主义经济学史》，武汉大学出版社，1995，第217页。

第三章

新中国的经济体制及其变迁

进入社会主义初级阶段后，采用什么样的经济体制，能不能和以什么方式利用市场，市场经济体制能否和怎样与社会主义基本制度结合，新中国在筚路蓝缕、栉风沐雨的发展道路上，对这些问题进行了艰辛探索，根据不同阶段发展社会生产力最急迫课题和不断完善社会主义基本制度的需要，选择不同经济体制，取得了理论和实践的巨大成就。

第一节　计划经济体制的确定与实施

1949 年新中国成立并进入新民主主义社会，1952 年年底国民经济已经迅速获得恢复，中共中央提出过渡时期总路线，要在一个相当长的时期内，逐步实现国家的社会主义工业化，并逐步实现国家对农业、手工业和资本主义工商业的社会主义改造。社会主义改造的目的是解放生产力。[①]

1956 年在全国绝大部分地区基本上完成三大改造时，中国共产党第八次全国代表大会宣布中国建立了社会主义制度，进入社会主义社会。实行生产资料社会主义公有制和个人消费品按劳分配原则，从根本上确立了社会主义经济制度。与以国有和集体为绝对主体的公有制相适应，新中国建立了高度中央集权的计划经济体制。毛泽东 1956 年《论十大关系》的讲话、1957 年发表的《关于正确处理人民内部矛盾的问题》、中共中央 1958

[①] 《毛泽东文集》（第七卷），人民出版社，1999，第 1 页。

年在郑州召开的中央工作会议精神、1959 年年底到 1960 年年初毛泽东读苏联《政治经济学教科书》下册时发表的一系列谈话，都是这一时期新中国结合国情对社会主义建设的探索，为认识和开创社会主义新中国的经济体制拉开了历史"序幕"。

一 新中国首先选择计划经济体制的历史必然性

1956 年我国确立社会主义经济制度，而自 1953 年起我国就开始执行第一个五年计划。新中国首先选择了计划经济体制，其间原因很多。

从理论依据上看，当时东西方普遍认为，与社会主义关联的只能是计划经济。但现在一些人据此错误地断定，选择计划经济体制，完全是当时以毛泽东为核心的第一代领导集体教条式理解科学社会主义理论的结果。实际情况是，自 1958 年秋季起，毛泽东带领身边工作人员和一批领导干部读苏联《政治经济学教科书》，并多次建议全党要联系中国社会主义经济的革命和建设实际，读斯大林《苏联社会主义经济问题》，读《马恩列斯论共产主义社会》，学习马克思主义政治经济学，[①] 仔细思考和研究我国社会主义建设中有关运用市场手段、发展商品经济的问题。所以，如果现在认识新中国选择经济体制这一问题完全置当时社会历史的客观环境于不顾，以中国共产党第一代领导集体执念于计划经济观念论之，就必然或陷入片面的形而上学，或陷入黑格尔式的主观辩证法。对于新中国为何首先选择计划经济体制，必须以辩证唯物主义和历史唯物主义为方法论，遵从唯物史观，回到历史的现实中，既要看到新中国认识理解科学社会主义理论的一面，更要看到国际和国内的双重客观因素驱使，厘清我国当时选择计划经济体制的客观必然性和必要性。

从国际影响看，一方面，苏联是当时世界社会主义国家的榜样，通过计划经济快速发展社会生产力也成为世界各国的榜样，计划经济在苏联表现出巨大的优越性。苏联不仅在短时期内就成为欧洲第一工业强国，而且还在第二次世界大战中击溃了此前战无不胜的纳粹德国。另一方面，与市场经济水乳交融的资本主义这一时期在社会生产力发展中凸显重重矛盾，西方屡次爆发的经济危机将市场经济的缺陷暴露无遗，为转嫁国内矛盾他

---

① 《毛泽东文集》（第七卷），人民出版社，1999，第 432 页。

们频繁对外发动大小战争。传统市场经济国家为拯救国内经济纷纷借鉴社会主义社会管理经济的有效方式，采用经济手段、行政手段甚至国家计划来调控经济。市场经济如此不尽如人意，资本主义在市场经济运行中日薄西山的态势，显然使我们学习他们采用的市场经济体制缺乏现实理由。也就是说，在这样国际环境中，高度集中的计划经济体制，必然成为吸引所有社会主义国家的唯一模式。新中国学习世界各国发展社会经济的经验，也毫无疑问会选择批判地借鉴苏联的计划经济体制。

社会主义制度必须攻克面临的生产力发展最急迫课题，这是新中国选择计划经济的决定性因素。不仅当时的东西方理论和国际经验都没有充分理由让新中国相信和选择市场经济，更重要的是，新中国面对的旧中国基础的"一穷二白"到了后人难以想象的程度，计划经济是实现社会主义制度快速改变旧中国面貌，发展新中国社会生产力的最合适经济体制。1949年，83.6%的人口从事农业但人均占有原粮不到 210 公斤。钢产量只有15.8 万吨，不到世界产量的千分之一，仅居世界第 26 位。原油产量只有 12 万吨，仅居世界第 27 位。发电量仅居第 25 位。铁路能够通车的里程只有 1 万多公里。全国仅有 3 万公里公路，比西方发达国家落后近一个世纪。新中国成立之初，中国适龄儿童小学入学率不到20%，初中入学率仅为6%，人口中 80% 以上是文盲，农村的文盲率更是高达 95% 以上。[①] 改变旧中国留下的这样薄弱的物质基础，不是一家一户、一个地区、一个行业面对的任务，而是新中国前进路上普遍遇到的社会课题。与此同时，新中国面临帝国主义的政治上孤立、军事上威胁、经济上封锁。在这样的国内国际环境下，社会主义制度要破解的最急迫生产力问题是：快速奠定完整的国民经济体系和工业体系等物质技术基础，使社会主义社会在"站得稳"的基础上阔步前行。在这个需要集中有限资源快速突破的重大问题上，计划经济有市场经济无可比拟、难以企及的优势。

因此，基于新中国生产力发展的需要，根据对马克思主义经典作家有关未来社会思想的一般理解，在学习苏联计划经济模式的基础之上，借鉴中国共产党在革命根据地和解放区所实行的战时经济管理体制，新中国选择了建立高度集中的计划经济体制。

---

① 陈东琪、邹德文主编《共和国经济 60 年》，人民出版社，2009，第 12、15～17、29 页。

新中国的计划经济体制有四个主要特点：其一，国家所有制代表的全民所有制在计划经济体制运行中居主导地位；其二，国家既掌握国民经济计划的决策权，同时又直接参与公有制经济的微观资源配置；其三，国家通过自上而下的经济指令协调经济活动；其四，主要生产资料和消费资料的生产和配置采用计划协调，部分消费资料的生产与配置在一定程度上采用商品形式和市场手段。这既借鉴了苏联的计划经济模式，又不同于苏联模式而更加灵活。

二 计划经济对新中国的支撑作用

实践证明，新中国成立初期，国家经济结构比较简单、发展目标比较单一，尽管计划经济并非无所不能，但先行采用计划经济体制是最为适宜的。

在国内经济生活紊乱、国家经济力量薄弱、国际上与西方发达国家有很大差距的条件下，实行这一体制有效稳定了国民经济从而最大限度地实现了工业化积累，迅速动员和集中全国有限的资源以确保国防等重点项目的建设和发展，成功完成了初步建立社会主义工业化的基础、健全独立的国民经济体系的目标，使新中国"站得稳"并阔步前行。经济上相对高度集中和政治上相对高度集权的体制便于国家直接参与经济生活，有效且迅速地壮大了公有制经济，从而巩固了人民政权；协调了宏观经济生活中的各种社会问题，集资源配置功能和社会协调功能于一身，在最大限度地进行工业化积累的同时，保持了人民较高的就业水平和满足了人民最基本的生活需要。1952 年成功研制出中国第一台蒸汽机车，1955 年制造出中国第一辆拖拉机，1958 年研制成功中国第一台黑白电视机，1961 年研制成功中国第一台 12 万吨水压机，1964 年第一颗原子弹爆炸成功，[①] 这些代表性的新中国经济成就，都同计划经济与社会主义制度高度结合直接相关。1978 年，我国已拥有基本完整、自主的国民经济基础，工业门类齐全，多项技术接近世界先进水平，同 1975 年四届人大《政府工作报告》中关于"在一九八〇年以前，建成一个独立的比较完整的工业体系和国民经济体系"的判断完全相符。新中国运用计划经济体制打下的较好重工业基础，为改革开放后轻工业

---

① 陈东琪、邹德文主编《共和国经济 60 年》，人民出版社，2009，第 33 页。

和农业的快速发展创造了极为有利的条件。社会主义建设的基础性成就，为探索建设中国特色社会主义道路积累了经验和提供了条件，为我们党和人民事业胜利发展、为中华民族阔步赶上时代发展潮流创造了根本前提。[①]

1981 年，党的十一届六中全会通过了《关于建国以来党的若干历史问题的决议》，该决议总结了新中国头三十二年各方面取得的主要成就。其中工业建设逐步建立了独立的比较完整的工业体系和国民经济体系，1980 年同完成经济恢复的 1952 年相比，全国工业固定资产按原价计算，增长二十六倍多；棉纱产量增长三点五倍，原煤产量增长八点四倍，发电量增长四十倍，用电量等于解放初全国发电量的七点五倍，机械工业产值增长五十三倍。原油产量达到一亿零五百多万吨，钢产量达到三千七百多万吨，农业生产条件发生显著改变，生产水平有了很大提高。全国灌溉面积由 1952 年的三亿亩扩大到六亿七千多万亩，全国粮食增长近一倍，棉花增长一倍多。尽管人口增长过快，已近十亿，但仍然依靠自己的力量基本上保证了人民吃饭穿衣的需要。城乡商业和对外贸易都有很大增长。全民所有制商业收购商品总额由一百七十五亿元增加到二千二百六十三亿元，增长十一点九倍；社会商品零售总额由二百七十七亿元增加到二千一百四十亿元，增长六点七倍；国家进出口贸易的总额增长七点七倍。人民生活比新中国成立前有了很大的改善，全国城乡平均每人的消费水平扣除物价因素提高近一倍。全国各类全日制学校在校学生二亿零四百万人，比 1952 年增长二点七倍，高等学校和中等专业学校三十二年培养出近九百万专门人才。核技术、人造卫星和运载火箭等方面取得的成就表明我国的科技水平有很大提高。创作出大批为人民服务、为社会主义服务的优秀文艺作品，群众性体育事业蓬勃发展且不少运动项目取得出色的成绩，烈性传染病被消灭或基本消灭，城乡人民的健康水平大大提高，平均寿命大大延长。同时也总结指出，新中国成立的时间不长，建设社会主义事业的经验不多，有过把阶级斗争扩大化和在经济建设上急躁冒进的错误。但否认新中国的成就或成功经验同样是严重的错误。[②]

---

① 习近平：《在纪念毛泽东同志诞辰 120 周年座谈会上的讲话》，人民出版社，2013，第 8 页。

② 《中国共产党中央委员会关于建国以来党的若干历史问题的决议》，人民出版社，1981，第 8～11 页。

总之，1956年新中国胜利完成社会主义改造任务进入社会主义初级阶段后，中心任务转变为发展经济、巩固新政权、促进社会主义走向成熟。面对帝国主义的政治上孤立、经济上封锁、军事上威胁，由于没有社会主义建设经验，虽有苏联模式可资借鉴，但两国在综合国力、国际影响力、现实环境等方面存在诸多差异，新的一仗要靠自己打赢。新中国初期经济底子薄，积累十分有限，选择计划经济体制集中全社会的有限资源，创造了人民当家、独立自主的物质技术基础，各领域都取得了巨大成就，计划经济解决了新中国"站得稳"而且阔步发展的当务之急，从根本上巩固了社会主义基本制度。[1]

三　新中国计划经济中的社会主义社会商品问题

（一）新中国计划经济中对社会主义社会商品问题的理论探索

计划调节并非任何情况下都是资源配置最优方式，新中国建立起计划经济体制，但并没有固守教条和完全照搬苏联高度集中计划体制。对社会主义社会是否允许发展商品经济、价值规律是否仍起作用等问题，以毛泽东为核心的第一代领导集体一直都在思考。他们反思高度集中的斯大林模式计划经济存在的问题，提出"以苏为鉴"，对社会主义条件下的商品问题提出富有创造性和启发性的观点。

毛泽东在《论十大关系》等著作中提出发挥中央和地方两个积极性，兼顾国家、生产单位和生产者三个方面的权利，各个生产单位都要有一个与统一性相联系的独立性，经济才会发展得更加活泼。与此同时，陈云1956年在党的八大上提出在所有制结构、经济运行和市场结构三个方面，允许保留一部分个体经营、一部分产品自由生产、一定范围的自由市场，以此来弥补所有制过分单一、忽视市场机制的高度集中计划经济体制的不足，即"三个主体、三个补充"。党的八大之后，自由市场一度活跃，个体工商户增长明显。对当时以"地下工厂"形式存在的较大个体户手工业和手工工厂，毛泽东提出："现在我国的自由市场，基本性质仍是资本主义的，虽然已经没有资本家。它与国家市场成双成对。上海的地下工厂同合营企业也是对立物。因为社会有需要，就发展起来。要使它成为地上，合

---

① 常荆莎：《社会主义市场经济理论大众化基本问题研究》，博士学位论文，中国地质大学，2014，第13页。

法化,可以雇工。现在做衣服要三个月,合作工厂做的衣服裤腿一长一短,扣子没眼,质量差。最好开私营工厂,同地上的作对,还可以开夫妻店,请工也可以。这叫新经济政策。我怀疑俄国新经济政策结束得早了,只搞了两年退却就转为进攻,到现在社会物资还不充足……还可以考虑,只要社会需要,地下工厂还可以增加。可以开私营大厂,订个协议,十年、二十年不没收。华侨投资的,二十年、一百年不要没收。可以搞国营,也可以搞私营。可以消灭了资本主义,又搞资本主义"。① 这是毛泽东总结苏联经验和中国的具体实际后做出的判定。刘少奇认为"地下工厂"对人民有利,是社会主义经济的补充。周恩来提出只要主流是社会主义,给小的经济成分一些自由,可以帮助社会主义发展。农业集体经济的内部关系也同时有所调整。1956 年到 1957 年上半年,浙江、安徽、四川等地出现了包产到户等形式的试验,这是朝着实行生产责任制方向的创造性尝试。此外,按照党的八大的要求,党的八届三中全会通过了关于改进工业、商业、财政管理体制三个规定草案,适当向地方和企业下放管理权力。

1956 年到 1958 年,毛泽东多次就商品、货币、价值规律的工具性及其在社会主义经济中的可用性提出真知灼见。在纠正"大跃进"中的错误时,1958 年 11 月毛泽东在郑州会议上的讲话最集中地反映了上述思考和讨论。

1959 年年底到 1960 年年初,毛泽东倡导中央领导学习马克思主义和苏联社会主义经济建设理论,他对研读的斯大林的《苏联社会主义经济问题》、苏联科学院经济研究所编写的《政治经济学教科书》,做了仔细的阅读批注与记录,还多次就所思考的问题与很多中央领导人谈话,继《论十大关系》《关于正确处理人民内部矛盾的问题》之后,对社会主义革命和建设规律继续探索,根据苏联社会主义建设经验教训和新中国建设现实,提出了一系列超越前人、启迪后人的卓越见解。

与此同时,学术界对社会主义经济中的商品、货币关系,价值规律发挥的作用等问题展开积极研究。1955 年,孙冶方、薛暮桥和于光远接受中央宣传部部长陆定一交派的写一本政治经济学教科书的任务,他们分头准备和探索数十载,为中国社会主义经济问题研究尽心竭力,成为为中国经济改革提供理论准备的学术先锋。卓炯最早提出社会主义商品经济问

---

① 《毛泽东文集》(第七卷),人民出版社,1999,第 170 页。

题，在 1957 年就开始研究，1961 年公开提出，"在公有制度下，不论是全民所有制的产品也好，集体所有制的产品也好，只要有社会分工存在，产品就要进入交换过程，就要成为商品"，认为社会分工存在与否决定商品经济的存亡，而生产资料所有制决定商品经济的社会性质和特点。[①]

（二）毛泽东对社会主义经济中商品问题的基本认识

1. 社会主义时期发展商品经济的重要性和历史必要性

首先，强调社会主义条件下商品生产的重要性。1958 年 11 月初，毛泽东在郑州会议上批评急于向共产主义过渡并企图废除商品生产等错误主张。针对中国生产力水平不高、商品经济比较落后的实际状况，毛泽东强调要继续发展商品生产，将其视作发展社会主义经济的一个重大原则。中国面对的问题不是要使商品生产消亡，而是要大力发展商品生产。因此，毛泽东劝诫党内同志切莫着急取消商品，过早地取消商品生产和商品交换以及否定商品、价值、货币的积极作用，是极不利于社会主义建设发展的，也违背了经济发展的客观规律。他指出："我们有些人大有要消灭商品生产之势。他们向往共产主义，一提商品生产就发愁，觉得这是资本主义的东西，没有分清社会主义商品生产和资本主义商品生产的区别，不懂得在社会主义条件下利用商品生产的作用的重要性。这是不承认客观法则的表现，是不认识五亿农民的问题。"[②]

其次，指出废除商品经济需要条件。毛泽东指出，只有社会产品十分丰富，并且一切生产资料都在国家占有之下，才有可能废除商品生产和商品交换，才有可能过渡到产品交换的阶段。当一切产品都处于国家支配时，商品经济才可能会是不必要的。向共产主义的过渡不是轻而易举就能实现的，必须有步骤地进行，"需要有一个发展商品生产的阶段"[③]强调我国是一个商品生产很不发达的国家，必须有计划地大力发展商品生产。即使实现了单一的社会主义全民所有制，如果产品还不够丰富，某些范围内的商品生产和商品交换仍然有可能存在。提出价值法则是一个伟大的学校，只有利用它，才有可能教会我们几千万干部和几万万人民建设社会主义。认

---

① 黄家合：《最早说"商品经济万古长青"的卓炯》，《炎黄春秋》1999 年第 12 期，第 26 页。
② 《毛泽东文集》（第七卷），人民出版社，1999，第 435～440 页。
③ 《毛泽东文集》（第七卷），人民出版社，1999，第 436 页。

为社会主义时期废除商品违背经济规律，必须利用商品、价值法则等有积极意义的一切经济范畴为社会主义服务。毛泽东要求把商品生产作为一种有力工具。一方面，尽管当时劳动成果、土地等都属于人民公社，但是除了商品交换以外，农民不愿意以其他方式拱手交出其产品。因此，必须要充分考虑商品流通的必要性。"必须肯定社会主义的商品生产和商品交换还有积极作用。调拨的产品只是一部分，多数产品是通过买卖进行商品交换。"[1] 另一方面，社会主义的发展可以限制商品经济的消极作用。

再次，提出人民公社要发展商品生产。毛泽东强调"人民公社必须生产适宜于交换的社会主义商品"[2]，他要求人民公社应有计划地发展两方面的生产以便满足整个社会的需要。一方面，要大力发展直接满足公社自身需要的自给性生产；另一方面，为满足国家以及其他公社的需要，要尽可能广泛地发展商品性生产。既要发展自给性生产，又要多多发展商品生产和商品交换。尽可能多地生产产品、交换产品，才能不断满足公社持续增长的需要，以及满足整个社会日益增长的各种需要。

最后，强调要利用价值法则来服务于社会主义建设。毛泽东指出，在向共产主义逐步过渡的时期，要充分利用价值法则。他将客观存在的价值法则比作"一个伟大的学校"，强调只有利用价值规律才有可能建设社会主义和共产主义，否则一切都不可能。[3] 毛泽东在读斯大林《苏联社会主义经济问题》中谈到，国有企业和集体企业这些社会主义的经济单位，都要以价值规律为经济核算工具，"以便不断地改善经营管理工作，合理地进行生产和扩大再生产，以利于逐步过渡到共产主义"[4]。

2. 判断商品生产性质的客观标准是其与什么社会制度相结合

毛泽东赞同斯大林提出的商品生产依赖于经济环境和条件而存在的看法。当时有些人认为商品生产就是资本主义的东西，毛泽东指出这是"没有分清社会主义商品生产和资本主义商品生产的区别，不懂得在社会主义条件下利用商品生产的作用的重要性"[5]。毛泽东强调，不能孤立地看商品

---

[1] 《毛泽东文集》（第七卷），人民出版社，1999，第436页。
[2] 《毛泽东文集》（第七卷），人民出版社，1999，第434页。
[3] 中共中央文献研究室编《毛泽东著作专题摘录》（上），中央文献出版社，2003，第981页。
[4] 中共中央文献研究室编《毛泽东著作专题摘录》（上），中央文献出版社，2003，第981页。
[5] 《毛泽东文集》（第七卷），人民出版社，1999，第437页。

生产，判断商品生产性质的标准是"要看它是同什么经济制度相联系，同资本主义制度相联系就是资本主义的商品生产，同社会主义制度相联系就是社会主义的商品生产"①。他根据新中国当时的社会主义政治经济发展状况，分析中国已经实行了全民所有制，在商品生产和商品流通领域中，占主导地位的是国家、人民公社。由于在社会主义条件下发展商品生产和商品交换，已经脱离了资本主义制度，也不存在资本家剥削工人的情况，因此他断定社会主义条件下的商品生产和商品流通，与资本主义的商品生产和流通存在本质区别。为了社会主义建设要发展商品生产。毛泽东从本质上区分了资本主义商品生产和社会主义商品生产，强调应充分利用商品生产以发展社会主义的生产，要把商品生产和交换、价值法则当作能为社会主义所服务的有用工具，同时要限制商品生产的消极影响。这一思想为后来邓小平"南方谈话"中提出的计划与市场都是经济手段的精神奠定了思想基础，体现了中国共产党人在社会主义建设时期再次打破教条主义和经验主义的束缚，运用马克思主义理论对社会主义现实经济问题的勇敢探索。

3. 社会主义经济中商品有其适用范围

关于商品在社会主义经济中的适用范围，毛泽东具体分析了国家的经济发展状况。其中，很大一部分生产资料是在全民所有制的范围内进行调拨，没有发生买卖的行为和所有权的转变，这些并不是商品。有一部分生产资料属于商品，这些由国家出售给人民公社的产品，发生了所有权的转让和变更，而且在公社之间还能继续进行转让。毛泽东指出，在我国，不仅是个人消费品，农业和手工业的生产工具也是商品，但这并不会导致资本主义。

总而言之，毛泽东充分肯定了社会主义条件下发展商品生产以及利用价值规律的重要性和必要性，严肃地批评了主张消灭商品和商品生产的错误认识和做法，清楚分析了商品生产与资本主义的关系，并且明确规定了区分商品经济具体性质的标准。他对商品生产与具体经济体制之间关系的界定和区分，为此后中国共产党认识和区分市场经济的性质提供了直接的理论指引。可以说，毛泽东的重大理论贡献在于，"他在科学社会主义史上

---

① 《毛泽东文集》（第七卷），人民出版社，1999，第439页。

第一次对社会主义商品生产和资本主义商品生产的根本区别做了科学的说明"①。在当时东西方都认同"社会主义经济是计划经济"的定理中，毛泽东等领导人突出了商品生产是社会主义条件下可以利用的一种工具。在新中国在当时发展阶段面临的现实问题中，在计划经济体制展现出同社会主义经济发展整体相适应的环境下，虽然社会的经济活动主要在国家计划轨道上运行，以毛泽东为代表的第一代党的领导集体能够主要学习又深刻反思苏联计划经济模式，是坚持唯物史观的结果。20世纪50年代中期以后，中国共产党第一代领导集体提出的一些富有创造性的观点，虽然在指导实践更多利用商品和市场方式方面受市场经济是资本主义制度的观念束缚，未从根本上触动计划经济体制，但以行政分权的方式来改革计划经济体制缺乏灵活性等弊端，使进入社会主义初级阶段的中国经济做出了一些调整。这些宝贵的理论思考和创造性思想观点，是后来社会主义市场经济理论的萌芽，相应的实践为后来经济体制改革提供了有益的启示。

随着计划经济体制完成了新中国在"站得稳"基础上阔步前行的急迫任务，计划经济体制在盘活微观经济上的弊端渐露。中国开始在社会主义基本制度的基础上探寻新的经济体制。

第二节　社会主义市场经济体制的形成与发展历程

唯物辩证法告诉我们，世界是运动着的矛盾体系。人类历史发展的经验与规律证明，在社会的不同阶段，影响社会基本矛盾运行的因素不尽相同，因而主要矛盾也不同。每个阶段必须先解决主要的基础性问题，才能有助于缓解生产关系与生产力的矛盾。计划经济体制使新中国快速取得了令人瞩目的发展成就，但也存在需要完备决策信息的高门槛和不断生成充分激励机制等产生的问题。②我国在高度集中的计划经济中，政企不分，微观管理权过分集中于政府，市场机制的利用有限，企业不能灵活地适应不

---

① 吴易风：《从社会主义商品生产到社会主义市场经济的理论发展轨迹》，《当代中国史研究》2005年第5期，第57页。
② 于鸿君：《中国经济体制的选择逻辑及其在全球化新时代的意义》，《世界社会主义研究》2018年第6期，第25页。

断变化的社会需求；微观利益与宏观利益难以长期一致时，企业难以形成持续提高劳动生产率的积极性；按劳分配逐渐演变为平均主义，多劳多得、能者多劳得不到充分实现，不利于充分调动劳动者的积极性。在"站得稳"基础上阔步前行的急迫问题得到有效解决后，我国进一步发展社会主义社会生产力的新的最急迫任务转变为盘活微观经济，挖掘社会生产力发展的更多潜力。

一 计划经济向社会主义市场经济转变所经历的阶段

计划经济在充分调动微观经济主体积极性这一课题面前显现短板，因而必须改革经济体制。从 1978 年党的十一届三中全会到 1992 年党的十四大，我国经济体制改革历经十四年"摸着石头过河"式的探索，终于将商品、货币关系广泛引入社会主义经济实践。这一阶段的探索具有理论与实践并重的特点，与苏联和东欧国家的激进变革不同，我国的经济体制改革采取的是一种渐进、稳健的有效方式，最终踏上建立社会主义市场经济体制的道路。

（一）"计划经济为主、市场调节为辅"

1978 年的真理标准大讨论，是一场全民参与重新认识实事求是、理论联系实际思想路线的讨论，上至决策者下至民众都极大地突破了思想束缚。1978 年 12 月 18 日召开的十一届三中全会，拉开我国改革开放大幕，"实现新中国成立以来党的历史上具有深远意义的伟大转折，开启了改革开放和社会主义现代化的伟大征程"[①]。全会回顾新中国成立以来中国经济建设的经验教训，深刻剖析计划经济体制存在的"权力过于集中"问题，提出让企业在计划指导下掌握更多自主权的改革，"应该坚决实行按经济规律办事，重视价值规律的作用"[②]。

对发展经济的日益高涨诉求和对市场手段的重新认识，为加速改革计划经济体制提供了社会基础和思想基础，也为突破原有经济体制的桎梏做了充分准备。邓小平指出党和政府在相当长的一个历史时期的主要任务就是实现现代化建设，"为了有效地实现四个现代化，必须认真解决各种经济

---

① 习近平：《在庆祝改革开放 40 周年大会上的讲话》，人民出版社，2018，第 1 页。
② 中共中央文献研究室编《三中全会以来重要文献选编》（上），中央文献出版社，2011，第 6 页。

体制问题，这也是一种很大规模的很复杂的调整"①。

党的十一届三中全会后，陈云在一次讲话中再次指出，计划经济与市场可以结合，苏联和中国社会主义经济中实行的市场调节不够。1979 年 3 月陈云在《计划与市场问题》中提出："整个社会主义时期必须有两种经济：（1）计划经济部分（有计划按比例的部分）；（2）市场调节部分（即不做计划，只根据市场供求的变化进行生产，即带有盲目性调节的部分）。"② 其强调计划经济是基本的、主要的部分，市场调节是次要的、从属而又必需的部分，两部分经济同时并存具有必然性和必要性。

1979 年 6 月五届人大二次会议的《政府工作报告》提出，要对现行的经济体制实行全面改革，要逐步建立起计划调节与市场调节相结合的体制，以计划调节为主，同时充分重视市场调节的作用。1980 年 1 月，邓小平在中央召集的干部会议上指出，在发展经济方面，正在寻找一条合乎中国实际又够快一点、省一点的道路，其中包括"在计划经济指导下发挥市场调节的辅助作用"③，明确表达了要把计划调节与市场调节相结合的思想。

1981 年 6 月，党的十一届六中全会通过的《关于建国以来党的若干历史问题的决议》，不仅总结和评价了新中国成立以来党的历史，也明确肯定中国发展要将计划调节与市场调节结合，指出社会主义生产关系不是固定不变的，要根据生产力的发展要求选择适用的生产关系具体形式。强调"必须在公有制基础上实行计划经济，同时发挥市场调节的辅助作用"，"要大力发展社会主义的商品生产和商品交换"。④ 1981 年 11 月，五届人大四次会议的《政府工作报告》明确指出，公有经济是我国基本的经济形式，而一定范围的个体经济则是其必要补充，必须大力发展社会主义的商品生产和商品交换。该报告强调：中国经济体制改革的基本方向之一就是"在坚持实行社会主义计划经济的前提下，发挥市场调节的辅助作用，国家在制定计划时要充分考虑和运用价值规律"，同时把正确认识和处理计划经济和

---

① 《邓小平文选》（第二卷），人民出版社，1994，第 161 页。

② 《陈云文选》（第三卷），人民出版社，1995，第 245 页。

③ 中共中央文献研究室编《三中全会以来重要文献选编》（上），中央文献出版社，2011，第 272 页。

④ 中共中央文献研究室编《三中全会以来重要文献选编》（下），中央文献出版社，2011，第 169 页。

市场调节的关系问题看作改革中的一个关键问题。①

1982 年 9 月，党的十二大确立"计划经济为主、市场调节为辅"② 的原则，指出正确贯彻这一原则"是经济体制改革中的一个根本性问题"③。十二大报告指出，中国实行的是在公有制基础上的计划经济。其中，国民经济的主体是有计划的生产和流通，而部分不做计划的生产和流通则由市场调节，即价值规律在国家计划划定的范围内自发起调节作用。对于主体而言，这一部分是从属、次要但又是必需、有益的补充。为了确保经济发展的集中统一与灵活多样，计划管理要依据不同的情况采取指令性计划和指导性计划这两种形式。十二大之后，我国农村和城市加快了对高度集中计划经济体制的改革。

（二）建立"有计划的商品经济"

20 世纪 80 年代初，邓小平分析了中国计划经济的利弊："它的优越性就在于能做到全国一盘棋，集中力量，保证重点。缺点在于市场运用得不好，经济搞得不活。"④ 基于此，他强调只有解决好计划与市场的关系问题，才能更好地发展社会主义经济。他将正确认识和处理计划与市场关系的问题，与社会主义经济发展前景联系起来，充分显示了对这一问题的重视。

与这一轮理论探索相对应的是我国开启了相关试验。1979 年，我国在南方四个沿海城市设立经济特区，其中一个重要目的是为城市经济体制改革探路。特区的特点归结为一句话就是允许利用非计划经济的手段、非社会主义性质的经济成分，发展对内和对外经济。1984 年年初，邓小平第一次去视察四个特区里的三个——深圳、珠海、厦门，考证特区是不是对中国具有实质性有利作用，或者说特区是不是走资本主义道路。邓小平的结论是：深圳的发展和经验证明中国"建立经济特区的政策是正确的"⑤，"珠

---

① 中共中央文献研究室编《三中全会以来重要文献选编》（下），中央文献出版社，2011，第334 ~ 335 页。
② 中共中央文献研究室编《十二大以来重要文献选编》（上），人民出版社，1986，第 22 页。
③ 中共中央文献研究室编《十二大以来重要文献选编》（上），人民出版社，1986，第 23 页。
④ 《邓小平文选》（第三卷），人民出版社，1993，第 16 页。
⑤ 《邓小平文选》（第三卷），人民出版社，1993，第 239 页。

海经济特区好"①，"把经济特区办得更快些更好些"②。

1984 年 10 月，党的十二届三中全会通过《中共中央关于经济体制改革的决定》，在分析总结中国农村和城市经济体制改革成就和经验的基础上，全面展开以城市为重点的经济体制改革，设立了深入改革经济体制的新目标，即"建立自觉运用价值规律的计划体制，发展社会主义商品经济"③。十二届三中全会首次提出的"在公有制基础上的有计划的商品经济"，突破了把计划经济与商品经济对立的观念束缚，为改革计划体制提供了思想前提。确认社会主义经济"是在公有制基础上的有计划的商品经济"④，商品经济是社会经济发展中不可逾越的一个阶段，大力发展商品经济是实现经济现代化的必要条件。也就是说，肯定了计划经济与价值规律、商品经济并非互相排斥、相互对立，而是可以结合在一起的。发展社会主义的商品经济，需要在有计划的指导、调节和行政管理之下进行。计划经济包括指令性计划和指导性计划两种具体形式。计划经济体制改革的一个方向，就是渐进恰当地缩小指令性计划的范围，而适当扩大指导性计划的范围。

社会主义有计划商品经济理论对社会主义经济做出了新的科学概括，社会主义与资本主义的根本区别不是商品经济存在与否或者价值规律是否发挥作用。将社会主义经济不再视为纯粹的计划经济，突破了对社会主义经济的传统认知，这是对马克思主义商品经济理论的重大突破，是"马克思主义基本原理和中国社会主义实践相结合的政治经济学"⑤。将商品经济纳入社会主义经济体制改革的目标之中，为中国经济体制改革提供了基本理论依据。针对《中共中央关于经济体制改革的决定》提出的社会主义有计划商品经济理论，邓小平说："这次经济体制改革的文件好，就是解释了什么是社会主义，有些是我们老祖宗没有说过的话，有些新话。……我们用自己的实践回答了新情况下出现的一些新问题。"⑥

---

① 中共中央文献研究室编《邓小平年谱（一九七五——一九九七）》（下卷），中央文献出版社，2004，第 957 页。
② 中共中央文献研究室编《邓小平年谱（一九七五——一九九七）》（下卷），中央文献出版社，2004，第 958 页。
③ 中共中央文献研究室编《十二大以来重要文献选编》（中），人民出版社，1986，第 567 页。
④ 中共中央文献研究室编《十二大以来重要文献选编》（中），人民出版社，1986，第 568 页。
⑤ 《邓小平文选》（第三卷），人民出版社，1993，第 83 页。
⑥ 《邓小平文选》（第三卷），人民出版社，1993，第 91 页。

1987 年，邓小平与几位中央领导谈话时又一次强调："计划和市场都是方法嘛。只要对发展生产力有好处，就可以利用。……我们以前是学苏联的，搞计划经济。后来又讲计划经济为主，现在不要再讲这个了。"①

1987 年 10 月，党的十三大报告提出，"社会主义有计划商品经济的体制，应该是计划与市场内在统一的体制"②。关于"计划经济与市场调节相结合"③，报告指出要科学理解经济体制改革的性质，发展各种类型的市场等措施并非要发展资本主义，这些措施可以而且应当被社会主义所利用，同时其消极作用也会在社会主义社会中被限制。

理解"计划与市场内在统一的"经济体制，应该把握以下三个方面。

第一，计划调节和市场调节只是两种形式、手段，并非社会主义和资本主义的本质区别。计划调节是自觉调节社会劳动分配的一种形式，其依据的是社会经济活动的整体统一性及社会经济利益的共同一致性；而市场调节或者说价值规律调节，则是通过市场机制影响生产者的经济利益来实现资源的合理配置。新的经济体制要把市场调节和计划调节这两种方式内在地结合在一起。社会主义商品经济的发展必须要利用市场调节，但这并不意味着要发展资本主义。以公有制为基础的社会主义商品经济，其目的是灵活运用不同的手段来实现国民经济的协调发展。

第二，应建立以间接管理为主的宏观调控体系。国家对企业的管理应逐步由以指令性为主的直接管理，转向以间接管理为主，并利用商品交换和价值规律的作用。以指令性计划为主的直接管理，无法适应社会主义商品经济的发展，因此要逐步缩小其范围。但对于某些至关重要的建设工程、特殊企业以及稀缺性商品，仍然需要进行必要的直接控制，但尽量要以恰当的方式来加以控制。

第三，新的经济运行机制应当是"国家调节市场，市场引导企业"④，实现资源的优化配置，将市场和自由竞争的作用与国家的计划调节结合起来。其中，通过经济的、法律的以及必要的行政手段，国家调节市场的供求、运行、价格等方面，为企业创造适宜的社会经济环境；市场通过价格机制、竞

---

① 《邓小平文选》（第三卷），人民出版社，1993，第 203 页。
② 中共中央文献研究室编《十三大以来重要文献选编》（上），人民出版社，1991，第 26 页。
③ 中共中央文献研究室编《十三大以来重要文献选编》（上），人民出版社，1991，第 540 页。
④ 中共中央文献研究室编《十三大以来重要文献选编》（上），人民出版社，1991，第 27 页。

争机制等，引导企业自主进行生产、经营以及投资的决策。国家和企业之间、计划与市场之间、宏观与微观之间，紧密联系组成一个有机的整体。

总之，从党的十二届三中全会提出"有计划的商品经济"，到党的十三大提出"计划与市场内在统一的"经济体制，中国经济体制改革实践得到深入发展。中国逐步改革计划经济体制，迈向具有中国特色的新的经济体制。但是对计划、市场与社会制度的关系，仍未脱离传统观念，对计划还是市场主导资源配置也未形成明确结论。

党的十二届三中全会加速了中国经济体制改革的整体步伐，但经济快速发展的同时，产业比例关系失调、效益效率低下、物价上涨、通货膨胀等问题相继出现。为此，党的十三届三中全会强调，此后两年改革的重心是整治经济环境和整顿经济秩序。与此相适应，有计划的商品经济的改革目标就是逐步建立计划经济与市场调节相结合的机制。1990 年 3 月，七届人大三次会议再次指出经济体制改革的主要目标，并强调"正确认识和贯彻计划经济与市场调节相结合的原则，是深化和完善改革的关键问题"①。治理和整顿有利于坚定中国经济体制改革的基本方向，但是其中仍然存在行政干预措施过多的问题。因此，邓小平提出不能再以原来的方式继续下去了，必须要通过深化体制改革解决遗留任务和新生问题。

（三）建立"社会主义市场经济体制"

1992 年初，邓小平再次南下视察，在武昌、深圳、珠海、上海发表了具有里程碑意义的重要讲话即"南方谈话"。针对当时姓"社"姓"资"的争论、改革迈不开步子的问题，邓小平高度概括了社会主义本质与计划、市场之间的关系，提出著名论断："计划多一点还是市场多一点，不是社会主义与资本主义的本质区别……计划和市场都是经济手段。"② 邓小平把计划和市场这两种经济手段从具体社会制度中"剥离"出来，为确立经济体制的最终目标确定了理论基调。此前邓小平已多次提出市场经济并非资本主义专属，社会主义也可以发展市场经济，社会主义和市场经济并不存在根本性矛盾，只有将两者结合起来才能促进生产力发展。邓小平关于社会主义与市场经济关系的认识，为确立经济体制改革目标模式奠定了认同基

---

① 中共中央文献研究室编《十三大以来重要文献选编》（中），人民出版社，1991，第 973 页。
② 《邓小平文选》（第三卷），人民出版社，1993，第 373 页。

础，成为确定社会主义市场经济体制的理论先声。

1992 年 6 月，江泽民在中央党校省部级干部进修班上发表讲话。回顾十一届三中全会后党对计划与市场问题及其相互关系认识的发展，江泽民高度肯定邓小平"南方谈话"精神，并阐明："建立新经济体制的一个关键问题，是要正确认识计划与市场问题及其相互关系，就是要在国家宏观调控下，更加重视和发挥市场在资源配置上的作用。"① 江泽民高度强调市场配置资源的有效性，把市场调节的地位提到新高度，提出把"社会主义市场经济体制"② 作为我国要建立的新的社会主义经济体制。

1992 年 10 月，党的十四大明确提出中国经济体制改革的目标模式，即"建立和完善社会主义市场经济体制"③，社会主义市场经济理论正式诞生。党的十四大指出经济发展不能束缚于姓"社"姓"资"的抽象争论，社会主义要吸收、借鉴、利用一切反映现代化生产和商品经济一般规律的方式、方法，这将有利于社会主义的经济发展。中国经济体制改革的目标模式"关系整个社会主义现代化建设全局"④，其核心就在于正确认识和处理计划与市场的关系问题。1993 年 11 月，党的十四届三中全会通过《中共中央关于建立社会主义市场经济体制若干问题的决定》，目的是要贯彻、落实十四大确立的经济体制改革任务，系统化、具体化改革的目标和原则。其概述了经济体制改革所面临的新形势和新任务，勾勒了从计划经济体制过渡到市场经济体制的总体框架，回应了当时较受关注的若干重大理论和实践问题。

社会主义市场经济这一新的经济体制，全面突破了以往在计划经济体制框架内的改革模式，深刻革新了社会主义与市场经济难以相融的观念，为我国经济体制改革开创了全新思路。

二　社会主义市场经济体制的建立与完善

邓小平是社会主义市场经济理论的奠基人，他提出的创新性理论揭示了市场经济的手段性，揭示了社会主义市场经济的内涵。1992 年以后，这一理论不断砥砺，在社会主义市场经济框架、政府与市场关系、社会主义

---

① 中共中央文献研究室编《十三大以来重要文献选编》（下），人民出版社，1991，第 2069 页。
② 中共中央文献研究室编《十三大以来重要文献选编》（下），人民出版社，1991，第 2073 页。
③ 中共中央文献研究室编《十四大以来重要文献选编》（上），人民出版社，1996，第 11 页。
④ 中共中央文献研究室编《十四大以来重要文献选编》（上），人民出版社，1996，第 19 页。

市场经济活动主体及其地位、收入分配格局、国内国际市场等问题上不断取得突破，推动社会主义市场经济体制在实践中逐渐确立和完善。

（一）不断提升市场配置资源的地位和更好地发挥政府作用

党的十四大以后，社会主义市场经济理论同建立与完善社会主义市场经济体制的实践相互推进。中国共产党在理论的继承与创新过程中，充分认识并多次强调，处理好政府和市场的关系是经济体制改革的核心问题。必须更加尊重市场规律，不断提升市场配置资源的地位；同时必须更好地发挥政府作用，实现社会主义基本制度驾驭市场经济，市场经济服务和促进社会主义基本制度的完善与成熟。总体上，十四大以来我国在近三十年理论、政策、实践中，市场配置资源的地位与作用随着市场培育、成长、成熟，呈现出渐变和蝶化的特点（如表3-1所示）。

党的十四大定位"我们要建立的社会主义市场经济体制，就是要使市场在社会主义国家宏观调控下对资源配置起基础性作用"[1]，政府与市场的关系在新体制确立和完善的第一个十年，重点是建立与培育市场，初步搭建社会主义市场经济体制框架。第二个十年是2002年党的十六大后，社会主义市场经济体制在逐渐加大市场资源配置的基础性作用中不断完善[2]。第三个十年中召开的党的十八届三中全会，通过《中共中央关于全面深化改革若干重大问题的决定》，提出"紧紧围绕使市场在资源配置中起决定性作用深化经济体制改革……以经济建设为中心，发挥经济体制改革牵引作用，推动生产关系同生产力、上层建筑同经济基础相适应，推动经济社会持续健康发展。经济体制改革是全面深化改革的重点，核心问题是处理好政府和市场的关系，使市场在资源配置中起决定性作用和更好发挥政府作用"[3]。对市场配置资源地位的突破性提升，是基于我国经过二十年左右的探索与实践，社会主义市场经济体制日趋成熟，已经具备在市场有效的领域起决定作用的条件和机制。这是社会主义市场经济理论的又一个重大创新，这一创新首先强调的是"坚持把完善和发展中国特色社会主义制度，推进国

---

[1] 中共中央文献研究室编《十四大以来重要文献选编》（上），人民出版社，1996，第19页。

[2] 十六届三中全会指出"社会主义市场经济体制初步建立"。

[3] 中共中央文献研究室编《十八大以来重要文献选编》（上），中央文献出版社，2014，第512~513页。

家治理体系和治理能力现代化作为全面深化改革的总目标"①。就这一个阶段取得的经验和仍然面临的问题，2020 年召开的党十九届五中全会进一步提出要全面深化改革，构建高水平社会主义市场经济体制。要求"坚持和完善社会主义基本经济制度，充分发挥市场在资源配置中的决定性作用，更好发挥政府作用，推动有效市场和有为政府更好结合"②。

表 3 - 1　十四大以来党对市场和政府关系的要求概略

时间	党代会届次	市场配置资源地位的提升	阶段性特点
1992 年	十四大	使市场在社会主义国家宏观调控下对资源配置起基础性作用	培育市场起基础性作用
1993 年	十四届三中全会		
1997 年	十五大		
2002 年	十六大	健全现代市场体系，加强和完善宏观调控；在更大程度上发挥市场在资源配置中的基础性作用，健全统一、开放、竞争、有序的现代市场体系；完善政府的经济调节、市场监管、社会管理和公共服务的职能，减少和规范行政审批	实现市场的基础性作用
2003 年	十六届三中全会	按照统筹城乡发展、统筹区域发展、统筹经济社会发展、统筹人与自然和谐发展、统筹国内发展和对外开放的要求，在更大程度上发挥市场在资源配置中的基础性作用；完善宏观调控体系	
2007 年	十七大	指出社会主义市场经济体制初步建立；要加快形成统一开放竞争有序的现代市场体系，发展各类生产要素市场，完善反映市场供求关系、资源稀缺程度、环境损害成本的生产要素和资源价格形成机制，规范发展行业协会和市场中介组织，健全社会信用体系	
2012 年	十八大	在更大程度更广范围发挥市场在资源配置中的基础性作用	
2013 年	十八届三中全会	使市场在资源配置中起决定性作用和更好发挥政府作用	促进有效市场和有为政府相结合
2020 年	十九届五中全会	充分发挥市场在资源配置中的决定性作用，更好发挥政府作用，推动有效市场和有为政府更好结合	

资料来源：各届/次党代会文件。

---

① 中共中央文献研究室编《十八大以来重要文献选编》（上），中央文献出版社，2014，第 547 页。
② 《中国共产党第十九届中央委员会第五次全体会议文件汇编》，人民出版社，2020，第 12 页。

与不断提升市场配置资源地位相对应，理论和实践必然对政府与市场关系这一问题的另一面提出要求。社会主义市场经济体制中，政府干预社会经济由计划经济直接方式为主转变为社会主义市场经济间接方式为主，这对政府提出了管理能力和效果上的更高要求。习近平指出这一历程体现"我们对政府和市场关系的认识也在不断深化"[①]。实践发展要求理论回应，政府如何进一步处理好与市场的关系，如何在让出空间的同时还能控制市场体制的方向、秩序。

党的十四大以来中共中央对政府宏观调控能力的理论创新与实践推进，也相应地表现为三个阶段。党的十六届三中全会前，主要是强调市场经济中的政府职能，培育政府宏观调控的基础性能力。党的十六届三中全会后，突出政府对市场体系的维护、引导职责，强调提升政府宏观调控水平。党的十八届三中全会开始，提出政府将退出可以由市场做主的领域，主要担负实现社会整体和长期稳定发展的职责，实现国家治理能力的现代化。十四大以来党对政府宏观调控能力的要求不断提高（如表3-2所示）。

表3-2　十四大以来党对政府宏观调控能力的要求概略

时间	党代会届次	对政府宏观调控能力的要求	阶段性特点
1992年	十四大	微观放权 宏观规划协调、提供服务和检查监督	设定社会主义市场经济中的政府职能，对政府宏观调控能力提出基本要求
1993年	十四届三中全会	政府运用经济手段、法律手段和必要的行政手段管理国民经济，不直接干预企业的生产经营活动 宏观调控的主要任务是：保持经济总量的基本平衡，促进经济结构的优化，引导国民经济持续、快速、健康发展，推动社会全面进步 加快或深入财税、金融、投资、计划各项体制改革	
1997年	十五大	健全宏观调控体系 完善宏观调控手段和协调机制 注意掌握调控力度	
2002年	十六大	要把促进经济增长，增加就业，稳定物价，保持国际收支平衡作为宏观调控的主要目标	

① 中共中央文献研究室编《十八大以来重要文献选编》（上），中央文献出版社，2014，第499页。

续表

时间	党代会届次	对政府宏观调控能力的要求	阶段性特点
2003 年	十六届三中全会	健全国家宏观调控，完善政府社会管理和公共服务职能，为全面建设小康社会提供强有力的体制保障	提升对政府宏观调控能力的要求，突出政府对市场体系的维护、引导职责
2007 年	十七大	完善宏观调控体系，提高宏观调控水平	
2012 年	十八大	更加尊重市场规律，更好发挥政府作用；加强宏观调控目标和政策手段机制化建设	
2013 年	十八届三中全会	使市场在资源配置中起决定性作用，更好发挥政府作用；推进国家治理体系和治理能力现代化；大幅度减少政府对资源的直接配置 政府的职责和作用主要是保持宏观经济稳定，加强和优化公共服务，保障公平竞争，加强市场监管，维护市场秩序，推动可持续发展，促进共同富裕，弥补市场失灵	突出政府更好地发挥对社会整体与长期发展的科学执政和有效治理责任
2020 年	十九届五中全会	要激发各类市场主体活力，完善宏观经济治理，建立现代财税金融体制，建设高标准市场体系，加快转变政府职能	

资料来源：各届/次党代会文件。

对比表 3-1 和表 3-2 可以很明显看出，提升政府宏观调控能力是完善社会主义市场经济体制的必然要求。一方面，计划经济体制向社会主义市场经济体制转换，要求把市场调节更有效的经济领域交给市场，政府直接参与的经济活动主要在市场无效和政府比市场更有效的领域。但是，政府必须承担代表全社会控制全局、放而有序以保证改革的社会主义方向的职责并具备相应能力。另一方面，政府控制全局能力一开始可以源于计划经济体制中建立的行政权力，而市场体系越走向成熟，政府依靠行政权力把控全局就越不适应经济规律的要求，也妨碍新体制的成熟。所以，提升对政府宏观调控能力的要求体现了改革倒逼效应。

（二）不断鼓励支持引导非公有制经济发展

政府退出对市场和对国有企业的直接经营管理，并不是公有制经济退出市场活动。公有制为主体、多种经济形式共同发展，从量的比例和质的影响，反映我国现阶段对不同所有制经济地位及其相互关系的基本要求。

新中国在成立初期完成社会主义改造任务后，非公有制经济比例大幅

降低。1956 年，国有经济、合作社经济、公私合营经济合计占国民收入的
92.9%，个体经济占 7.1%，私营商业占商品零售额的比例下降到 4.2%，
资本主义经济的产值及收入则下降到趋于零。[1]

改革开放后，我国从基本经济制度设计和立法层面，为非公有制经济
不断扩大提供发展空间，渐进式地调整所有制结构，逐渐允许个体经济、
私营经济、涉外经济参与我国社会主义现代化进程，明确各种非公有制经
济参与社会主义经济实践的合法性。

从理论转变为政策推进的过程看，与改革开放以来鼓励支持引导非公
有制经济发展相对应，非公有制经济地位变化可分为四个阶段（如图 3 - 3
所示）。

表 3 - 3　改革开放以来非公有制经济地位的变化概略

时间	党代会届次	非公有制经济地位的变化	阶段性特点
1981 年	十一届六中全会	指出一定范围的劳动者个体经济是公有制经济的必要补充	"开闸放水"：明确各种非公有制经济合法性
1982 年	十二大	指出多种经济形式合理配置和发展，才能繁荣城乡经济，方便人民生活	
1984 年	十二届三中全会	指出涉外企业是对我国社会主义经济必要的有益的补充	
1987 年	十三大	允许私营经济的存在和发展	
1992 年	十四大	指出多种经济成分长期共同发展	"并网试水"：提高非公有制经济的合法地位
1993 年	十四届三中全会	确立坚持以公有制为主体、多种经济成分共同发展的方针，国家要为各种所有制经济平等参与市场竞争创造条件，对各类企业一视同仁	
1997 年	十五大	将公有制为主体、多种所有制经济共同发展确立为我国社会主义初级阶段基本经济制度，指出非公有制经济是我国社会主义市场经济的重要组成部分	
2002 年	十六大	提出"两个毫不动摇"；公有制和非公有制经济统一于社会主义现代化建设进程中	

---

[1] 胡绳主编《中国共产党的七十年》，中共党史出版社，1991，第 333 页。

续表

时间	党代会届次	非公有制经济地位的变化	阶段性特点
2003 年	十六届三中全会	提出大力发展和积极引导非公有制经济,个体、私营等非公有制经济是促进我国社会生产力发展的重要力量	"疏渠导水":大力从具体环节营造推进非公有制经济发展环境
2007 年	十七大	提出坚持平等保护物权,形成各种所有制经济平等竞争、相互促进的新格局;推进公平准入,改善融资条件,破除体制障碍,促进个体、私营经济和中小企业发展	
2012 年	十八大	保证各种所有制经济依法平等使用生产要素、公平参与市场竞争、同等受到法律保护	
2013 年	十八届三中全会	指出公有制经济和非公有制经济都是社会主义市场经济的重要组成部分,都是我国经济社会发展的重要基础,要激发非公有制经济活力和创造力;非公有制经济财产权和公有制经济财产权同样不可侵犯,国家保护各种所有制经济产权和合法利益,保证各种所有制经济依法平等使用生产要素、公开公平公正参与市场竞争、同等受到法律保护,依法监管各种所有制经济;国有资本投资项目允许非国有资本参股;支持非公有制经济健康发展;坚持权利平等、机会平等、规则平等,废除对非公有制经济各种形式的不合理规定,消除各种隐性壁垒,制定非公有制企业进入特许经营领域具体办法;鼓励非公有制企业参与国有企业改革,鼓励发展非公有资本控股的混合所有制企业,鼓励有条件的私营企业建立现代企业制度	"宽渠扩流":非公经济地位获历史性突破,其发展环境获系统性优化
2017 年	十九大	重申必须坚持"两个毫不动摇"	
2019 年	十九届四中全会	提出健全支持民营经济、外商投资企业发展的法治环境,完善构建亲清政商关系的政策体系;促进非公有制经济健康发展和非公有制经济人士健康成长;营造各种所有制主体依法平等使用资源要素、公开公平公正参与竞争、同等受到法律保护的市场环境	

资料来源:各届/次党代会文件。

党的十四大之前,已经在"摸着石头过河"的阶段"开闸放水",即逐步允许各种形式非公有制经济进入社会经济运行网。非公有制经济经历了定位为社会主义经济必要补充、同时并存、必要有益补充的发展阶段。

党的十四大提出公有制经济和非公有制经济长期共同发展;党的十四

届三中全会将其作为一个发展方针；党的十五大将非公有制经济纳入我国现阶段基本经济制度，指出非公有制经济是我国社会主义市场经济的重要组成部分；党的十六大强调必须毫不动摇地巩固和发展公有制经济，必须毫不动摇地鼓励、支持和引导非公有制经济发展，即"两个毫不动摇"。党的十四大到党的十六大对非公有制经济的鼓励支持和引导可称为"并网试水"，这个阶段是在前一阶段"开闸放水"取得成果的基础上推进的。"试水"是量变——非公有制经济的合法地位得到强化，"并网"是阶段性提升——非公有制经济的地位从与公有制经济共同发展提升到"两个毫不动摇"相统一。

党的十六届三中全会到党的十八大，非公有制经济发展进入一个渠道更加畅通的阶段。政府对具体环节"疏渠导水"，营造大力推进非公有制经济发展的环境，为非公经济发展渠道的畅通提供了基础性政策保障。非公有制经济的合法地位得到强化和巩固，力量日益壮大，在诸多体现经济实力的指标上超过公有制经济。2005 年，我国非公有制经济占全国 GDP 的比重为 65%；2006 年年底，非公有制企业数占全国注册企业总数的比例为 95.7%，从业人员的占比为 84.0%，固定资产投资的占比为 62.3%，社会消费品零售额的占比为 43.9%，缴税的占比 33.6%。[①] 党的十七大后，非公经济在市场准入、平等使用生产要素、加强权益法律保护等具体环节上，获得更加宽松的发展环境，2012 年非公有制经济 GDP 占比超 60%[②]。

2013 年党的十八届三中全会以来，为非公经济"宽渠扩流"，强调宪法赋予非公经济的地位。非公有制经济的地位由改革开放初期的与公有制经济并存，飞跃到在产值、企业数量占比上超过公有制经济，地位不断实现历史突破性提升，发展环境系统性升级优化。

（三）社会主义市场经济体制纳入我国社会主义初级阶段基本经济制度

2019 年召开的党的十九届四中全会提出："公有制为主体、多种所有制经济共同发展，按劳分配为主体、多种分配方式并存，社会主义市场经济体制等社会主义基本经济制度，既体现了社会主义制度优越性，又同我国

---

① 李欣欣：《非公经济发展指标比重大增》，《瞭望》2007 年第 40 期，第 37 页。

② 《全国工商联主席：非公经济对 GDP 贡献率超过 60%》，腾讯网，2013 年 3 月 6 日，https://news. qq. com/a/20130306/001825. htm。

社会主义初级阶段社会生产力发展水平相适应，是党和人民的伟大创造。"①

　　将社会主义市场经济体制纳入社会主义初级阶段的基本经济制度，是整合我国社会主义初级阶段重大经济关系系统的需要。将社会主义市场经济体制纳入我国社会主义初级阶段基本经济制度的问题，必须放在社会主义基本制度的本质要求和现阶段经济运行方式有机结合、中国特色社会主义建设实践必须坚持科学社会主义重大原则、中国特色社会主义仍然处于社会主义初级阶段的逻辑中科学认识。厘清社会主义基本制度、社会主义性质的经济制度即根本经济制度、社会主义初级阶段基本经济制度、社会主义市场经济体制之间的关系，避免认识这一问题时的概念模糊和混淆和由此误导实践。

　　将社会主义市场经济体制纳入社会主义初级阶段的基本经济制度，是新时代中国特色社会主义的理论创新。这不是否定或改变社会主义市场经济的体制性质，而是更加强调经济体制改革的社会主义方向，强调经济运行方式与社会主义经济制度等社会主义基本制度的统一，贯彻落实经济体制改革既不走封闭僵化老路，也不走改旗易帜的邪路的原则。

　　党的十四大以来，除了不断提升市场的经济地位、政府调控能力、非公有制经济在社会主义经济发展中的地位，执政党与中央政府不断解放思想，对社会主义市场经济中的诸多重大问题和重要环节进行了系统性理论创新。在国有企业改革、分配制度与体制、财税金融及投资体制、利用国内国际两个市场、处理执政党在社会主义市场经济条件下自身建设问题、处理经济建设对生态环境的危害问题、两手抓双文明建设等方面，都提出了诸多创新性思想。理论上不断创新与实践中不断推进紧密结合，体现了"实践发展永无止境，解放思想永无止境，改革开放也永无止境"②。

第三节　我国经济体制改革的性质与多层次目标

　　从 1978 年开始，我国历经 14 年，将理论探索与引入市场经济关系的特

---

① 《中国共产党第十九届中央委员会第四次全体会议文件汇编》，人民出版社，2019，第 10 页。
② 中共中央文献研究室编《十八大以来重要文献选编》（上），中央文献出版社，2014，第 494 页。

区实验相结合，以渐进式风格推开由农村转向城市的改革开放。1992 年确立新体制的目标模式后，40 余年经济体制改革至今，已经建立了社会主义市场经济体制。

认识我国经济体制及其变迁，目前存在两个常见问题。

一是用市场经济否定计划经济对我国社会主义初级阶段发展经济的历史性作用，这不仅是片面的，也是无视事实的历史虚无主义。实践已充分证明，计划经济为我国社会主义初级阶段解决了站起来后"站得稳"而阔步前行的问题，为我国社会主义社会生产力进一步发展奠定了健全的国民经济基础。没有计划经济快速建立这样的基础，连市场交换的商品都只能起步于 1949 年钢产量仅够每人打一把镰刀的水平。新中国成立初期如果利用当时分散的、小规模的商品交换和十分有限的商品生产，就完全无法快速积累起社会主义稳定发展的经济条件，新中国全面快速发展社会主义社会生产力也就无从谈起。新中国有了改革开放之前不足 30 年计划经济奠定的"站得稳"基础，我国社会主义才初步具备生产市场交换对象的系统，才有社会主义中国加速跑的基本跑道。

二是把社会主义制度和市场经济体制看成两张皮，认为社会主义制度和市场经济各自为政，这实际上预设了市场经济的负面性可以穿透社会主义制度。与社会主义制度结合在一起的市场经济旨在运用社会主义市场经济体制，将所获得的社会生产力用以巩固发展完善社会主义制度。与资本主义市场经济相比，社会主义市场经济主体是公有制主导的多种所有制经济，而资本主义市场经济由资本主义私有制主宰；社会主义市场经济中，生产者之间虽然存在旧式分工差异、不同所有制差异产生的不平等关系，但不以资本主义市场经济中剥削与被剥削为根本关系；社会主义市场经济中个人消费品以按劳分配为主多种分配方式并存，不是资本主义市场经济生产资料私有权分配规则的"全盘通吃"；社会主义国家代表全社会整体和长远利益，可以对宏观经济进行较强力度的调控，而资本主义政府干预经济的力度既受到私有制神圣不可侵犯的阻碍，也必须围绕垄断资本的核心利益进行调整。[①]

---

① 常荆莎、易又群：《认识经济体制改革性质与目标必须厘清的几个问题》，《当代经济研究》
2018 年第 12 期，第 30 页。

正确认识我国经济体制改革的性质与目标体系，必须把握最根本的方法论，即唯物史观提出的生产力决定生产关系、生产关系要适合生产力的性质，经济基础决定上层建筑、上层建筑反作用于经济基础的基本原理。

一 我国经济体制改革的性质

唯物史观的基本观点告诉我们，生产力和生产关系、经济基础和上层建筑之间这两对社会基本矛盾，是社会发展的根本动力。

社会矛盾运动的常态是在不改变社会基本制度的前提下，变革生产关系和上层建筑的某些环节，以适应社会生产力发展的要求。我国的社会主义市场经济体制改革，不是经济运行机制或资源配置方式的简单转变，也不是对原有计划经济体制做一些细枝末节的修补，而是一场全面而深刻的经济变革。而改革的根本目的亦即性质是改革经济体制促进社会主义制度的自我完善和发展。我们坚持社会主义基本制度，变革难以适应生产力发展要求的生产关系和上层建筑的具体环节，在社会主义制度自我完善中解放生产力和促进社会发展，不断巩固和实现社会主义基本制度的成熟发展。改革开放以来，中共中央的一系列关于经济体制改革的决定、决议，既多次又一以贯之地明确了我国经济体制改革的性质、内容、任务、目标模式，绘就了我国经济体制改革的性质与多层次目标。

经济体制改革的根本目的即性质，决定坚持什么样的改革、改革从根本上为了谁。执政的中国共产党严格划清了我国要革除哪些、要促进发展和完善哪些，这是汲取社会主义各国经济社会改革经验教训做出的决策和抉择。我国并不是社会主义国家经济改革先行者，苏联和东欧等一些前社会主义国家的经济改革先于我国，他们取得过很多积极的改革成效，但最终却放弃了社会主义社会根本制度。这必然对原来同属社会主义阵营的中国产生各种影响，国内外都拷问中国经济改革的性质，中国要变革哪个层面的生产关系，改革本质生产关系即经济制度还是改革生产关系的组织安排层面即经济体制。

邓小平在改革开放早期就十分坚定地指出，"改革是社会主义制度的自我完善"[①]。此后又在国内外面临问题时多次强调，"中国坚持社会主义，不

① 《邓小平文选》（第三卷），人民出版社，1993，第142页。

会改变"①，"中国搞社会主义，是谁也动摇不了的"②。1992年，党的十四大报告强调建立社会主义市场经济体制，"不是要改变我们社会主义制度的性质，而是社会主义制度的自我完善和发展"③。针对我国在社会主义基础上运用市场经济体制，邓小平在1993年的一次谈话中再次指出："社会主义市场经济优越性在哪里？就在四个坚持。"④ 1994年12月，江泽民在天津考察工作时指出："我们搞的市场经济，是同社会主义基本制度紧密结合在一起的。如果离开了社会主义基本制度，就会走向资本主义。……我们搞的是社会主义市场经济，'社会主义'这几个字是不能没有的，这并非多余，并非画蛇添足，而恰恰相反，这是画龙点睛。所谓'点睛'，就是点明我们的市场经济的性质。"⑤

党的十八大召开后不久，习近平总书记明确指出："中国特色社会主义是社会主义，不是别的什么主义。"⑥ 十八届三中全会通过《中共中央关于全面深化改革若干重大问题的决定》，开宗明义地强调："全面深化改革的总目标是完善和发展中国特色社会主义制度，推进国家治理体系和治理能力现代化……坚定走中国特色社会主义道路，始终确保改革正确方向……当前，我国发展进入新阶段，改革进入攻坚期和深水区。必须以强烈的历史使命感，最大限度集中全党全社会智慧，最大限度调动一切积极因素，敢于啃硬骨头，敢于涉险滩，以更大决心冲破思想观念的束缚、突破利益固化的藩篱，推动中国特色社会主义制度自我完善和发展。"⑦ 此后，习近平多次强调执政党和政府在全面深化改革中坚持完善和发展中国特色社会主义制度，坚持我国的改革性质和根本目的。十九大报告的主题鲜明地突出了坚持中国特色社会主义，号召"全党要更加自觉地坚持党的领导和我

---

① 《邓小平文选》（第三卷），人民出版社，1993，第345页。

② 《邓小平文选》（第三卷），人民出版社，1993，第328页。

③ 中共中央文献研究室编《十四大以来重要文献选编》（上），人民出版社，1996，第3页。

④ 中共中央文献研究室编《邓小平年谱（一九七五——一九九七）》（下），中央文献出版社，2004，第1363页。

⑤ 江泽民：《论社会主义市场经济》，中央文献出版社，2006，第202页。

⑥ 中共中央文献研究室编《十八大以来重要文献选编》（上），中央文献出版社，2014，第109页。

⑦ 中共中央文献研究室编《十八大以来重要文献选编》（上），中央文献出版社，2014，第514页。

国社会主义制度,坚决反对一切削弱、歪曲、否定党的领导和我国社会主义制度的言行"①,"只有中国特色社会主义才能发展中国,只有坚持和发展中国特色社会主义才能实现中华民族伟大复兴"②。习近平在庆祝改革开放40周年大会上鲜明指出:"改什么、怎么改必须以是否符合完善和发展中国特色社会主义制度、推进国家治理体系和治理能力现代化的总目标为根本尺度,该改的、能改的我们坚决改,不该改的、不能改的坚决不改。我们要坚持党的基本路线,把以经济建设为中心同坚持四项基本原则、坚持改革开放这两个基本点统一于新时代中国特色社会主义伟大实践,长期坚持,决不动摇。"③

可见,从我国经济体制改革设计到改革实践全面深入,中国共产党不断强调坚持社会主义基本制度,以改革经济体制促进中国特色社会主义制度的自我完善和发展,这是我国经济体制改革性质即根本目的,是经济体制改革的思想和理论底线。

二 我国经济体制改革的多层次目标

改革是一场革命,是一项系统工程,其目标不是也不可能是单一的,我国经济体制改革在根本目的的基础上,具有相互关联而对立统一的多层次目标。

第一,具体目标,即我们要改革的具体对象,体现为改革的具体内容。1984年党的十二届三中全会通过的《中共中央关于经济体制改革的决定》指出:"我们改革经济体制,是在坚持社会主义制度的前提下,改革生产关系和上层建筑中不适应生产力发展的一系列相互联系的环节和方面。"④ 这是对改革哪些具体对象或内容做出的明确部署,要变革的是具体运行层面的生产关系和上层建筑,强调社会主义制度与生产关系和上层建筑中一系

① 习近平:《决胜全面建成小康社会 夺取新时代中国特色社会主义伟大胜利——在中国共产党第十九次全国代表大会上的报告》,人民出版社,2017,第15页。
② 中共中央宣传部编《习近平新时代中国特色社会主义思想学习纲要》,学习出版社、人民出版社,2019,第21页。
③ 《习近平谈治国理政》(第三卷),外文出版社,2020,第184页。
④ 中共中央文献研究室编《改革开放三十年重要文献选编》(上),人民出版社,2008,第347页。

列相互联系的环节和方面有机统一。这一层面的生产关系变革实际上是连续不断的，或者说，其虽然不完全以经济体制的变革为转移，因时因地根据生产力发展要求做出合理调整，但会因经济体制的变革而加快调整。

第二，直接目标，即我们改革期待收获的直接结果，体现为改革要完成的基本任务。《中共中央关于经济体制改革的决定》明确指出："促进社会生产力的发展，这就是我们这次改革的基本任务。"[①] 体现了制度主体必须以发展社会生产力为基本任务才能维护完善稳固制度，遵循了生产关系与生产力的辩证统一规律。有人将之曲解为经济体制改革以发展生产力为根本目的或唯一目的，误导改革方向与性质，他们完全不懂或故意无视阶级社会产生后及其消亡前，人类社会每个阶段的生产力都是为具体的现实的群体谋利益，不存在抽象的发展社会生产力。

第三，经济体制改革的目标模式，即要建立的新体制样式，或者说要将生产关系的组织安排变换为哪种新方式或样式。关于建立什么样的新体制，如前所述，我国经济体制改革进行了逐步加大发展商品经济的探索，十二届三中全会第一次明确提出社会主义经济"是在公有制基础上的有计划的商品经济"[②]，突破了把计划经济同商品经济对立起来的传统观念。1992 年，党的十四大报告指出："我国经济体制改革确定什么样的目标模式，是关系整个社会主义现代化建设全局的一个重大问题……目标是建立社会主义市场经济体制。"[③] 自此，我国将经济体制改革的目标模式正式确立为社会主义市场经济体制。选择新体制，是由制度主体怎样更有利于完成生产力急迫任务才能巩固发展制度决定的。经济体制改革的目标模式体现经济制度、经济体制两个层次生产关系之间的辩证关系。

改革的性质与各层次目标之间不是相互割裂而是相互依存的关系，改革的性质即根本目的注入各层次目标，各层次目标围绕根本目的共同推进才能在实践中达成根本目的。理论上割裂改革的目标体系统一体，会导致目标体系在实践中瓦解，各目标产生的分力，也足以颠覆社会主义制度。

---

① 中共中央文献研究室编《改革开放三十年重要文献选编》（上），人民出版社，2008，第347 页。

② 中共中央文献研究室编《十二大以来重要文献选编》（中），人民出版社，1986，第568 页。

③ 中共中央文献研究室编《改革开放三十年重要文献选编》（上），人民出版社，2008，第659 页。

　　从党的十一届三中全会开始提出要改革高度集中的计划经济体制，直至党的十四大正式确立社会主义市场经济体制的改革目标模式，充分展现了探索改革的目标模式是一个长期而又艰难的历程。中国特色社会主义市场经济体制的建立过程呈现三个方面的主要特征。第一，渐进性。一方面，社会主义市场经济体制的建立，是在保持基本制度不变的前提下进行的，这为渐进推动经济体制的改革创新提供了稳定的制度环境。另一方面，经济体制改革的目标模式是在不断探索过程中最终确立起来的，随着改革实践的逐步推进及人们思想认识的转变，新体制的样式才最终明确。第二，连续性。新经济体制的确立并不是一蹴而就的，也不是在完全否定、摒弃计划经济的基础上建立起来的。经济体制改革采取的是改造旧体制与创新新体制相结合的方式，在此过程中经济体制实现了连续性发展。第三，系统性。作为社会主义与市场经济的有机结合，社会主义市场经济体制本身是一个有机系统。

　　思考题：

1. 如何理解新中国首先选择计划经济体制的历史必然性？

2. 新中国在计划经济中对社会主义社会商品问题做了哪些理论探索？

3. 从计划经济向市场经济的转变经历了哪些阶段？

4. 社会主义市场经济的建立与完善经历了哪些主要过程？

5. 如何认识我国的市场经济体制改革的性质与目标体系？

第四章

社会主义市场经济的理论资源

理论使人清醒，使人深刻，使人坚定。没有源于实践又在实践中得到不断检验和完善的正确理论指导，人们就难以形成对客观和主观世界的科学认识，也难以科学地提高实践能力。社会主义市场经济在理论建构和实践发展中，运用了前人、旁人提供的理论资源。

第一节　社会主义市场经济的理论基础与理论借鉴

作为中国特色社会主义政治经济学的组成部分，社会主义市场经济理论的方法论、基本原理、根本立场、重大原则、对经济规律体系的把握等深刻理论认识，都源自马克思主义基本原理。马克思主义基本原理尤其是马克思主义政治经济学，是社会主义市场经济理论与实践的理论基础。对西方经济学分析市场机制运行机理的适用性智慧，社会主义市场经济在建构理论和实践发展的过程中，应去粗取精、去伪存真地学习吸纳其有益元素，将之作为社会主义市场经济的理论借鉴。

一　社会主义市场经济对理论基础的基本要求

理论基础是在建构一个理论和推进实践发展时所依据的基本原理、根本方法体系，从理论史的角度而言，理论基础作为先生理论，以地基的性质支撑建立在其上的后生理论及相关实践。从功能角度而言，理论基础以理论灵魂的方式蕴含和贯穿在以其为基础的后生理论与实践中。一个理论成为后生理论与实践的理论基础还是理论借鉴，从来不是人为刻意划分的，而是植根于一个理论的品质及其对后生理论与实践要求的满足性状。要建立科学的社会主义市场经济理论，推进合规律的社会主义市场经济实践，社会主义市场经济的理论基础必须满足一些基本要求。

（一）必须具有整体科学性

科学通常被理解为运用范畴、定理、定律等思维形式，反映现实世界各种现象的本质和规律的知识体系，是社会意识形态之一。科学不仅涉及知识体系，还包括生产这些知识体系的事业。不论如何界定科学这一范畴，科学的本质应该是揭示客观规律，是揭示事物运动规律的知识体系。科学基于研究对象不同可分为自然科学、社会科学等类型，自然科学揭示自然事物运动规律，社会科学揭示人类社会中各种现象的运动规律。科学揭示客观规律但其不是客观规律本身，已经被揭示的规律形成知识体系就是科学。[1]

理论基础是一个理论大厦的地基，是与之相关的实践之魂，理论地基和实践之魂的科学性和基本立场，对建立其上的那些理论和由其指导的实践的科学性、坚实性、价值取向等起决定性支撑作用。恩格斯说过，"一个民族要想站在科学的最高峰，就一刻也不能没有理论思维"[2]。在这里，理论思维主要是指运用正确理论揭示问题的意识与能力。社会主义市场经济的理论基础必须具有整体上的科学性，指导社会主义市场经济理论揭示社会主义运用市场经济的内在规律，推动市场经济与社会主义基本制度相结合的社会实践健康运行。社会主义市场经济理论要成为科学的理论，社会主义市场经济实践要符合社会发展规律的内在要求，就必须有深厚扎实的反映经济运行内在必然趋势的科学理论作为基础。

（二）符合中国特色社会主义维护最广大人民群众根本利益的性质要求

历史唯物主义科学地揭示了人的历史生成和历史的人的生成过程，告诉我们"任何解放都是使人的世界和人的关系回归于人自身"[3]。新中国的成立和建设，是一个解放劳动群众、实现和维护最广大人民群众根本利益

---

[1] 常荆莎等：《论社会科学国家形态——中国特色社会科学的逻辑前提》，《理论月刊》2012年第1期，第62页。

[2] 《马克思恩格斯选集》（第三卷），人民出版社，2012，第875页。

[3] 《马克思恩格斯全集》（第三卷），人民出版社，2002，第189页。

的过程，铸就中国特色社会主义必须维护最广大人民群众根本利益的性质。

中国近代以来的旧民主主义革命屡屡失败，宣告了资本主义在中国无路可走。新中国成立在以社会主义为前途的新民主主义革命取得伟大胜利，完成民族独立和人民解放任务的基础上。为了实现国家繁荣富强和人民共同富裕，我国完成对旧的生产关系进行社会主义改造后进入社会主义初级阶段。新中国独立自主、自力更生，建立了完整的国民经济体系和完备的工业体系。有学者研究后指出 1953～1977 年的 25 年，中国平均经济增长率为 7.3%。[1] 社会主义社会生产力得到阔步发展，摆脱了一穷二白的局面，这充分证明只有通过社会主义的道路，中国才能筑起自己的物质技术基础。

改革开放以来，针对我国运用资本主义率先使用过的资源配置方式，国际国内都对我们是不是要改旗易帜产生怀疑，中国共产党几代领导集体始终如一强调中国坚持走社会主义道路，强调社会主义市场经济的性质与正确方向。1979 年 3 月 30 日，邓小平在中央理论务虚会上提出，中国实现四个现代化，必须在思想上政治上坚持社会主义道路，坚持无产阶级专政，坚持共产党的领导，坚持马列主义、毛泽东思想。[2] 在 1992 年的"南方谈话"中，他指出社会主义基本制度确立以后，还要从根本上改变束缚生产力发展的经济体制，建立起充满生机和活力的社会主义经济体制，促进生产力的发展。要坚持党的十一届三中全会以来的路线方针政策，关键是坚持"一个中心、两个基本点"的基本路线。不坚持社会主义，不改革开放，不发展经济，不改善人民生活，只能是死路一条。基本路线要管一百年，动摇不得。他提出判断姓"资"还是姓"社"的标准："应该主要看是否有利于发展社会主义社会的生产力，是否有利于增强社会主义国家的综合国力，是否有利于提高人民的生活水平。"[3] 1992 年确立社会主义市场经济体制的目标模式后，改革进一步推向全面和深入。我国不仅在经济领域，在社会治理的更多领域也运用了资本主义率先运用的方式方法，世人因此对我国社会主义性质的质疑也从来没有停止过。但中国共产党一直旗帜鲜明

---

[1] 郭庆旺、赵志耘：《中国经济增长"三驾马车"失衡悖论》，《财经问题研究》2014 年第 9 期，第 4 页。

[2] 中共中央文献研究室编《邓小平关于建设有中国特色社会主义的论述专题摘编》，中央文献出版社，1992，第 11 页。

[3] 《邓小平文选》（第三卷），人民出版社，1993，第 372 页。

地强调坚持党的基本路线和基本纲领不动摇，我们要进行的是中国特色社会主义经济、政治、文化、社会、生态环境的建设，中国特色社会主义是社会主义而不是其他什么主义，科学社会主义基本原则不能丢，丢了就不是社会主义，① 强调坚持社会主义市场经济的改革方向。

从新中国社会主义经济发展到改革开放，彰显出我国社会发展初心始终都是要完善而不是去除社会主义基本制度，要坚持科学社会主义重大原则而不是要动摇我国社会主义社会主人的地位。发展中国特色社会主义，建立和完善社会主义市场经济，是要利用市场经济发展完善中国特色社会主义基本制度。

要在经济理论与实践中坚持作为科学社会主义的中国特色社会主义，就必须把握社会主义社会中代表社会发展根本动力与代表社会主人利益的一致性，为社会主义市场经济提供理论基础的理论就必须是坚持四项基本原则，实现和维护社会主义主人的根本利益、整体利益、长远利益的。"解决中国的经济问题时，必须重视人的复杂因素和关系所造成的复杂影响，必须重视发挥社会主义的巨大优势，切不可见物不见人，切不可套用西方的思维方式和价值取向去认识、解决中国的社会主义经济问题。"②

（三）深层次解答我国社会主义市场经济遇到的难题

改革开放的历程证明，一方面，市场经济作为资本主义率先运用过的方式方法，只有我们用来发展社会主义，中国才能最大限度地调动一切积极因素；另一方面，社会主义市场经济体制在运行中因为遇到各种各样的问题，不可能一路坦途。社会主义市场经济遇到的突出难题，集中呈现在把握所有制结构、处理好个人收入分配方式、实现社会主义市场经济健康运行、建设现代化经济体系、协调国内国际经济双循环等主要方面。这就说明，实践要求社会主义市场经济理论，不仅要回答社会主义可以运用市场经济的理论问题，不断把中国在实践中的经验总结升华为理论，更要从深层次回答没有具体经验可用的一系列新问题。这对发现、分析和提出解决问题方案的理论基础提出深刻要求。作为方法论和根本智慧的理论基础，

---

① 中共中央文献研究室编《十八大以来重要文献选编》（上），中央文献出版社，2014，第125页。

② 习近平：《社会主义市场经济和马克思主义经济学的发展与完善》，《经济学动态》1998年第7期，第6页。

必须直击根本、科学深刻，以推动社会向前发展为目标，深层次探索社会主义市场经济理论与实践面临的重大问题，从根源上揭示为什么产生问题，以什么根本方法认识哪些是根本问题，按符合社会发展总规律的要求寻找解决问题的根本出路，而不是开历史倒车。

二 西方经济学难以成为社会主义市场经济的理论基础

研究市场经济问题的经济理论，在范式上主要分为马克思主义政治经济学和现代西方资产阶级经济学，一般简称为政治经济学和西方经济学。

（一）西方经济学对社会主义市场经济的理论借鉴价值

西方经济学是现代西方资产阶级经济学的简称。西方泛指当代发达资本主义国家，西方经济学是这些国家当代资产阶级有影响的经济理论总称，表现为流行于西欧和北美发达资本主义国家的经济理论和政策主张。

西方经济学源于对古典经济学的庸俗化。在经济学史上，与之前的重商学派等相比，古典经济学是最先把分析重点放在物质生产领域的经济学，找到自然财富以外真正的财富来源即生产，使经济学走向科学。然而，"只要政治经济学是资产阶级的政治经济学，就是说，只要它把资本主义制度不是看做历史上过渡的发展阶段，而是看做社会生产的绝对的最后的形式，那就只有在阶级斗争处于潜伏状态或只是在个别的现象上表现出来的时候，它还能够是科学"[1]。资产阶级取得政权后，"敲响了科学的资产阶级经济学的丧钟。现在问题不再是这个或那个原理是否正确，而是它对资本有利还是有害，方便还是不方便，违背警章还是不违背警章。无私的研究让位于豢养的文丐的争斗，不偏不倚的科学探讨让位于辩护士的坏心恶意"[2]。资产阶级夺取政权后需要的经济学，以论证"如何运用资本主义"为核心问题，以充分展现生产资料私有制、资本主义制度及其之下的剩余价值生产具有社会正义性为己任。自此，资本主义生产资料私有制便作为经济学研究天经地义的前提而不容置疑，1830 年以后，古典经济学逐渐庸俗化。19世纪末，马歇尔将经济学整合成新古典经济学，聚焦于在资本主义基础上运用市场获得私人最大利益。

---

① 《马克思恩格斯文集》（第五卷），人民出版社，2009，第16页。
② 《马克思恩格斯文集》（第五卷），人民出版社，2009，第17页。

西方经济学注重研究市场机制因而有市场经济学之称，主要包括微观经济学和宏观经济学。微观经济学立足于以马歇尔为代表人物的新古典经济，针对"资源配置"技术上的问题，在市场出清、完全理性、充分信息的基本假定上，研究单个消费者、生产者（厂商）、要素供给者等经济主体配置经济资源的技巧，提出了一系列在市场经济中实现资源最有利配置的模型。其以均衡价格理论为中心，形成了消费者行为理论、生产者行为理论、市场结构理论、要素报酬抑或分配理论、福利经济学等理论。宏观经济学基于凯恩斯 1936 年出版的《就业、利息和货币通论》基本思想，在市场失灵可以得到政府有效弥补的基本假定上，从国民收入核算、国民收入决定、就业、通货膨胀、经济增长、经济周期、宏观经济政策等方面进行了资产阶级范式的分析。其以国民经济整体运行中的经济总量为对象，以全社会经济资源的充分利用为总目标，以国民收入决定理论为中心理论，研究国民经济整体资源配置问题。

西方经济学建构了一套以概括现象为特点的知识体系，吸引受众接近和接受它，既从理性经济人假设出发，也不断强化受众作为市场主体时追求个体利益。在分析工具上，西方经济学将数学引入资源配置问题的计量分析，用数学这颗科学皇冠的明珠装饰经济学，逐渐把作为研究手段的定量分析提升为最高研究境界，将分析理想个案或特例得到的结论泛化为似乎普适的原理，力图使人相信其分析严谨可信。

改革开放之初，我国亟须学习市场经济经验和理论，西方经济学理论如潮水般涌入我国。20 世纪 90 年代传入我国的新自由主义思潮，试图推动我国接受以美国为代表的西方市场经济运行要求。

必须承认，西方经济学作为探究市场经济技术的理论，其关于资源配置技术与具体方法的部分理论，具有一定的合逻辑性和可操作性，某些具体理念和分析方法对市场经济主体提高资源配置效率有指导价值。一些无害的知识和分析工具对我国社会主义市场经济有可用之处，可以作为我们提高经济活动有效性的"磨刀石"。例如，西方经济学激发人的竞争意识、效率意识、维权意识、忧患意识；培养经济主体树立机会成本观念，认识决策的隐性代价；让人们认识市场结构中的竞争和垄断因素，区分不同市场；提出弹性原理、乘数原理，在一定程度上有助于分析经济决策和宏观调控手段的效果等。

（二）西方经济学为资本主义市场经济提供理论基础

无论在现象上西方经济学已经表现得如何被主流化，乃至目前被称为"西方主流经济学"，其仍难以作为社会主义市场经济的理论基础。这是不以人的意志为转移的。因为，西方经济学没有推动社会主义这个资本主义对立物发展壮大的理由。深入观察西方经济学，就不难发现其存在重大逻辑缺陷和"超阶级"论假象。当代西方经济学者号称只基于人都是经济人的底色，方法上日益以数学化自证中性。这种刻意回避和模糊事物涉及的生产关系和利益归属的习惯做法，排斥定性研究。实际上，一方面，这会对事物大前提躲躲闪闪，从而陷入结论动摇不定和导致碎片化局限；另一方面，回避不但不能掩饰立场，反而表明其默认了资本主义基本制度这一前提。隐藏经济活动背后深刻的"谁的"和"为谁"的生产关系本质，专注资源配置技术的背后，无非是表达生产资料私有制为基础的资本主义基本制度无可争辩、天经地义，以资本主义市场经济最为合理和高效为公理。这也说明，西方经济学有一个顽固的观念，认为资本主义和市场经济之间天衣无缝，市场经济为资本主义制度所独有，社会主义不能运用市场经济。

西方经济学是实现市场经济为资本主义服务的理论基础，如果用西方经济学回应社会主义市场经济问题，就必然选择按生产资料私有制的资本逻辑出谋划策，无法使市场经济维护和发展社会主义。因此，把西方经济学当作回应、揭示、探索、解决社会主义市场经济问题的普适标准，显然是行不通的。西方经济学先天维护资本主义私有制的画地为牢，在坚持社会主义市场经济的改革方向而不是走向资本主义面前，担当不了社会主义市场经济理论基础之大任。值得一提的是，20世纪六七十年代以后，在西方主要资本主义国家出现严重的经济危机，在凯恩斯主义的国家干预主义经济政策的作用下，以美国为首的资本主义世界出现了长期的滞胀趋势。西方经济学再次陷入范式危机。[1] 马克思的经济思想不仅反映在研究发达资本主义国家无产阶级革命和向共产主义过渡的问题上，而且包括对于落后国家和民族跨越"卡夫丁峡谷"问题进行研究形成的落后国家和民族向共产主义过渡的丰富思想。虽然这些思想以发达国家无产阶级率先取得革命

---

① 丁堡骏、高冠中：《论马克思主义政治经济学对中国改革的现实指导意义》，《马克思主义研究》2015年第8期，第26页。

胜利为前提，但对于我们理解中国特色社会主义发展道路及其规律具有更加直接的现实指导意义。①

　　经济学在整体上的所谓超阶级中性是不存在的，"社会实际生活的一切领域都是社会的人所参加的"②。面对所有制和地位差异，不管如何宣称"不偏不倚"③，经济学都必须从某个原点即特定立场聚焦或旁观。西方经济学经验主义的经济学家④"错误地认为有了劳动力市场就意味着剥削不可能存在那样，经验主义的经济学家无批判地满足于直接观察和描述那些所谓'看得见的'经济领域里的经济事实，故此遮蔽了隐藏在'物'的事实之下的人与人的剥削的经济关系"⑤。在超阶级性不断被证伪面前，凯恩斯宣称："如果当真要追求阶级利益，那我就得追求属于我自己那个阶级的利益。……在阶级斗争中会发现，我是站在有教育的资产阶级一边的。"⑥诺贝尔经济学奖得主萨缪尔森承认"经济问题容易触发个人感情。在牵涉到根深蒂固的个人信仰和偏见时，血压升高，语音刺耳，而某些偏见又都是披上薄薄一层合理化外衣的特殊经济利益"。另一位诺贝尔经济学奖得主斯蒂格里茨也说："社会科学跟自然科学之间的区别在于，总体上来讲，自然科学领域动机在观点形成的过程中是不起作用的。比方说，理论的倡导并不是因为可以获得任何的名或利，或者是经济上的好处。一个世纪以前，探讨相对论跟任何经济收益没有关系，但是现在比较流行的一些经济模型对于社会的某些部分有经济利益，所以整个经济领域就会倡导在某个经济领域所适用的原则。"⑦连新自由主义的领军人物哈耶克也感叹："唯科学主义观点不

---

① 邱海平：《〈资本论〉的创新性研究对于构建中国特色社会主义政治经济学的重大意义》，《马克思主义研究》2020年第2期，第92页。
② 《毛泽东选集》（第一卷），人民出版社，1991，第283页。
③ 赵磊：《马克思主义政治经济学何以"实证"》，《政治经济学评论》2020年第1期，第180页。
④ 赵磊：《马克思主义政治经济学何以"实证"》，《政治经济学评论》2020年第1期，第181~182页。
⑤ 张文喜：《论马克思经济学的哲学革命性质》，《学术研究》2011年第4期，第9页。
⑥ 〔英〕凯恩斯：《劝说集》，蔡受百译，商务印书馆，1962，第244~245页。
⑦ 〔美〕斯蒂格利茨：《经济学面临的挑战和未来走向》，新浪网，2019年3月29日，http://finance.sina.com.cn/china/2019-03-29/doc-ihsxncvh6711087.shtml。

同于科学观点，它并不是不带偏见的立场，而是一种带有严重偏见的立场。"①

与此同时还需明晰的是，无论研究理论问题还是现实问题，只有首先搞清问题的性质之后才能进行定量分析，如一吨米与两吨煤的简单比较毫无意义。20世纪80年代以来，一些人在我国推销与推崇西方经济学泛数量化的理论研究，目前在我国已经产生很大危害。一方面，将学术研究引向脱离实际的邪路；另一方面，其隐阶级性实质上是以维护私有制为前提，强化人的重利轻义，背离社会主义市场经济要追求个体效率与社会效益统一的原则。如果我国社会主义市场经济仅聚焦于资源配置而脱离服务于社会主义的基本原则，经济理论研究者、教育者、受教育者乃至实践者流于唯分析工具，必将导致对市场经济的负面性无知无觉，或在市场经济负面影响面前不知所措。

总之，西方经济学貌似撇开人与人的经济关系，专注于人如何实现物尽其用，而事实上其是以维护私有制为理论前提，在私有制、雇佣劳动制合情合理合法的语境中谈做什么和怎么做更高效。其"经济人假设"与其说是前提不如说是目标，对每个问题的分析都是围绕如何强化个体趋利性展开，这就决定了西方经济学整体上是碎片化的和狭隘的。

三 政治经济学是社会主义市场经济的理论基础

（一）政治经济学与西方经济学的异同

作为经济学理论的两种不同范式，各自的产生背景和阶级立场不同。对两大范式经济学的比较不应停留于一些具体原理，应从方法论、假设前提、研究对象、研究方法、研究内容及对资本主义制度的分析结论等方面，观察分析政治经济学和西方经济学的异同。②

马克思主义政治经济学与西方经济学的相同之处是次要的、非本质的。二者都要对资源有效配置问题进行理论研究，他们都以资本主义市场经济为研究背景，都有古典政治经济学的理论渊源。

---

① 〔英〕弗里德里希·A.哈耶克：《科学的反革命：理性滥用之研究》，冯克利译，译林出版社，2003，第6页。
② 石晶莹：《两大范式经济学理论的深层比较及其时代价值》，《政治经济学评论》2017年第7期，第46页。

二者的区别是主要的、本质的。

第一，二者的研究对象和任务层次不同。西方经济学局限于聚焦处理资本主义市场经济中人与物的技术关系的诀窍，刻意回避人与人的经济关系本质，勾勒经济现象的根本目的是维护资本主义制度。马克思、恩格斯创立的政治经济学结合生产力和上层建筑，深入研究资本主义生产方式及相对应的经济关系以探索社会发展规律。

第二，二者对人的本质认识层次不同，阶级立场对立。经济活动是人围绕物质资料生产和分配开展的活动。经济学研究经济活动中的人，绕不开人的本质这一分析前提。西方经济学认为的人是基于亚当·斯密假设的理性经济人，是无差异的、超现实的抽象的人，认为现实中有的人有生产资料、有的人只有劳动力不过是天然存在、与生俱来的，只承认人的所得差异在于勤奋与懒惰而始终否定其中的剥削缘由，所以，其所谓超阶级性实质上是维护资产阶级。马克思主义政治经济学总是分析一定社会现实条件下的具体的人，揭示了人在社会实践活动中结成的社会关系及所受到的影响，人的本质是社会关系的产物，人在参与社会实践活动改造客观世界的同时改造主观世界并对他人及社会施加影响。鲜明地指出原始社会瓦解后至今一切社会的历史都是阶级斗争的历史①，政治经济学维护创造人类历史的劳动者阶级的利益。

第三，二者诸多差异的根本之一在于方法论层次不同。人们对社会现实问题的认识是否准确取决于其站在什么立场，以及选择的根本方法科学与否。西方经济学混杂着机械唯物主义和唯心主义的方法论，孤立片面地分析超现实的完美环境中理想选择的同时，往往以人的主观意愿和心理活动为基础，夸大人的意志分析社会现实，无论社会矛盾尖锐到何种程度都不触及资本主义基本制度这一根本原因。政治经济学以辩证唯物主义与历史唯物主义作为科学的方法论，全面联系发展地看待社会问题，分析社会存在决定社会意识和社会意识对社会存在的反作用，科学地找到问题的深层缘由和解决方向，不是头脚倒立②和简单的"头痛医头、脚痛医脚"。既充分肯定一个社会一定阶段经济关系的历史进步性，也基于社会基本矛盾

---

① 《马克思恩格斯选集》（第一卷），人民出版社，2012，第400页。
② 《资本论》（第一卷），人民出版社，2004，第22页。

运动的分析，揭示曾经具有进步性的经济关系发展到一定阶段是否成为社会进步的桎梏。

（二）政治经济学为社会主义市场经济提供坚实理论支撑

由西方经济学为社会主义市场经济提供根本方法和科学答案已经被证明不可行。其分析范式、理论主张、实践目标，无一不是旨在奋力博取资本主义长治久安，它无论如何都不愿意建设社会主义这个资本主义的对立物。基于私有制才能自然和有效地参与市场活动，追求资本的生产力，西方经济学始终将公有制、社会化大生产中联合起来的劳动者当家做主、共同富裕视为异己。其塑造个人利益至上的经济人，核心任务是追求资本的生产力，根本立场是资本主义私有制神圣不可侵犯，价值取向是资本主义不朽，阻碍对推动人类社会进一步发展的规律进行探索。对市场经济与社会主义基本制度相结合、市场经济为社会主义服务等理论问题，西方经济学都先天性抗拒。一些学者总是用西方经济学的某个观点或西方经济发展中的某种现象讨论中国经济问题，这种简单照搬西方经济学的方式只会害中国。①

马克思主义政治经济学不拘泥于人类配置资源的技术分析，深层次解析谁占有资源、谁是高效配置资源的决定者、谁占有高效配置资源的结果，是真正揭示社会经济规律的经济科学。这一坚实的理论创立之初以资本主义市场经济为背景，辩证地剖析了市场经济高效率和资本主义利用市场经济剥夺劳动者的事实，承担过指导劳动群众谋解放的理论使命。在社会化大生产基础上联合起来的劳动群众当家做主的社会里，这种不断发展、既揭示体制又解析制度的经济理论，才具备从基础上建构社会主义市场经济理论的职能。事实上，改革开放后我国民众最关注的发展不平衡不充分、贫富分化、民生与就业等要害问题，其原因不在资源配置技术落后而是经济利益关系的不平衡。西方经济学回避利益归属，无法真正从根源上回答和解决我国社会主义最迫切的问题。因此，坚持以马克思主义政治经济学原理为理论基础，学习西方经济学中有益的配置资源技术性理论，分析我国社会主义市场经济问题，才能建构和完善社会主义市场经济理论。

马克思主义是中国特色社会主义的理论基础，社会主义市场经济必然

---

① 何自力：《何自力：照搬西方经济学会害中国》，环球网，2013 年 1 月 6 日，https://opinion.huanqiu. com/article/9CaKrnJytmN。

以马克思主义为理论基础，具体地主要是以马克思主义政治经济学为理论基础。政治经济学为社会主义市场经济深刻认识经济规律体系提供方法论、基本原理、根本立场、价值取向、重大原则的理论指导与坚实支撑。马克思主义政治经济学应为我国主流经济学。① 值得说明的是，马克思主义政治经济学代表作《资本论》揭示的市场经济运行一般原理和规律既适用于资本主义生产也适用于社会主义生产；但资本主义私有制中的剩余价值规律使资本主义的市场经济不可把这些本应遵循的原理和规律贯彻到底。②

在分析社会主义市场经济的指导理论时，习近平对政治经济学思想之集大成者《资本论》的理论价值分析说："无论是私有制的市场经济，还是以公有制为主体的市场经济，只要市场经济是作为一种经济运行机制或经济管理体制在发挥作用，市场经济的一般性原理及其内在发展规律同样都是适用的。正是从这一意义上来说，马克思在《资本论》中所揭示的科学原理并未过时。越是发展社会主义市场经济，越是要求我们必须深刻地去学习和掌握《资本论》所阐述的这些科学的共性原理，并善于运用这些原理去指导社会主义市场经济的伟大实践。"③ 他同时清醒地指出："在建立和发展社会主义市场经济的实践中，一方面存在着传统的计划经济意识根深蒂固的问题，一些人对市场经济自觉或不自觉地持抵触态度；另一方面，也存在着一些人完全照搬照抄西方经济理论，用西方资本主义私有制的市场经济理论来指导崭新的社会主义市场经济实践的问题。例如，这几年一些人用西方的市场经济理论给国有企业改革开出了许多'药方'，但到头来没有几贴能治'病'。"④

政治经济学支撑社会主义市场经济理论与实践并非一帆风顺。政治经济学所研究的材料的特殊性，把人们心中最激烈、最卑鄙、最恶劣的感情，

---

① 程恩富：《用什么经济理论驾驭中国特色社会主义经济建设——与王东京教授商榷》，《高校理论战线》2004 年第 9 期，第 34 页。

② 卢映西、王娟：《略论〈资本论〉的当代价值与习近平的理论创新》，《政治经济学评论》2017 年第 6 期，第 148 页。

③ 习近平：《社会主义市场经济和马克思主义经济学的发展与完善》，《经济学动态》1998 年第 7 期，第 4 页。

④ 习近平：《社会主义市场经济和马克思主义经济学的发展与完善》，《经济学动态》1998 年第 7 期，第 5 页。

把代表私人利益的复仇女神召唤到战场上来反对自由的科学研究。① 较长时期以来，关于要清醒认识到马克思主义政治经济学理论基础地位的呼声受阻于经济学西化潮流。我国经济体制改革需要市场配置资源的经验与技术，学习西方经济学让人懂得发掘和利用市场的知识。但随着两极分化、劳动者群体弱势、供给相对过剩等市场的弊端产生越来越大的危害，有效控制驾驭市场经济更急迫地提出了深刻明确社会主义市场经济理论基础的要求。《中共中央关于进一步繁荣发展哲学社会科学的意见》于 2004 年出台，开始实施马克思主义理论研究和建设工程，为新世纪、新阶段学术界开创了马克思主义及其中国化发展新局面。尤其党的十八大以来，中国共产党学习研究运用政治经济学，形成了以新发展理念为主要内容的新时代中国特色社会主义经济思想，这是运用马克思主义基本原理对中国特色社会主义政治经济学的理性概括。②

运用政治经济学揭示社会主义市场经济的运行规律，在政治经济学的理论基础指导下，实现市场经济服务于社会主义，要改善现有经济理论教育体系、理论研究政治经济学边缘化问题。为此，习近平总书记发表多次讲话。2015 年 11 月提出要立足我国国情和我国发展实践，揭示新特点新规律，提炼和总结我国经济发展实践的规律性成果，把实践经验上升为系统化的经济学说，开拓当代中国马克思主义政治经济学新境界。③ 同年 12 月又在中央经济工作会议上强调，要坚持中国特色社会主义政治经济学的重大原则。2016 年 5 月，习近平在哲学社会科学工作座谈会上说："有人说，马克思主义政治经济学过时了，《资本论》过时了。这个说法是武断的。"④ 同年 7 月，他主持召开经济形势专家座谈会，指出"坚持和发展中国特色社会主义政治经济学，要以马克思主义政治经济学为指导"⑤。要求各级党委和政府要学好用好政治经济学，自觉认识和更好遵循经济发展规律，不断提高推进改革开放、领导经济社会发展、提高经济社会发展质量和效益

---

① 《马克思恩格斯选集》（第二卷），人民出版社，2012，第 84 页。

② 中共中央文献研究室编《十九大以来重要文献选编》，中央文献出版社，2019，第 137 页。

③ 中共中央文献研究室编《十八大以来重要文献选编》，中央文献出版社，2018，第 7 页。

④ 习近平：《在哲学社会科学工作座谈会上的讲话》，人民出版社，2016，第 14 页。

⑤ 中共中央文献研究室编《习近平关于社会主义经济建设论述摘编》，中央文献出版社，2017，第 331 页。

的能力和水平①。

以政治经济学为理论基础，新中国成功选择和运用两种经济体制发展社会主义社会生产力。唯有立足于揭示社会运行规律的要求，阐明劳动群众是社会实践主体和社会发展动力的马克思主义政治经济学，方能作为以人民为中心的社会主义市场经济理论基础。

第二节 马克思主义政治经济学基本原理梗概

马克思主义政治经济学是马克思主义理论体系的主要组成部分。基于大多数读者缺乏系统学习政治经济学的机会，本节概述政治经济学及其基本原理的主要思想。

一 马克思主义政治经济学的学科特点

马克思在批判地继承前人思想特别是英国和法国的古典政治经济学的基础上，创立了马克思主义政治经济学，简称为政治经济学。恩格斯指出，无产阶级政党"全部理论来自对政治经济学的研究"②，"正像达尔文发现有机界的发展规律一样，马克思发现了人类历史的发展规律"③，正是基于对政治经济学的研究，"马克思还发现了现代资本主义生产方式和它所产生的资产阶级社会的特殊的运动规律。由于剩余价值的发现，这里就豁然开朗了，而先前无论资产阶级经济学家或者社会主义批评家所做的一切研究都只是在黑暗中摸索"④。列宁认为，马克思的经济学说是"马克思主义的主要内容"⑤，"是马克思理论最深刻、最全面、最详细的证明和运用"⑥。马克思主义政治经济学的集大成思想主要凝聚在《资本论》中，我们可以说，

---

① 习近平：《更好认识和遵循经济发展规律 推动我国经济持续健康发展》，《人民日报》2014年7月9日，第1版。

② 《马克思恩格斯选集》（第二卷），人民出版社，2012，第8页。

③ 《马克思恩格斯选集》（第三卷），人民出版社，2012，第1002页。

④ 《马克思恩格斯选集》（第三卷），人民出版社，2012，第1002页。

⑤ 《列宁选集》（第二卷），人民出版社，1960，第580页。

⑥ 《列宁选集》（第二卷），人民出版社，1960，第588页。

因为有了马克思《资本论》的科学论证，唯物史观才得以由科学假说变成指导无产阶级进行革命的科学世界观和方法论。同样，因为有了马克思《资本论》的科学论证，科学社会主义才从空想变成现实。[①] 我们要坚持马克思主义，要真正实现马克思主义在意识形态领域的指导地位，就必须坚持唯物史观的方法论。[②]

马克思主义政治经济学以物质资料的生产为研究起点，运用辩证唯物主义和历史唯物主义的根本方法，科学抽象法、逻辑和历史相统一等基本方法，研究生产力和生产关系、经济基础和上层建筑的矛盾运动中社会生产关系的产生、变化规律，是一门以揭示社会经济发展规律为任务的科学。基于遵循、运用社会经济发展规律的要求，马克思主义政治经济学维护社会历史动力即无产阶级的利益。

科学性和阶级性统一是马克思主义政治经济学的根本特征，区别于其他经济理论。如前所述，关于人类在阶级社会中的问题，理论研究无法摆脱现实社会具体的、有着不同利益和地位的人，尤其是直接面对这样的人作为经济主体的经济理论。因此，无论怎样假设、抽象、分辨、掩饰，经济理论都不可能超阶级。所有强调自己的思想超阶级的经济理论，都以某个阶级的利益永远合理至上、毋庸置疑、不可动摇为实质，恰恰极具阶级性而可以牺牲科学性并必然走向伪科学。

19世纪中叶创立的马克思主义政治经济学基本原理，是马克思以资本主义市场经济为分析背景创立的。一般将分析资本主义生产方式及相应经济关系的称为狭义政治经济学，分析其他社会生产方式及相应经济关系的称为广义政治经济学。马克思主义政治经济学基本原理在创立后的一个半世纪里，得到以列宁等为代表的马克思主义者在社会发展实践中的不断检验和发展丰富。

把马克思主义政治经济学基本原理与中国社会主义社会实践相结合，产生了中国特色社会主义政治经济学，它在不断完善和成熟中丰富了马克思主义政治经济学理论体系。中国特色社会主义政治经济学是马克思主义

---

① 丁堡骏、高冠中：《论马克思主义政治经济学对中国改革的现实指导意义》，《马克思主义研究》2015年第8期，第28页。
② 周文、宁殿霞：《中国特色社会主义政治经济学：渊源、发展契机与构建路径》，《经济研究》2018年第12期，第23页。

政治经济学理论体系的重要内容，属于马克思主义政治经济学理论体系中的应用学科，不属于马克思主义政治经济学基本原理本身。

二 马克思主义政治经济学基本原理的主要内容

马克思主义政治经济学基本原理，分析资本主义生产方式中经济关系如何（经由市场经济）产生、变化及其发展趋势，形成一系列逻辑严谨的理论板块。主要包括劳动价值论、剩余价值论、资本积累理论、资本运行理论、剩余价值分割理论、经济危机理论、垄断资本主义经济理论等主要内容。

（一）劳动价值论的基本思想

人类劳动生产率提高到一定程度后，劳动产品会出现剩余。在社会分工和生产资料及产品属于不同利益主体的基础上，如果有一定的交通和信息沟通条件，人们会将自己相对剩余的劳动产品用来互相交换。交换双方的利益对等原则如何实现，交换双方要求对等的利益是什么，马克思之前的经济理论对此众说纷纭。英国古典政治经济学创始人威廉·配第认识到劳动是财富之父、土地是财富之母，将经济学研究重心从流通领域转向生产领域。这个被马克思称为"轻浮的、掠夺成性的、毫无气节的冒险家"[①]于新兴资产阶级立场的《赋税论》中，最先提出商品交换价值取决于生产商品所耗费的劳动，因此马克思称其为政治经济学之父、现代政治经济学的创始者。亚当·斯密因《国富论》研究政治经济学多方面问题，成为英国古典政治经济学集大成者，他明确提出劳动决定价值。但古典政治经济学总体上还没从商品交换关系中抽象出价值的本质，因而他们还未充分厘清使用价值、交换价值、价值，找不到价值实体与价值的实质。他们不懂得劳动的具体形式与劳动量耗费同使用价值与价值的对应关系，陷入考察生产领域时的劳动价值论和考察分配领域时的收入价值论的严重矛盾中。

马克思创立的劳动价值论，从研究商品出发揭示了私有制商品经济的内在必然要求，解密了商品经济的内在游戏规则。在深入研究前人的经济思想，尤其是批判地继承古典政治经济学的基础上，马克思发现了劳动二

---

① 《马克思恩格斯全集》（第三十一卷），人民出版社，1998，第448页。

重性原理，解开了古典政治经济学的难题，创立了科学的劳动价值论，揭示了商品价值实体、价值实质、价值量决定、价值的表现形式、私有制商品经济的内在矛盾、商品经济的基本规律。

最初，劳动产品用于交换而成为商品，具有了使用价值和换来一定量其他劳动产品的交换价值。生产商品的劳动具有具体劳动和抽象劳动二重性，通过具体形式的劳动生产出商品使用价值，但透过劳动形式实际耗费的是人类无差别的脑力与体力即抽象劳动。商品中凝结的一般人类劳动称为商品的价值，价值是交换价值的基础，交换价值是价值的表现形式。价值的实体是凝结在商品中的一般人类劳动，价值的本质是商品生产者表面上交换劳动产品实质在交换劳动的经济关系。商品价值量的大小并不由生产者自己的个别劳动耗费决定，是由在社会平均熟练程度和强度下生产商品所必需的劳动时间决定的。

商品在交换中表现和实现价值经历了四个历史阶段。最初，一定量的甲产品偶然地可以换得一定量的乙产品，甲乙都成为用来交换的劳动产品即商品，开启商品交换的历史。此时，甲商品的价值相对表现为值多少份乙商品，因此称甲为相对价值形式的商品；而包含相当量人类一般劳动的乙商品成为衡量甲商品的价值尺度，因此称乙为等价形式的商品。这个阶段通过开天辟地的偶然商品交换，证明商品有价值，这一阶段的价值表现形式称为简单价值形式。简单价值形式难以实现价值的精确对等交换，随着劳动生产力提高，剩余产品不断增加，甲商品逐渐可以选择与乙、丙、丁等各种一定量其他产品交换，总和的扩大的价值形式也就应运而生。这时甲在扩大的交换机会中获得更多等价形式商品的价值比对测量，等价交换的程度越来越高。商品交换地域半径的进一步扩大提出了相对固定等价物的客观要求，当某种商品相对固定地充当交换中的等价物时，总和的扩大的价值形式升华为一般价值形式。用相对固定的商品作为等价物的一般价值形式，极大地方便了商品交换，但也萌生了只卖不买的可能，孕育了商品相对过剩的危机种子。随着商品交换和商品生产的进一步扩大，贵金属因具有便于携带、易于分割、价值相对稳定的特点而逐渐从商品世界分离出来，成为固定充当一般等价物的特殊商品，一般价值形式发展到了货币形式。货币跃升为商品世界中与所有商品相交换的一极，价格就是用货币表现的商品价值。货币比一般价值形式时其他商品充当的等价物更加便于人们的交换，但也大大增加了只卖不买的可能性，扩大了商品相对过剩的可能空间，商品交换的内在矛盾外化为商品与货币的矛盾。

在人类社会历史上，当商品交换和商品生产发展到成为社会经济的主导方式时，人类社会就从自然经济进入商品经济。在生产资料私有制的基础上，商品经济存在使用价值和价值的矛盾、具体劳动和抽象劳动的矛盾、私人劳动和社会劳动的矛盾等诸多内在矛盾。劳动价值论揭示了商品生产者的劳动，首先是自主决策并对决策结果负全责的私人劳动，只有在商品交换中完成出售，社会才承认这种自主决策的劳动是一部分社会生产所需要的。买者付费的实质是承认和补偿商品生产者消耗的社会必要劳动量，私人劳动此时才真正成为生产社会所需要的商品必需的总劳动的一部分，即私人劳动转化为社会劳动。至此，买者对于生产商品究竟采取什么具体形式已不关注，关注的是生产产品消耗多少社会必要脑力和体力，生产商品的具体劳动提炼为抽象劳动，同时卖者提供的使用价值中凝结的价值得到补偿。如果私人劳动不能转化为社会劳动，劳动产品则只是具体劳动的产物、具有特定的使用价值而已；而私人劳动转化为社会劳动，具体形式的劳动被抽象为消耗的社会必要劳动，使用价值中包含的价值才得以实现。所以，私人劳动和社会劳动的矛盾，决定具体劳动和抽象劳动的矛盾、使用价值和价值的矛盾等矛盾的产生与结局，是私有制商品经济的基本矛盾。

价值规律是商品经济的基本规律，体现商品生产和商品交换的内在必然要求：商品的价值由生产商品的社会必要劳动时间决定，商品应实行等价交换。价值规律从来不会被每一个现实的商品生产和交换场景遵循，其内在要求是以既对立又统一的形式实现的，商品的价格几乎从来不等于价值但总围绕价值上下波动，这种矛盾的形式正是价值规律发生切实作用的证明。

劳动价值论是马克思主义政治经济学理论大厦的坚实地基、立论基础和基本工具，自创立以来就不断地遭到攻击，但以严密的科学分析至今撼而不动。在社会主义市场经济中，对于厘清财富来源与商品价值来源的关系，科学把握社会主义市场经济各类主体的关系，处理好市场和政府的关系等，遵循和运用商品经济的内在规律，劳动价值论具有无可替代的理论价值。

（二）剩余价值论的基本思想

建立在科学的劳动价值论基础上的剩余价值论，通过分析单个生产过程中与资本主义生产方式相对应的生产关系，揭示了剩余价值的真正来源，发现了剩余价值规律。剩余价值论是马克思主义政治经济学基本原理的核心理论或称为理论基石。

剩余价值论从指出资本总公式的矛盾开始，分析货币转化为资本的前提条件，劳动力商品的特殊性；运用劳动二重性原理，科学地揭示剩余价值的真正来源及资本不同部分在其中的作用，发现了剩余价值规律；剖析了资本主义工资的本质。

资本总公式 G—W—G′ 表现出流通过程产生出剩余价值，这与商品经济基本规律相矛盾。无论等价交换还是贱卖贵买，在流通中都不可能产生剩余价值。在遵循价值规律的基础上，借助流通按等价交换购买到生产资料和劳动力，在生产过程中生产出更多价值，即实现货币转化为可以带来剩余价值的资本，其前提条件是劳动力成为商品。

与一般商品相比，劳动者在"自由得一无所有"的特殊社会经济条件下才普遍地出卖劳动力。劳动力商品的价值不同于一般商品，一般商品的使用价值和价值是被生产出来的，劳动者生产和再生产出自身的劳动力是消耗生活资料的结果，所以劳动力商品的价值由再生产劳动力的生活资料价值衡量。劳动力商品的价值包括维持劳动者及其家人的基本生活资料价值、必要的教育训练支出。劳动力商品的价格以劳动力商品价值为基础，受当时当地社会劳动生产力决定的生活水平、地理历史条件、劳动力商品供求关系、社会道德等因素影响。劳动力商品最特殊即吸引资本之处在于，劳动在形式上看起来创造的是财富，实质上可以创造出大于劳动力商品自身价值的新价值，资本正是为之——剩余价值——沉醉和趋之若鹜。

运用劳动二重性原理分析资本主义商品生产过程，能够清晰看到，剩余价值的真正来源是雇佣劳动者的剩余劳动。按价值买来的劳动力商品在生产中运用的过程，形式上是具体劳动创造新产品并把消耗的生产资料价值转化为产品价值一部分的劳动过程，实质上是同时消耗劳动者脑力和体力创造新价值的过程。劳动者在劳动中创造的新价值里，相当于劳动力商品价值的这部分新价值补偿资本家支付给工人的工资，多余的则被资本家无偿占有，成为剩余价值，体现资本家剥削雇佣工人的生产关系。资本主义生产过程是生产财富的劳动过程和实现资本的价值增殖过程的统一，而根本目的是最大限度地追求剩余价值。对资本主义生产过程的分析，反映出资本这种能够带来剩余价值的价值不过是被物掩盖的生产关系，在自身的运动中剥削雇佣劳动者实现增殖。

资本体现资本家对雇佣工人的剥削关系，不同部分的资本在价值增殖过程中起不同作用。购买生产资料的那部分资本，在生产过程中起新价值的吸收器作用，其价值通过转移到新产品中得以保留而价值量并不发生变化，称为不变资本；购买劳动力商品的资本，由劳动者的劳动创造出比投在其身上价值更多的价值而增殖，称为可变资本。

剩余价值与可变资本的比率称为剩余价值率，体现资本家对雇佣工人的剥削程度。在雇佣工人再生产出自身劳动力价值所需必要劳动时间不变的条件下，延长工作日会绝对延长生产剩余价值的剩余劳动时间，这种增大剩余价值的方法是绝对剩余价值生产。在工作日长度不变的条件下，全社会普遍提高劳动生产率，必要劳动时间就会缩短从而剩余劳动时间会相对延长，这种方法是相对剩余价值生产。劳动生产率较高的资本家企业，其商品个别价值低于社会价值会多获得剩余价值，称为超额剩余价值，是一种只有率先提高效率的企业才能得到的剩余价值。全社会争相追逐超额剩余价值，劳动生产率普遍提高，雇佣工人生产出相当于自身劳动力价值的活劳动时间普遍缩短，相对剩余价值生产得以在这一过程中实现。

资本主义工资是雇佣工人出卖劳动力所获得的报酬，是劳动力商品价值或价格的转化形式。工人出卖劳动力所得的货币额称为名义工资或货币工资，实际工资则是工人用货币工资实际能够买到的生活资料和服务的数量。工人工资与自己劳动创造的全部新价值相比较所显现的收入水平称为相对工资。劳动生产率的提高过程中，工人的名义和实际工资总体都会不同程度地提高，但剩余价值率提高得更快，相对工资总体下降。

通过绝对剩余价值生产和相对剩余价值生产实现剩余价值最大化，这是资本主义生产方式的内在必然要求，称为剩余价值规律。它是资本主义社会的基本经济规律，决定资本主义社会的一切主要方面和主要过程，决定资本主义社会运行中其他规律发生作用的形式和程度。剩余价值规律是马克思一生的两大发现之一。①

剩余价值论解开了资本赚钱发财的秘密，同样自创立以来就不断地遭到攻击。要推翻之必须先推翻其理论基础劳动价值论，可见坚实的立论基础对支撑建立于其上的理论体系何其重要。建立在科学的劳动价值论基础上的剩余价值论，对于科学认识和把握社会主义市场经济中客观存在的剩余价值、我国现行经济制度下创造财富和创造价值与占有财富和占有价值间的关系等问题，具有深刻的现实意义。

（三）资本积累理论的基本思想

资本积累理论分析资本主义再生产过程及由此对资本家和雇佣工人产生的必然影响，揭示资本主义积累的一般规律、资本主义生产方式否定之否定和剥夺者必将被剥夺的必然趋势。

从连续不断的再生产过程看，资本主义再生产出物质财富的同时，也再生产出它的生产关系。分析资本主义简单再生产可以发现，"工人今天的劳动或下半年的劳动是用他上星期的劳动或上半年的劳动来支付的"②。不仅如此，"经过一个或长或短的时期以后，必然会使任何资本都转化为积累的资本或资本化的剩余价值。即使资本在进入生产过程的时候是资本使用者本人挣得的财产，它迟早也要成为不付等价物而被占有的价值，成为无酬的他人劳动在货币形式或其他形式上的化身"③。同时，"只要我们考察的不是单个资本家和单个工人，而是资本家阶级和工人阶级，不是孤立的商品生产过程，而是在社会范围内不断进行的资本主义生产过程"④，我们就可以看清，不仅工人的生产消费属于资本家，而且工人的个人消费结果是为资本家再生产出可供资本继续剥削的劳动力，也从属于资本家。所以，马克思说："罗马的奴隶是由锁链，雇佣工人则由看不见的线系在自己的所有者手里。他的独立性这种假象是由雇主的经常更换以及契约的法律虚构来保持的。"⑤ "可见，资本主义生产过程，在联系中加以考察，或作为再生产过程加以考察时，不仅生产商品，不仅生产剩余价值，而且还生产和再

---

① 《马克思恩格斯选集》（第三卷），人民出版社，2012，第1002页。
② 《马克思恩格斯选集》（第二卷），人民出版社，2012，第255页。
③ 《马克思恩格斯选集》（第二卷），人民出版社，2012，第257页。
④ 《马克思恩格斯选集》（第二卷），人民出版社，2012，第258页。
⑤ 《马克思恩格斯选集》（第二卷），人民出版社，2012，第232页。

生产资本关系本身：一方面是资本家，另一方面是雇佣工人。"①

资本主义再生产是普遍的资本主义扩大再生产，把剩余价值再转化为资本即资本积累是资本主义扩大再生产的重要实现方式。与资本主义简单再生产需经过一定时间原有资本才转化为剩余价值累积物相比，由剩余价值转化而来的追加资本一开始就是剩余价值。这样一来，资本家和工人之间的等价交换劳动力商品的关系，仅仅成为流通过程的一种表面现象，成为一种与内容本身无关的并使它神秘化的形式。劳动力的不断买卖是形式，其内容是资本家用不付等价物而占有的劳动者生产的剩余价值，不断再换取更大量的劳动者的活劳动。

简单商品交换中，商品生产的所有权法则是自己劳动才能占有自己的产品，要获得别人的商品只能让渡自己的劳动产品。资本积累改变了这一法则，资本家用占有雇佣工人无酬劳动的成果作为新增可变资本支付劳动力报酬，对于工人则是"赠送"给资本家的剩余价值又被用作买自己的劳动力，资本主义的占有法则成了资本家不花费自己本钱就取得他人成果。只要劳动力作为商品出卖，这种结果就不可避免。按等价交换取得具有创造更多价值魔力的劳动力商品越被资本主义生产利用，商品生产的所有权规律也就越转变为资本主义的占有规律。

积累量主要受剩余价值率、劳动生产力、所用资本和所费资本差额、预付资本量等因素影响。通过资本积累增大单个资本总额称为资本积聚。通过信用或竞争实现已形成的若干个资本合并，这种资本总额增大称为资本集中。资本积聚可以增大社会财富总量，但也受社会财富增长的限制，所以单个资本增大的速度缓慢。资本集中主要依靠竞争和信用两个杠杆来实现，它不会增大社会财富的总量，但合并资本的速度快。"假如必须等待积累使某些单个资本增长到能够修建铁路的程度，那么恐怕直到今天世界上还没有铁路。但是，集中通过股份公司转瞬之间就把这件事完成了。"②集中力量办大事的基本原理就在于此。

劳动生产力水平决定生产中生产资料与必需的劳动力的数量比率，因此称生产资料与劳动力的这一比率为资本技术构成，不变资本和可变资本

① 《马克思恩格斯选集》（第二卷），人民出版社，2012，第259页。
② 《马克思恩格斯选集》（第二卷），人民出版社，2012，第283页。

的比率叫作资本的价值构成。二者密切相关，由资本技术构成决定并且反映技术构成变化的资本价值构成，称为资本的有机构成。如果资本积累时有机构成不变，就可能会因新增资本对劳动力商品需求超过劳动力商品供给使工资水平提高。然而，"生产剩余价值或赚钱，是这个生产方式的绝对规律……资本主义积累的本性，决不允许劳动剥削程度的任何降低或劳动价格的任何提高有可能严重地危及资本关系的不断再生产和它的规模不断扩大的再生产"①。资本积累必然提高资本的有机构成，社会生产力的提高为之提供了最强有力的条件。

资本积累虽然可能因新增资本而增加对劳动力的需求，但资本有机构成提高意味着等量资本的劳动力需求减少。同时由于劳动生产力提高，劳动过程相对变得简单，原来的非劳动人口加入劳动力供给，劳动力供给相对于资本对劳动力的需求变得过剩。"工人人口本身在生产出资本积累的同时，也以日益扩大的规模生产出使他们自身成为相对过剩人口的手段。"②相对过剩人口往往具有三种形式：时而就业时而失业的流动的形式、劳动力已经部分闲置的潜在的形式、就业极不规则且劳动时间最长而工资最低的停滞的形式。相对过剩人口的最底层是需要救济的赤贫人口。相对人口过剩是资本积累的必然结果，也是资本主义生产方式发展的必然伴侣。过剩工人人口形成一支可供支配的产业后备军，为资本提供了一个贮存可供支配的劳动力蓄水池。

资本主义再生产说明，执行职能的资本越大，其增长规模和能力也越大，可供支配的劳动力也迅速膨胀。因此，产业后备军的相对量和财富的力量会一同增长。但是同就业者相比，失业者虽然减少了劳动折磨但他们的贫困在增长。连资本主义政府也认为工人阶级中贫苦阶层和产业后备军越大，需要救济的贫民就越多。这是资本主义积累绝对的、一般的规律。

通过资本原始积累剥夺农民和小生产者，实现生产者和生产资料分离，资本主义生产方式得以确立。这种主要用最残酷无情的野蛮手段对直接生产者的剥夺，解体了以自己劳动为基础的私有制，在最下流、最龌龊、最

---

① 《马克思恩格斯选集》（第二卷），人民出版社，2012，第276～278页。
② 《马克思恩格斯选集》（第二卷），人民出版社，2012，第284～285页。

卑鄙和最可恶的贪欲的驱使下完成，① 用血和火的文字载入人类编年史。②
资本主义生产方式在其内在的剩余价值规律、价值规律、竞争规律等诸多
规律的作用下，"生产资料的集中和劳动的社会化，达到了同它们的资本主
义外壳不能相容的地步。这个外壳就要炸毁了。资本主义私有制的丧钟就
要响了。剥夺者就要被剥夺了"③。剥夺者被剥夺，这是对曾经否定农民和
小生产者的资产阶级的再否定，是否定之否定。

揭示资本主义再生产规律的资本积累理论，对于认识和处理好社会主
义市场经济中同样面临的技术进步下机器代替人、物质资料生产和劳动力
再生产协调发展的关系、实现社会主义生产目的、发挥集中力量办大事的
社会主义优势、推动市场经济服务于社会主义等方面，具有重要的理论启
示价值。

（四）资本运行理论的基本思想

资本运行理论将资本主义生产过程和流通过程结合起来分析，揭示资
本顺利循环运动的条件、运动速度对获取剩余价值的影响、社会资本再生
产和流通规律。具体包括资本循环理论、资本周转理论、社会资本再生产
和流通理论。

由于投入物质资料生产部门的资本即产业资本经历了完整的运动环节，
资本循环理论分析产业资本的循环。产业资本的循环是指其依次经过购买、
生产和销售三个阶段，相应采取货币资本、生产资本和商品资本三种职能
形式，生产并实现剩余价值，再回到原来出发点的运动过程。产业资本循
环的第一个阶段是在流通中购买劳动力和生产资料，为生产剩余价值准备
生产要素是这一阶段的任务，也是货币资本应通过购买手段履行的资本职
责。第二个阶段是运用流通中购买的能够生产剩余价值的生产要素，在生
产过程中完成生产剩余价值的任务。在这里，劳动力和生产资料不仅是生
产要素，重要的是为它们的所有者生产剩余价值，是肩负创造剩余价值职
能的生产资本。第三个阶段是在流通中把已经生产的包含剩余价值的商品
卖出去，即商品资本转化为连本带利的货币资本，完成实现包含剩余价值

---

① 《马克思恩格斯选集》（第二卷），人民出版社，2012，第 298 页。
② 《马克思恩格斯选集》（第二卷），人民出版社，2012，第 291 页。
③ 《马克思恩格斯选集》（第二卷），人民出版社，2012，第 299 页。

的商品价值由物质形态转化为货币形态的任务。这里的商品既是普通商品，更是资本主义商品生产投资人的已经包含剩余价值的商品资本，必须履行卖出去并连本带利收回货币的职能。

资本是一种运动，在特定方式的运动中才能够不断增殖，停止这种运动，资本的生命就停止了。在产业资本不断的运动中，产业资本的三种职能形式也进行着各自的循环。货币资本、生产资本、商品资本并存于三个阶段又及时依次转换，这是确保资本不断运行的基本条件。

连续不断的资本循环称为资本周转。资本周转一次所需要的时间即资本周转时间，包括资本停留在流通领域的流通时间和停留在生产领域的生产时间。单位时间（通常以一年计）里，资本周转次数与资本周转时间成反比。影响资本周转速度的主要是生产资本的不同部分价值周转方式不同。生产资本中的有些部分，其实物必须一次性全部投入生产过程但可以用于多个生产过程，逐渐消耗的部分所承担的价值被工人的具体劳动逐渐转移到产品中，通过产品售出逐渐收回价值，具有这种价值周转方式的资本叫作固定资本。固定资本的物质形态叫作固定资产，通常是机器、设备、厂房等劳动资料。生产资本中的另外一些部分，无论实物还是价值，都是一次性投入生产过程，并通过产品出售一次收回，这种价值周转方式的资本叫作流动资本，通常是用来购买劳动对象和劳动力商品的资本。固定资本往往多年才周转一次，而流动资本往往一年可以周转多次，预付资本的总周转次数是预付资本各个部分的平均周转次数。所以，预付资本总周转速度一是取决于固定资本与流动资本的比例，二是受固定资本与流动资本各自周转速度的影响。

资本周转速度对剩余价值生产的影响可以概括为：第一，资本周转速度快可以节约预付资本；第二，流动资本周转次数多，一年所获得的剩余价值总量就多。因为，流动资本中购买劳动力商品的可变资本每周转一次就带来一次剩余价值，一年周转多次就带来多次剩余价值。年剩余价值量与预付可变资本的比率，叫作年剩余价值率。加速流动资本周转可以提高年剩余价值量与年剩余价值率。可变资本周转越快意味着等量可变资本可以在一年里多次剥削工人创造的剩余价值，或剥削等量工人一年只需投入更少可变资本。

资本首先是各自独立追逐剩余价值的个别资本，相互联系、相互依存的个别资本的总和构成社会总资本。社会总产品是社会物质生产各部门在一定时期（通常为一年）内所生产的全部物质资料的总和，也就是社会商品资本总体，其价值叫社会总产值。社会总产品的价值补偿和实物补偿，称为社会总产品的实现。社会总产品卖清并连本带利收回全部价值才能实现价值补偿，继而才能在分配后形成再生产基金和资本家与工人的消费基金，接下来才可能继续购买到再生产所需的生产要素，资本家与工人才能购买生活消费品，完成物质补偿。实现价值补偿是社会资本继续运动的基础，实现不了价值补偿时，社会资本中某些个别资本就难收回。实物补偿是社会资本正常运动的物质前提，如果不能获得物质补偿，现实的社会资本再生产就无法展开。所以，社会总产品的实现是社会资本再生产和流通的关键。马克思分析这一关键问题时，提出了两个基本原理：社会总产品价值分为转化到产品中的不变资本价值、新创造的相当于可变资本的价值和剩余价值三个部分；社会总产品的使用价值分为生产资料和消费资料，相应的社会生产可分为生产生产资料的部类（第 I 部类）、生产消费资料的部类（第 II 部类）。马克思运用这两个基本原理，简单而又科学地研究了社会资本再生产和流通中社会总产品的实现问题，揭示了按比例发展规律这一社会化大生产的必然要求。

抛开生产的资本主义形式，资本运行理论揭示了社会化大生产一般原理，对社会主义市场经济中企业经营、社会化大生产应遵循按比例发展规律等，具有重要的现实启示意义。

（五）剩余价值分割理论的基本思想

在研究资本主义直接生产过程呈现的各种现象、资本运动是生产过程和流通过程的统一之后，剩余价值分割理论揭示了把资本运动过程作为整体考察时剩余价值的各种具体形式，一步步接近或回到现实中解释资本的不同形式及其获利机制，探究剩余价值去了哪里，为什么去。这部分理论从资本主义生产总过程的广度，深刻分析产业资本及为之出过力、出过钱、出过地的商业、银行等资本形式和土地所有者等如何分割剩余价值。剩余价值分割理论包括分析物质资料生产领域内部平均利润率的形成及历史条件，物质资料生产领域之外剩余价值如何被分割成商业利润、利息与银行利润及股息、地租。资本主义社会中这些形式的收入，均源于物质资料生产领域雇佣工人创造的剩余价值，反映了分配关系与生产关系的内在辩证联系。

在所有的资本家那里，源源不断的价值增殖额从来不叫作剩余价值，而是利润。产业资本家不接受只有购买劳动力商品的资本才会增殖、购买生产要素的资本仅仅是新价值吸收器而不会增殖的观念。他们认为的利润是他全部资本带来的，他投资的每个分子除了价值回收方式不同外，没有那个分子可以不要回报。利润取代剩余价值虽然还只是观念上的变化，但已经否定了剩余价值的真实来源，掩盖了资本家对雇佣劳动者的剥削。而剩余价值与全部预付资本的比率即利润率进一步掩盖了资本主义的剥削程度。

利润率是赚钱程度的指示器，与剩余价值率、流动资本周转速度、不变资本的节省、经营管理水平正相关，与资本有机构成负相关。各部门资本有机构成不同使部门间利润率不同，等量资本获得等量利润的要求驱使部门之间为争夺投资机会而竞争。如果可以自由转移，资本就会从利润率低的部门流向利润率高的部门。高利润率部门因产品增加而价格下跌，利润率下降；低利润率部门产品减少，则价格上升，利润率上升。这样的反复流动，使利润率趋于平均化，形成平均利润率。平均利润率的实质是按社会总资本额分配社会剩余价值总额的利润率，卷入其中的资本按平均利润率取得相应的平均利润。这样一来，剩余价值的分割依据改变了，由起初谁占有剩余劳动谁就占有由此创造的剩余价值，变为依资本实力分割剩余价值。自此，产业各部门利润与劳动之间表现得看不出有必然联系，似乎利润量与每个资本的总量有关，平均利润彻底掩盖了剩余价值的来源。

利润转化为平均利润后，商品的价值便转化为生产成本与平均利润之和，称为生产价格。从此市场价格不再以价值为中心，而是以生产价格为中心上下波动。但这并不意味违背价值规律。因为从全社会来看，剩余价值总额等于平均利润总额，商品的生产价格总额和价值总额相等，生产价格的变动虽然有其特殊性但归根结底取决于商品价值的变动，价值规律在剩余价值规律的主导下转型为生产价格规律。

平均利润和生产价格理论解决了古典政治经济学的生产与分配的理论矛盾，也解开了价值规律与等量资本等量利润形式上的矛盾。通过分析资本主义生产总过程揭示了工人不仅受本企业资本家的剥削，而且受整个资产阶级的剥削。

产业资本中商品资本独立化后形成商业资本，专门从事商品销售，实现剩余价值由实物形式转化为货币形式。商业资本家愿意投资商业经营活动，前提是利润水平至少与产业资本相当。商业利润是产业资本家以购销差价形式让渡给商业资本家的，来源于产业工人创造的一部分剩余价值。商业资本之所以能参与剩余价值的瓜分，主要是凭借它替产业资本完成实现剩余价值的职能。商业利润是产业雇佣工人创造的剩余价值的转化形式，体现商业资本家和产业资本家共同瓜分剩余价值和共同剥削工人的关系。

在发挥生产剩余价值或实现剩余价值职能的产业资本与商业资本运动中，一部分职能资本家会因折旧基金、积累基金、应付货款等未到实际支出期，形成大量暂时闲置的货币资本。而与此同时，另一部分职能资本亟须筹措货币资本。资本的所有者会以利息为价格，以借贷形式将资本一定时期的使用权卖给职能资本家，形成从职能资本运动中游离出来的借贷资本。"货币资本家在把借贷资本的支配权出让给产业资本家的时间内，就把货币作为资本的这种使用价值——生产平均利润的能力——让渡给产业资本家。"① 利息是职能资本家使用借贷资本后，将获得的一部分平均利润作为使用代价付给借贷资本家，是剩余价值的转化形式。利息率是一定时期利息量与借贷资本量的比率。平均利润率和借贷资本供求状况是影响利息率的两个主要因素。资本有机构成普遍提高使平均利润率出现下降趋势，利息率也会受到影响。

随着专门经营货币资本的企业即银行的发展，由自有资本和借入资本形成银行资本，银行经营存贷款银行业务、中介业务、投资等。贷款利息与存款利息差额、银行中介收入及投资收入等，减去银行这些业务支出部分，就是银行所获得的利润。这些利润主要是职能资本家通过贷存利息差额、支付服务费等让渡给银行资本家的，所以也是来源于产业工人创造的一部分剩余价值。银行利润率在量上必须等于平均利润率，这是银行资本和职能资本之间竞争的结果。

股份公司是通过发行股票募集资金合资经营的企业，是资本集中的一种重要组织形式。股票持有人是公司的股东（所有权人），股票是证明持有人投资入股并能据此定期从公司获得股息的凭证。股票代表股东对股份公司的所有权，具有不可偿还性、流通性、风险性等特点。股息是股票持有

---

① 《马克思恩格斯选集》（第二卷），人民出版社，2012，第548页。

者凭股票定期从股份公司盈利中分得的一部分利润，它来源于股份公司雇佣工人创造的剩余价值。股东不能以从公司撤回资本的方式退股，但可以通过在证券市场上卖股票收回资本。股票本身没有价值，由于能定期获取股息而可以转让给他人，也就有了在市场上买卖的价格。股票价格的理论值是预期股息除以利息率，但股票的市值会随着股票市场的多因素变化而波动。

虚拟资本包括股票等有价证券及金融衍生品等，其虽无实体资产形式但同实体资产一样可以获得预期收益，包括股票等有价证券及金融衍生品等。有实体资产的实体经济创造的价值，是无实体资产的虚拟经济盈利的根本来源，虚拟经济脱离实体经济单向度扩张，表明虚拟经济投机性产生的经济泡沫（没有物质财富基础支撑的货币购买力）在增大，泡沫骤破就会发生金融危机。虚拟经济与实体经济平衡是马克思主义政治经济学提出的一个基本原理。

地租是土地所有权在经济上的实现，马克思主义政治经济学的地租理论以分析地租最典型的资本主义农业地租为主。农业资本家为取得土地使用权，将农业雇佣工人创造的剩余价值中大于平均利润的部分，作为地租交给资本主义大土地所有者。所以，资本主义农业地租是剩余价值中的超额利润转化的，体现大土地所有者和农业资本家共同剥削农业工人的关系。地租理论解析了资本主义级差地租、绝对地租、土地价格等问题。

剩余价值分割理论不仅是对资本主义生产总过程特殊性的分析，也揭示了社会化大生产基础上一切发达商品经济的内在规律，对科学认识社会主义市场经济中生产与分配的关系、竞争与垄断的关系、实体经济与虚拟经济相互平衡关系、土地所有权与经营权本身不产生价值等问题，具有深刻和宝贵的指导价值。

（六）经济危机理论的基本思想

经济危机理论揭示了资本主义生产方式难以遵守社会化大生产的规律产生的必然结果、实质、周期性特点。

资本主义经济危机的实质是生产相对过剩的危机，也是资本主义制度所特有的经济现象。这种生产过剩，不是绝对过剩，而是相对过剩。并非生产能力超过消费的绝对需求，而是相对于广大民众有购买能力的需求而言生产显得"太多""过剩"。其根源在于资本主义的基本矛盾，即生产社会化和资本主义私人占有之间的矛盾。通过个别企业生产的有组织性和整个社会无政府状态的矛盾、生产无限扩大的趋势同广大劳动群众有支付能力的需求相对缩小之间的矛盾，资本主义基本矛盾在这两个相互联系的具体矛盾运动中，导致资本主义经济危机的周期性爆发。

固定资本更新是资本主义经济危机周期性爆发的物质基础，危机的周期性爆发，使资本主义的再生产过程也具有了周期性的特点。资本主义再生产的周期，是从一次危机开始到下一次危机爆发所经历的时间，一般包括危机、萧条、复苏和高涨四个阶段。危机是周期的决定性阶段，它是上一周期的终点，又是下一周期的起点。

第二次世界大战后，社会再生产的周期呈现新的特点。危机爆发频繁、周期缩短，19 世纪时危机周期为 10 ~ 12 年，20 世纪后为 8 ~ 12 年，第二次世界大战后则是 3 ~ 5 年。但危机的冲击力有所减弱，生产下降幅度较小，再生产周期变形，阶段区分越来越不明显，似乎危机阶段没离开过，复苏也相对乏力。经济停滞与通货膨胀并存于当代资本主义。21 世纪的美国虚拟经济膨胀，泡沫经济的风险在国际金融体系的毛细血管效应下快速波及全球。这些新特点是多方面原因引起的。整体而言，发达国家为了阻止经济衰退，一方面，继续通过高新技术为经济增长供给新动力，这必然会使总供给进一步扩大；另一方面，政府采用扩张性财政与货币政策和增发货币刺激需求，这必然造成物价向下刚性。发达国家不断利用自己的经济、政治、文化等实力，并且逐步结成利益联盟，向其他国家转嫁危机，在全球范围内"薅羊毛"给国内"输血"，弥补国内需求不足、缓解各种矛盾。20 世纪末以来，经济危机从金融危机开始并迅速蔓延至全球的情况日益严重，这与金融化突破虚拟经济与物质资料生产的统一、全球化使国际联系更紧密分不开。

（七）垄断资本主义经济理论的基本思想

马克思创立的马克思主义政治经济学基本原理，不断得到丰富和发展。列宁继马克思、恩格斯之后，对资本主义社会由自由竞争资本主义发展到垄断资本主义进行了深刻分析，称为帝国主义论，主要思想内容集中在列宁的《帝国主义是资本主义的最高阶段》中。列宁揭示了垄断资本主义的五大经济特征：生产和资本的高度集中形成了在经济生活中起决定作用的垄断组织；金融资本形成和金融寡头的统治；资本输出具有特别重要的意义；已经形成瓜分世界的资本家国际垄断同盟；最大资本主义列强已把世界上的领土分割完毕。列宁的帝国主义论为学者们分析垄断资本主义的经济关系提供了理论基础。

19世纪末20世纪初主要资本主义国家进入一般垄断资本主义阶段，现代资本主义在20世纪后半期走向国家垄断资本主义阶段。从自由资本主义到一般垄断资本主义再到国家垄断资本主义，这是在生产社会化和资本社会化基础上，通过资本主义基本矛盾的推动，使资本主义生产关系在其自身范围内发生局部调整和"部分质变"的结果。

在生产社会化和自由竞争的环境下，价值规律、竞争规律在资本主义商品生产者那里，表现为他们之间为争夺有利的生产条件和销售条件进行无限竞争。自由竞争必然引起生产集中，即资本主义社会中生产资料、劳动力和商品的生产日益集中于少数大企业中，它们在社会生产中所占的份额日益增大。在生产集中和资本集中高度发展的基础上，生产集中发展到一定阶段就必然走向垄断，形成一个大企业或少数几个大企业对相应部门产品生产和销售的独占或联合控制。凭借垄断地位，垄断组织和资本家获得远超平均利润的高额利润。垄断利润是垄断统治在经济上的实现，主要通过垄断价格来实现全社会剩余价值的再分配。垄断并不消灭竞争，为了争夺垄断利润，垄断组织内部、垄断组织之间、垄断组织和非垄断组织之间的竞争手段更加多样化，程度更加激烈，范围更加广泛。

垄断的银行资本和垄断的工业资本融合生长，形成金融资本。掌握大量金融资本、操纵国民经济命脉，并实际控制国家政权的少数大垄断资本家或垄断资本家集团，被称为"金融寡头"。金融寡头通过"参与制"即持有股票控制额的方法，通过一个企业支配控制许多其他企业。

与自由资本运行相比，垄断资本运行的主体是居垄断地位的大企业，特别是金融寡头控制的大企业。在社会经济中起支配作用的是垄断资本家集团，"金字塔"顶是金融寡头。这时，价值规律发生作用的形式再次发生改变，价值规律的作用形式从市场价格围绕价值波动，到市场价格围绕生产价格波动，现在转到市场价格以垄断价格为轴心。"垄断壁垒"（垄断组织阻碍本部门成立新企业行为）使竞争受阻、垄断资本家凭实力规定垄断价格可获取高额利润，在一定程度上使技术进步动因减弱，同时还人为阻碍技术进步，资源配置效率大大降低，生产出现停滞趋势。虽然市场经济总格局中市场机制自发起作用，但垄断大公司在自己的势力范围内有意识地进行维护自身利益的调节，对生产和流通产生一定影响，国家也开始对经济活动进行整体上有利于资本主义长治久安的间接或直接干预。

垄断资本需要借助国家力量解决自己不能解决的问题。如，生产相对过剩使市场问题日趋严重需以国家力量扩大国外市场，科学技术研究等需要巨额投资（尤其风险性投资）而私人无力或不愿承担，社会化大生产需要国家干预使国民经济协调发展，等等。这些都是资本主义生产社会化和生产资料私有制基本矛盾加剧的结果，导致一般垄断资本主义升级为国家垄断资本主义，即资本主义国家同垄断资本相结合的一种更高层次垄断资本主义。国家垄断资本主义在 1912 年到 1914 年第一次世界大战期间产生和开始形成，第一次世界大战到第二次世界大战结束初期经历了不稳定发展期，20 世纪 50 年代即第二次世界大战后是一般垄断资本主义到国家垄断资本主义转变的广泛、高度发展时期。

国家垄断资本主义形式，主要有政府投资国有企业或国私共有企业即政府与垄断资本在组织内部直接结合，国家宏观调控经济即政府与垄断资本在组织外部间接结合。资本主义国有企业是政府宏观调控的基础、拉动私人投资的铺垫、促进科技进步与利润增长的条件，其为垄断资本家利益服务。生产社会化、市场失灵、维护垄断资本家阶级整体和长远利益等，要求国家干预社会经济生活。国家干预经济是资产阶级政府运用经济政策、一定的计划、行政、法律等手段，对社会经济生活进行宏观干预和调节的国家垄断资本主义形式，如财政政策、货币政策、福利政策等。财政政策包括财政收入政策和财政支出政策，政府用调节财政收支的方法来影响总需求、经济结构和社会分配，以促使国民经济发展相对正常。国家管理和组织货币流通的货币政策，主要有调整银行法定准备金率和再贴现率、公开市场业务、控制货币发行量等。社会福利政策指国家利用社会福利调节个人收入分配和再分配准则，包括社会保障政策、社会补贴政策和社会救济政策。

20 世纪 50~70 年代及之后以美国为典型的资本主义"黄金时代"的出现，说明国家垄断资本主义在资本主义社会发展中发挥了一定的积极作用。主要表现为：在私有制限度内缓和了资本主义基本矛盾，促进了生产力的发展；在一定程度上促进了科技进步和经济结构优化；维护了垄断资产阶级的整体利益和长远利益；一些措施在一定程度上缓和了劳资矛盾；由国家出面进行国际调节，也使垄断资本主义各国之间的矛盾得到过一些协调。然而，国家垄断资本主义从不打算改变资本主义经济（制度）基础，因而国家垄断资本主义没有消除资本主义的基本矛盾，没有改变垄断资本主义的历史地位，其实质无非是国家作为总资本家直接或间接参与社会资本再生产过程，为私人垄断资本追逐高额利润服务。

国际分工是社会分工发展到一定阶段的产物，它的发展受不同国家的自然条件、社会经济条件和科学技术水平等多种因素影响。比较发达的国际分工是资本主义生产方式确立后，通过第一次产业革命开始的。19 世纪 70 年代到第二次世界大战前，国际分工体系开始形成。第二次世界大战后，随着科学技术和新产业革命的发展，国际分工达到一个新阶段，呈现如下特点：部门间的国际分工发展细化为部门内的国际分工，以自然资源为基础的国际分工发展为更多以科技成果为基础的分工，传统的世界工业国和农业国之间的垂直分工的格局相对削弱，旧殖民体系瓦解后帝国主义国家和殖民地附属国分工变成了发达资本主义国家和发展中国家的国际分工等。建立在国际分工的基础上的生产国际化，得到同步发展。国际性直接投资活动和跨国公司的发展极大地推进了生产的国际化，现代技术革命尤其是信息革命加速了生产国际化的进程。第二次世界大战后，生产的国际化得到进一步发展，原材料来源越来越依赖国际市场。国际投资日益扩大，国际分工和国际生产专业化深入发展，劳动力的国际流动进一步扩大，科学技术的国际交流与合作日益加强，国际贸易和国际金融迅速发展。20 世纪 80 年代，人们用经济全球化一词表达在全球优化配置资源。

跨国公司作为重要的国际垄断组织形式，在第二次世界大战后发展得非常快，它一般以发达国家某一垄断大企业为中心，在国外设立子公司且子公司业务活动在整个公司活动中占有极为重要的地位。跨国公司内部采用高度集中管理方式，实行全球战略，实质是通过国际剥削，使利润大大高于非跨国公司。一方面，跨国公司推动了生产和资本的国际化广泛发展，加速了最新信息、知识、先进科技、管理经验的国际交流和传播，通过其经营策略或投资方向的改变对世界经济的发展趋势产生影响。另一方面，其涉足政治和外交领域，影响东道国的内外政策，进而导致国际政治关系的复杂化，使资本主义世界各种矛盾进一步尖锐化。具体表现为资本主义基本矛盾、发达国家与发展中国家之间的矛盾、发达国家之间的矛盾更加激化。

在资本主义世界体系中，发达国家经济始终居于主导地位，他们之间的经济关系也是整个国际经济关系中最重要的部分。资本主义经济关系既是以往资本主义经济历史发展的延续，又是特定条件下资本主义经济发展的结果，其中始终起作用的是列宁揭示的资本主义经济发展不平衡规律。为了争夺势力范围、维护其垄断统治、获取高额的垄断利润，各发达资本主义国家展开了争夺国际市场的激烈斗争，以科技为中心的综合国力竞争成为国际竞争的焦点，集团内外的竞争日益激烈。发达资本主义国家之间，在经济上又有合作或协调，目的是维护发达国家在整个世界经济体系中的主导地位和共同利益。其主要形式有国际组织协调和签订国际协定、首脑会议协商、经济组织协调。

发展中国家主要分布在南半球，发达国家主要集中在北半球，所以将发展中国家与发达国家之间的关系简称为南北关系。20世纪60年代之前的南北关系，主要表现为殖民地与宗主国之间的关系，以国际垂直分工为基础的南方国家对北方国家有"单向依附性"。在现代资本主义世界体系中，在殖民体系瓦解和南方国家成为拥有主权的国家、国际水平分工发展形成各国间相互依赖的国际经济格局后，建立国际经济政治新秩序成为必然要求。虽然旧的垂直分工体系尚未彻底消除，发达国家在世界经济中的仍居主导地位，但发达国家再也不能像以往从殖民地任意掠夺南方国家的经济资源那样，控制南方国家了。发展中国家正在持续致力于建立世界经济政治新秩序。

垄断资本主义经济关系理论揭示了20世纪以来资本主义生产方式发生变化的过程、形式、本质。对于我国认识当代资本主义市场经济的变化特点，去垄断资本主义之糟粕、取先发国家之长、扬我国之后发优势，充分利用国际分工和世界市场配置资源，发展壮大社会主义实力，完善社会主义制度，在世界的开放性环境中维护国家的政治、经济、文化、教育等方面的安全，规避、防范、钳制、化解风险等，政治经济学分析垄断资本主义经济关系的理论具有重要的价值。

以上概述的马克思主义政治经济学基本原理的重要理论，每一个都在思想和方法上对社会主义市场经济理论提供了切实的指导启示，对认识我国现阶段非公有制经济参与社会主义市场经济实践应遵循的经济规律，更是有系统性价值。

思考题：

1. 社会主义市场经济对其理论基础有哪些基本要求？

2. 马克思主义政治经济学有哪些基本思想，对社会主义市场经济理论具有怎样的理论和实践指导价值？

3. 如何认识西方经济学对社会主义市场经济理论的支撑作用？

第五章

社会主义市场经济的运行

1992 年党的十四大将社会主义市场经济体制确立为我国经济体制改革的目标模式后，中国共产党自觉地把市场经济和社会主义基本制度结合起来，明确社会主义市场经济体制的基本框架，不断探索和运用社会主义市场经济运行规律及其机制，在经济运行实践中推进市场经济为中国特色社会主义建设服务。

第一节　社会主义市场经济体制的基本框架

建设什么样的社会主义市场经济体制、怎样建立社会主义市场经济体制、如何完善社会主义市场经济体制，中国共产党对这些基本问题的认识和回答，随着经济体制改革的深入而不断深化。

一　社会主义市场经济体制基本框架的设计

1993 年 11 月，党的十四届三中全会通过《中共中央关于建立社会主义市场经济体制若干问题的决定》，在党的十四大报告基础上再次强调，社会主义市场经济体制是同社会主义基本制度结合在一起的，建立社会主义市场经济体制，就是要使市场在国家宏观调控下对资源配置起基础性作用。为实现这个目标，基于现代市场经济的基本特点和我国社会主义经济制度的基本要求，首次描绘了社会主义市场经济体制基本框架，包含以下主要内容。

第一，坚持以公有制为主体、多种经济成分共同发展的方针，进一步转换国有企业经营机制，建立适应市场经济要求、产权清晰、权责明确、政企分开、管理科学的现代企业制度。

所有制结构和企业制度是市场经济有效运行的规制基础，也是建立社会主义市场经济体制的关键环节。社会主义条件下发展市场经济决定了我国必须坚持以公有制为主体，多种所有制经济共同发展的所有制结构。公有制是社会化大生产对建立社会主义经济制度的核心要求，公有制经济是社会主义国家进行政府宏观调控的主要物资基础，没有公有制经济就不可能实现共同富裕、巩固中国共产党的执政地位。毫不动摇地巩固和发展公有制经济，是发挥社会主义制度优越性的关键。非公经济是我国社会主义市场经济的重要组成部分，在我国现阶段社会生产力发展不平衡、经济主体多元化的市场经济体系中，非公经济是不可或缺的生力军。他们在实现经济增长、推动技术创新、扩大城乡就业、活跃和改善民生等方面发挥了重要作用。毫不动摇地鼓励、支持、引导非公有制经济发展，是中国特色社会主义市场经济的基本方略。

现代企业制度是适应社会化大生产和现代市场经济发展要求，以企业法人制度为基础，以有限责任制度为保证，以股份制为主要形式，以产权清晰、权责明确、政企分开、管理科学为特征的新型企业制度。建立现代企业制度是发展社会主义市场经济的必然要求，是国企改革的根本方向。国有企业建立现代企业制度，就是要按照现代市场经济的要求，依法保证企业的法人财产权和自主经营权，使企业真正成为依法自主经营、自负盈亏、自担风险、自我约束、自我发展的合格市场主体。

第二，建立统一开放、竞争有序的市场体系，实现城乡市场紧密结合，国内市场与国际市场相互衔接，促进资源的优化配置。

市场体系是市场经济的基础设施，是市场主体实现经济利益的交互网，集中体现市场主体之间的经济关系。建设统一开放、竞争有序的市场体系，是使健康的市场在资源配置中起决定性作用的基础，是建立社会主义市场经济体制的必要条件。社会主义市场经济体制下的市场体系是包括商品市场以及土地市场、劳动力市场、资本市场、技术市场、数据市场等要素市场和各类产权市场在内的有机统一体。建设统一开放、竞争有序的市场体系，必须破除地方保护、区域封锁、行业壁垒等，形成城乡市场联动、国内外市场相互衔接的全国统一的、开放的市场体系。公平竞争是市场经济的本质要求，也是市场机制发挥积极作用的必要条件。必须创造各类市场主体依法平等使用生产要素、公开公平公正参与市场竞争、同等受到法律保护的发展环境，用法律法规和必要的制度安排保障各类市场主体公平竞争。

第三，转变政府管理经济的职能，建立以间接手段为主的完善的宏观调控体系，保证国民经济的健康运行。

完善的宏观调控体系是社会主义市场经济体制的有机组成部分。"国家宏观调控和市场机制的作用，都是社会主义市场经济体制的本质要求，二者是统一的，是相辅相成、相互促进的。"① 建立在较高水平上的社会分工和社会化生产基础上的现代市场经济，是有宏观调控的市场经济。但政府对经济活动的干预必须以市场机制的决定性作用为基础，综合运用经济手段、法律手段、计划手段和必要的行政手段调节经济，矫正市场失灵、失序等问题，而不是直接干预企业的生产经营活动。因此，在社会主义市场经济条件下，政府必须建立以间接手段为主的宏观调控体系，如财税体制、金融体制、投资体制和外汇体制，促进国民经济的持续、稳定、协调、健康发展，满足人民不断增长的美好生活需要，更好地发挥政府作用。

第四，建立以按劳分配为主体，效率优先、兼顾公平的收入分配制度，鼓励一部分地区一部分人先富起来，走共同富裕的道路。

分配关系是社会生产关系的重要方面和实现环节，生产资料所有制决定与之相适应的分配制度。在社会主义市场经济条件下，公有制为主体、多种所有制经济共同发展的所有制结构，决定了以按劳分配为主体、多种分配方式并存的收入分配制度。这一收入分配制度把按劳分配同允许和鼓励资本、土地、知识、技术、管理、数据等生产要素按贡献参与分配结合起来，既推动解放和发展生产力、提高经济效率，又可最大限度地避免资本主义市场经济按生产要素分配导致的贫富分化，为共同富裕提供可能性，有利于处理效率和公平的关系。

第五，建立多层次的社会保障制度，为城乡居民提供同我国国情相适应的社会保障，促进经济发展和社会稳定。

---

① 《江泽民论有中国特色社会主义（专题摘编）》，中央文献出版社，2002，第73页。

社会保障制度是市场经济发展的必然要求，也是市场经济健康运行和社会稳定的重要保证，关系国家长治久安。在劳动者自主就业，企业优胜劣汰的市场经济中，竞争与风险无处不在。无论是劳动者下岗失业还是企业经营者破产失败，都会造成收入差距拉大和社会公平扭曲，加剧社会震荡风险，这就需要社会保障发挥安全网和减震器的作用。通过建立包括社会保险、社会救济、社会福利、优抚安置和社会互助等在内的多层次社会保障制度，满足居民养老、医疗、失业救济等方面的需要，为全体居民提供同我国国情国力相适应的社会保障，促进经济发展和社会和谐，是社会主义市场经济体制的重要内容。

这些主要环节是相互联系和相互制约的有机整体，构成社会主义市场经济体制的基本框架。"必须围绕这些主要环节，建立相应的法律体系，采取切实措施，积极而有步骤地全面推进改革，促进社会生产力的发展。"① 我国社会主义市场经济体制的基本框架既反映了现代市场经济体制的一般要求，又体现了我国社会主义经济制度的本质属性和我国社会主义初级阶段的基本国情，同时凸显了我国经济体制改革的重大问题，表明了社会主义市场经济体制的建立和完善是一项长期的、复杂的社会系统工程。

二 社会主义市场经济体制基本框架的建立与完善

党的十四届三中全会以后，围绕构建社会主义市场经济体制框架，我国在建立现代企业制度、培育和发展市场体系、加强政府对经济的宏观间接调控等方面，进行了大刀阔斧的改革。公有制为主体、多种经济成分并存的市场主体快速成长，市场在资源配置中的作用显著增强；随着价格体系、财税、金融等重点领域改革加速推进，新的宏观间接调控机制基本形成。中国特色社会主义市场经济体制基本框架的初步建立，使中国经济不仅经受住了1998年亚洲金融危机的考验，而且获得了快速、健康、持续发展的动力。

为适应经济全球化和加入世界贸易组织的新形势，落实全面建设小康社会的新要求，2003年10月，党的十六届三中全会通过《中共中央关于完善社会主义市场经济体制若干问题的决定》，全面规划和部署新世纪新阶段

---

① 中共中央文献研究室编《十四大以来重要文献选编》（上），人民出版社，1996，第521页。

我国经济体制改革。提出："按照统筹城乡发展、统筹区域发展、统筹经济社会发展、统筹人与自然和谐发展、统筹国内发展和对外开放的要求，更大程度地发挥市场在资源配置中的基础性作用，增强企业活力和竞争力，健全国家宏观调控，完善政府社会管理和公共服务职能，为全面建设小康社会提供强有力的体制保障。主要任务是：完善公有制为主体、多种所有制经济共同发展的基本经济制度；建立有利于逐步改变城乡二元经济结构的体制；形成促进区域经济协调发展的机制；建设统一开放竞争有序的现代市场体系；完善宏观调控体系、行政管理体制和经济法律制度；健全就业、收入分配和社会保障制度；建立促进经济社会可持续发展的机制。"[①]围绕完善社会主义市场经济体制，我国在建立现代产权制度、现代金融体系、涉外经济体制等领域，推出了一系列力度空前的改革举措。随着社会主义市场经济体制进一步完善，中国逐步融入全球经济体系，分享全球化红利，经受住了 2008 年国际金融危机的考验和挑战。2010 年，中国经济总量超过日本成为世界第二大经济体。

改革在路上。习近平指出，"经过二十多年实践，我国社会主义市场经济体制已经初步建立，但仍存在不少问题，主要是市场秩序不规范，以不正当手段谋取经济利益的现象广泛存在；生产要素市场发展滞后，要素闲置和大量有效需求得不到满足并存；市场规则不统一，部门保护主义和地方保护主义大量存在；市场竞争不充分，阻碍优胜劣汰和结构调整，等等。这些问题不解决好，完善的社会主义市场经济体制是难以形成的"[②]。

2013 年，党的十八届三中全会通过《中共中央关于全面深化改革若干重大问题的决定》，针对我国社会主义市场经济体制运行中面临的问题，强调"经济体制改革是全面深化改革的重点，核心问题是处理好政府和市场的关系，使市场在资源配置中起决定性作用和更好发挥政府作用"[③]。从坚持和完善基本经济制度、加快完善现代市场体系、加快转变政府职能、深

---

① 中共中央文献研究室编《十六大以来重要文献选编》（上），中央文献出版社，2005，第465 页。

② 中共中央文献研究室编《习近平关于社会主义经济建设论述摘编》，中央文献出版社，2017，第 51~52 页。

③ 中共中央文献研究室编《十八大以来重要文献选编》（上），中央文献出版社，2014，第778 页。

化财税体制改革、健全城乡发展一体化体制机制、构建开放型经济新体制等六个方面,部署新时代进一步完善社会主义市场经济体制的路线图和时间表。

党的十九大根据中国特色社会主义进入新时代和建设现代化经济体系的新要求,强调"必须以完善产权制度和要素市场化配置为重点,实现产权有效激励、要素自由流动、价格反应灵活、竞争公平有序、企业优胜劣汰"①,从而"着力构建市场机制有效、微观主体有活力、宏观调控有度的经济体制"②。

经过 40 多年改革开放,我国商品市场得到了较为充分的发展,但土地、劳动力、资本、技术、数据等要素市场发育相对迟缓,要素流动存在体制机制性障碍,市场的资源配置决定性作用受阻,成为高标准市场体系建设的突出短板。2020 年 4 月,中共中央、国务院印发《关于构建更加完善的要素市场化配置体制机制的意见》,分类提出土地、劳动力、资本、技术、数据五个要素领域改革的方向,明确了完善要素市场化配置的具体举措:土地要素方面,着力增强土地管理灵活性;劳动力要素方面,着力引导劳动力要素合理畅通有序流动;资本要素方面,着力完善多层次的资本市场制度;技术要素方面,着力激发技术供给活力,促进科技成果转化;数据要素方面,着力加快培育数据要素市场,全面提升数据要素价值。

为构建更加系统完备、更加成熟定型的高水平社会主义市场经济体制,2020 年 5 月,《中共中央 国务院关于新时代加快完善社会主义市场经济体制的意见》出台。该意见明确了构建更加系统完备、更加成熟定型的高水平社会主义市场经济体制的总体要求。一是指导思想。强调"坚持稳中求进工作总基调,坚持新发展理念,坚持以供给侧结构性改革为主线,坚持以人民为中心的发展思想,坚持和完善社会主义基本经济制度,以完善产权制度和要素市场化配置为重点,全面深化经济体制改革,加快完善社会主义市场经济体制,建设高标准市场体系,实现产权有效激励、要素自由流动、价格反应灵活、竞争公平有序、企业优胜劣汰,加强和改善制度供给,推进国家治理体系和治理能力现代化,推动生产关系同生产力、上层

①《习近平谈治国理政》(第三卷),外文出版社,2020,第 26 页。
②《习近平谈治国理政》(第三卷),外文出版社,2020,第 172 页。

建筑同经济基础相适应，促进更高质量、更有效率、更加公平、更可持续的发展"①。二是基本原则。要求坚持以习近平新时代中国特色社会主义经济思想为指导，坚持解放和发展生产力，坚持和完善社会主义基本经济制度，坚持正确处理政府和市场关系，坚持以供给侧结构性改革为主线，坚持扩大高水平开放和深化市场化改革互促共进。

社会主义市场经济体制的建立与不断完善，历经制定目标、确立框架、不断演进升级的过程。在世界百年未有之大变局中，中国把市场经济同社会主义基本制度相结合，使市场在资源配置中起决定性作用和更好发挥政府作用，必将取得资本主义市场经济难以企及的经济社会成就。

第二节　社会主义市场经济应遵循的经济规律

自觉探索、把握经济规律，运用经济规律为社会主义经济建设服务，是社会主义社会的一个显著优势。习近平指出："发展必须是遵循经济规律的科学发展，必须是遵循自然规律的可持续发展。各级党委和政府要学好用好政治经济学，自觉认识和更好遵循经济发展规律，不断提高推进改革开放、领导经济社会发展、提高经济社会发展质量和效益的能力和水平。"②对于社会主义市场经济这个新事物，我们有一个从"必然王国"到"自由王国"的认识过程。只有不断探索、把握、遵循社会主义发展和市场经济运行规律，才能不断提高社会主义驾驭市场经济的水平，实现经济治理科学化，推动经济持续、稳定、健康发展。

一　社会生产手段与生产目的相统一的规律

经济规律是经济现象和经济过程中内在的、本质的、必然的联系。在社会生产和再生产过程中，经济规律通过经济现象表现出来，表现为经济现象的必然发展趋势。经济规律是客观的，建立在一定的经济条件基础之

---

① 《中共中央　国务院关于新时代加快完善社会主义市场经济体制的意见》，人民出版社，2020，第2~3页。
② 中共中央文献研究室编《习近平关于社会主义经济建设论述摘编》，中央文献出版社，2017，第320页。

上的，只要具备一定的经济条件，相应的经济规律就会发挥作用，不以人的意志为转移。

经济规律分为三种类型：一是存在并作用于一切社会经济形态中的经济规律，如生产关系一定要适合生产力的性质的规律；二是存在并作用于几个社会经济形态中的共有经济规律，如商品经济或市场经济的基本规律价值规律；三是存在并作用于某一特定社会经济形态的特有经济规律，例如资本主义社会中的剩余价值规律、社会主义社会中的按劳分配规律。

在任何一个社会经济形态中，都存在一个纷繁复杂的经济规律体系，其中有一个居主导地位，起主导作用，对其他一般经济规律起支配和决定作用的经济规律，这就是基本经济规律。与在社会经济某一方面或某一过程起作用的经济规律不同，基本经济规律决定社会经济发展的一切主要方面和主要过程，是决定一个社会经济形态本质和社会经济发展根本方向的规律。其主要内容包括社会生产的目的和达到这一目的的手段。社会生产目的回答为谁生产的问题，属于生产关系的范畴。实现社会生产目的的手段回答如何生产的问题，属于生产力范畴。因而，基本经济规律反映了特定的生产关系与社会生产力的内在联系，即特定社会的生产目的与达到这一目的之手段之间辩证的统一关系。一方面，社会生产的目的与手段是统一的。正如马克思所说，"在文化初期，已经取得的劳动生产力很低，但是需要也很低，需要是同满足需要的手段一同发展的，并且是依靠这些手段发展的"①。社会生产目的由生产资料所有制关系决定，生产目的决定生产手段的选择进而决定社会性质。另一方面，手段是目的赖以实现的条件，手段与目的之间又存在矛盾。这是因为生产关系范畴中的社会生产组织安排方式即经济体制不成熟，要求必须在改革中强化和完善经济体制本身，使社会基本制度更好地驾驭社会生产，从而更好地实现社会生产目的。在阶级社会中，社会生产目的是实现占有生产资料的统治阶级的利益，当手段和社会生产目的一致时，手段和目的相互促进，反之，手段会背离目的。

生产资料公有制这一社会主义经济制度的建立，为根本转变旧社会的社会生产目的基本属性提供了前提。关于社会主义的生产目的，马克思指出："通过社会化生产，不仅可能保证一切社会成员有富足的和一天比一天

---

① 《马克思恩格斯选集》（第二卷），人民出版社，2012，第239页。

充裕的物质生活，而且还可能保证他们的体力和智力获得充分的自由的发展和运用。"① 列宁也说过，"只有社会主义才可能广泛推行和真正支配根据科学原则进行的产品的社会生产和分配，以便使所有劳动者过最美好的、最幸福的生活"②，社会主义生产就是要"保证社会全体成员的充分福利和自由的全面发展"③。斯大林承前启后，在社会主义经济思想史上，首次提出了社会主义基本经济规律这一概念。他在《苏联社会主义经济问题》一书中，把社会主义基本经济规律表述为："用在高度技术基础上使社会主义生产不断增长和不断完善的办法，来保证最大限度地满足整个社会经常增长的物质和文化的需要。"④ 斯大林对社会主义基本经济规律的表述，是马克思主义政治经济学理论的重大发展。

社会主义生产目的是由生产资料社会主义公有制性质决定的。以国家所有制为方式的全民所有制和部分劳动群众集体所有制，使社会资源最大限度地为最广大人民群众所占有。因而，社会主义生产目的必须服从于最广大人民群众的物质利益，即为了满足最广大人民群众不断增长的物质和文化生活需要，通过技术进步、制度创新、组织变革不断克服社会主义主要矛盾，从而实现社会生产目的与社会生产手段的高度统一。

中国特色社会主义市场经济必须遵循中国特色社会主义基本经济规律，这是由新中国经过七十多年发展，建立了自己的物质技术基础，推动了社会化大生产长足进步，从而铸就了坚实的社会主义制度决定的。社会主义市场经济是社会主义基础上的市场经济，要通过运用市场经济优势更好地发挥社会主义优势。因此，社会主义市场经济内在地包含了必须遵循社会主义基本经济规律这一要求。同时，中国共产党的领导地位和公有制经济的主体地位，也使得在社会主义市场经济中实现社会主义基本经济规律具有可能性。基于党的十九大对我国现阶段社会主要矛盾做出的新判断，我国社会主义生产目的在现阶段表现为满足人民日益增长的美好生活需要。同时，要不断破解不平衡不充分的发展问题，就要以平衡、充分的发展实现社会生产目的。以平衡、充分的发展满足人民日益增长的美好生活需要，

① 《马克思恩格斯选集》（第三卷），人民出版社，2012，第670页。
② 《列宁选集》（第三卷），人民出版社，2012，第546页。
③ 《列宁全集》（第六卷），人民出版社，1986，第413页。
④ 《斯大林选集》（下），人民出版社，1979，第569页。

必须坚持创新、协调、绿色、开放、共享的新发展理念，深化供给侧结构性改革，建设现代化经济体系，推动质量变革、效率变革和动力转换，不断克服人民日益增长的美好生活需要和不平衡不充分的发展之间的矛盾，遵循社会主义基本经济规律的内在要求。

在社会主义市场经济条件下，社会主义基本经济规律通过价值规律等市场经济的运行规律来贯彻。

二 商品经济的主要规律

社会主义市场经济是社会化大生产基础上的商品经济，经济运行必须遵循和运用价值规律、竞争规律、供求规律等商品经济规律，努力通过社会主义市场经济达到社会生产目的。

（一）价值规律

价值规律是商品经济的基本规律。无论是在简单的商品经济中，还是在高度发达的商品经济即市场经济中，只要存在商品生产和商品交换，价值规律都必然发挥作用。

马克思在劳动价值论中揭示了价值规律，阐述了价值规律的基本内容和客观要求。商品的价值由生产商品的社会必要劳动时间决定，在流通中商品交换要以价值为基础实行等价交换。这就是说，价值规律必然作用于商品生产和商品流通，既是价值决定的规律也是价值实现规律。生产决定流通，所以，等价交换原则无非是在流通领域实现生产中决定的价值。

商品价值量由生产商品的社会必要劳动时间决定，是"一种必然的、商品形成过程内在的同社会劳动时间的关系"[①]。"在私人劳动产品的偶然的不断变动的交换比例中，生产这些产品的社会必要劳动时间作为起调节作用的自然规律强制地为自己开辟道路，就像房屋倒在人的头上时重力定律强制地为自己开辟道路一样。因此，价值量由劳动时间决定是一个隐藏在商品相对价值的表面运动后面的秘密。"[②] 马克思在《资本论》第一卷和第三卷中，阐释了社会必要劳动时间具有相互联系的双重含义，第一重是社会必要劳动时间决定单位商品价值量，第二重则是决定商品价值量实现的

---

① 《马克思恩格斯文集》（第五卷），人民出版社，2009，第122页。
② 《马克思恩格斯文集》（第五卷），人民出版社，2009，第92~93页。

数量界限。

价值规律的等价交换原则常常被误认为商品的价格必须与价值完全符合，实际上，受商品供求关系变动影响，商品价格与价值一致只是偶然的，绝大多数时候二者不一致。这不但不是对价值规律的否定，恰恰是价值规律发生作用的方式。首先，无论商品的市场价格如何变动，它总是以价值为基础，各种商品之间也总保持一定的比价关系。其次，自由竞争市场中价格变化必然引起供求关系变化，而供求变动又会反过来影响价格，从而使商品价格既不可能无限上升，也不可能无限下跌，只能围绕着价值这个中心上下波动，受价值的制约。再次，从较长时间周期来看，商品市场价格高于价值的部分和低于价值的部分相互抵消，商品的长期平均价格与其价值基本一致。正如马克思所说，"价格和价值量之间的量的不一致的可能性，或者价格偏离价值量的可能性，已经包含在价格形式本身中。但这并不是这种形式的缺点，相反地，却使这种形式成为这样一种生产方式的适当形式，在这种生产方式下，规则只能作为没有规则性的盲目起作用的平均数规律来为自己开辟道路"①。

在社会主义市场经济中，如果资源配置采用资本的运行方式且资本可以自由转移，价值规律也有向生产价格规律转化的趋势，其中的道理和转化过程与资本主义市场经济大体相同。但是，其中的利润与资本主义利润所呈现的经济关系有着不同性质与色彩。公有制经济的利润，体现共同劳动创造的一部分成果用于满足社会共同利益的关系。非公经济中的利润体现剥削关系，但受到社会主义制度"普照的光"②的影响和限制。

价值规律贯穿商品经济社会的始终，决定商品生产和流通，决定商品生产经营者的命运。价值规律的作用主要表现在三个方面。

第一，自发调节生产要素在社会生产各部门的分配比例，调节社会生产和流通。无论何种社会形态，为了保证社会生产和再生产的顺利进行，都必须把生产资料和劳动力按一定比例合理地分配到各个生产部门。在商品经济条件下，合理配置社会资源，按比例分配社会劳动的客观要求，是通过价值规律的自发作用来进行的。马克思指出："价值规律不过作为内在

---

① 《马克思恩格斯文集》（第五卷），人民出版社，2009，第 123 页。
② 《马克思恩格斯选集》（第二卷），人民出版社，2012，第 707 页。

规律，对单个当事人作为盲目的自然规律起作用，并且是在生产的偶然波动中，实现着生产的社会平衡。"① 商品市场价格的上下波动，使社会资源不断地进入供不应求的部门，退出供过于求的部门。社会资源在不同生产部门之间转移的过程就是实现社会资源优化配置的过程。价值规律在其中调节生产资料和劳动力在各个生产部门之间的分配比例，调节社会生产和流通。

价值规律自发配置社会资源并非总是有效的，它常常以不可避免的比例失调、经济危机为代价，带来社会资源的巨额浪费。

第二，自发推动商品生产者改进技术，提高效率。在商品经济条件下，劳动生产率较高，个别价值低于社会价值的生产者获利较多，在竞争中处于有利地位；而劳动生产率较低，个别价值高于社会价值的生产者只能获得较少收入甚至亏损，在竞争中处于不利地位。这就刺激所有商品生产者不断改进生产技术，改善经营管理，提高劳动生产率，从而推动社会生产力发展。

在私有制基础上的商品经济中，价值规律对技术进步的推动也会遇到阻力。那些率先掌握先进技术的生产者为了保持竞争优势，往往会限制技术推广，从而阻碍技术进步。

第三，自发调节收入分配。在商品经济中，不同商品生产经营者的生产条件、技术水平、经营管理等存在差异。因此，资金雄厚、生产条件好、技术水平先进、经营管理水平高，从而劳动生产率高的生产者，在竞争中处于有利地位，能够在竞争中获得较快发展，占有越来越多的生产要素和财富；反之，在竞争中处于不利地位，占有越来越少的生产要素甚至破产。价值规律的这种自发作用，一方面有利于社会资源的优化配置，另一方面也会导致贫富差距和两极分化。

在社会主义市场经济条件下，必须充分运用价值规律调节社会资源的分配，促进商品流通，繁荣社会主义经济，从而更好地满足人民对美好生活的需要。同时，必须更好地发挥政府作用，通过完善和创新宏观调控，形成一个充满生机和活力的现代市场经济运行机制，既保持经济社会的活力，推动社会生产力和社会总财富的不断增长，又确保社会主义市场经济

---

① 《马克思恩格斯文集》（第七卷），人民出版社，2009，第996页。

遵循社会主义基本经济规律，朝着共同富裕的社会主义方向发展。

（二）竞争规律

竞争规律是指商品经济中商品生产和经营者为实现自身经济利益最大化而展开竞争的客观必然性。恩格斯在《反杜林论》中揭示了竞争是商品经济的内在属性，竞争规律是商品经济中不以人的主观意志为转移的客观规律，他写道："商品生产同任何其他生产形式一样，有其特殊的、固有的、和它分不开的规律；这些规律不顾无政府状态、在无政府状态中、通过无政府状态而为自己开辟道路。这些规律在社会联系的唯一继续存在的形式即交换中表现出来，并且作为竞争的强制规律对各个生产者发生作用。"① 马克思说："社会分工则使独立的商品生产者互相对立，他们不承认任何别的权威，只承认竞争的权威。"②

在商品经济中，竞争规律是同价值规律相互联系的。恩格斯指出："只有通过竞争的波动从而通过商品价格的波动，商品生产的价值规律才能得到贯彻，社会必要劳动时间决定商品价值这一点才能成为现实。"③ 马克思也说过，"自由竞争使资本主义生产的内在规律作为外在的强制规律对每个资本家起作用"④。由此可见，价值规律是竞争规律的内在决定因素，竞争规律则是价值规律的外在实现形式，二者相互依存。

马克思在《资本论》中分析过资本主义竞争的两种表现形式，即部门内部的竞争和部门之间的竞争。他写道："竞争首先在一个部门内实现的，是使商品的不同的个别价值形成一个相同的市场价值和市场价格。但只有不同部门的资本的竞争，才能形成那种使不同部门之间的利润率平均化的生产价格。"⑤ 部门内部的竞争是指同一生产部门内部，生产同种商品的生产者之间的竞争。商品的价值是由社会必要劳动时间而非个别劳动时间决定的，为了通过交换获得社会承认，同一部门内同种商品的生产者通过改进技术，改善管理，提高劳动生产率，降低个别劳动时间。这样才能使商品生产者的个别劳动时间低于社会必要劳动时间，从而在竞争中处于有利

---

① 《马克思恩格斯文集》（第九卷），人民出版社，2009，第288页。
② 《马克思恩格斯文集》（第五卷），人民出版社，2009，第412页。
③ 《马克思恩格斯全集》（第二十一卷），人民出版社，1965，第215页。
④ 《马克思恩格斯文集》（第五卷），人民出版社，2009，第312页。
⑤ 《马克思恩格斯文集》（第七卷），人民出版社，2009，第201页。

地位，以便争取更大的市场份额并获取超额利润。部门内部竞争形成商品的社会价值。部门之间的竞争是不同生产部门的生产者之间的竞争。价值实现取决于社会对某种商品的需要总量所决定的社会必要劳动时间，在上一章概述的政治经济学的剩余价值分割理论中，我们认识到只有供需大体平衡的部门的生产者才能获取平均利润，供不应求的部门则可以因市场价格高于生产价格获得超过平均利润的超额利润，这必然引起不同生产部门的不同生产者之间争夺超额利润。如果资本的转移没有障碍，资本会从利润率低的部门转移到利润率高的部门使得不同部门间的利润率趋于平均化。平均利润及相应形成的生产价格是部门之间竞争的结果。这种部门之间的竞争有助于自发实现供给与需求的大体均衡。但竞争规律的作用过程是社会以一部分部门供过于求的生产要素和产品被浪费、资本即使可以自由转移也有一部分沉没成本无法收回、企业破产工人失业等为伴随物的。

竞争规律的作用是与价值规律、供求规律的作用交织在一起的。竞争规律的作用主要体现在以下三个方面。首先，实现商品的价值与市场价格。只有通过竞争，才能实现商品价值量由社会必要劳动时间决定的规律，才能实现商品的价值和使用价值。其次，实现优胜劣汰，提高资源的利用效率。市场竞争最主要的作用就是优胜劣汰。通过竞争，那些掌握了先进技术、管理能力和市场应变力强的生产者不断发展壮大；反之，则会被淘汰。市场竞争的这种优胜劣汰过程就是资源配置的优化过程，有利于市场主体提高资源利用效率，因而在客观上有力地推动了社会经济的发展。再次，驱动创新、技术进步，推动社会生产力发展。

在市场经济中鼓励和促进竞争，充分发挥竞争的积极作用的同时，也应该防范多败俱伤的恶意、过度、不正当竞争，因为这些竞争不但不能推进生产力发展反而还会破坏生产力，给社会经济带来严重伤害。

与资本主义市场经济一样，竞争规律在社会主义市场经济中对实现优胜劣汰、提高资源利用效率、推动技术进步和劳动生产率提高等方面，也有重要作用。但是，社会主义市场经济建立在公有制为主体的经济基础之上，与以私有制为基础的资本主义市场经济有着本质的区别。因而，社会主义市场经济中的竞争规律必然表现出不同于资本主义市场经济竞争规律的特点。

首先，社会主义市场经济中竞争规律的作用和国家宏观调控的作用相得益彰，注重竞争政策与产业政策的协调。竞争政策保护竞争，核心是维护公平有序的市场竞争秩序，激发市场主体的活力和创造力，强调市场的决定性作用。产业政策着眼于整体宏观目标，弥补市场失灵，强调更好发挥政府作用。竞争规律在社会主义市场经济条件下的作用，也会产生一些不利于经济社会发展的消极现象，这就要求国家宏观调控的介入，为社会经济平稳、有序发展保驾护航。目前，我国经济已由高速增长阶段转向高质量发展阶段，要通过社会主义市场经济实现高质量发展，必须"建设高标准市场体系，完善公平竞争制度，全面实施市场准入负面清单制度，改革生产许可制度，健全破产制度。强化竞争政策基础地位，落实公平竞争审查制度，加强和改进反垄断和反不正当竞争执法"[1]，让我国社会主义市场经济中市场和政府"两只手"相互促进、相互补充、相辅相成，这是社会主义市场经济自觉运用竞争规律的必然要求。

其次，社会主义市场经济中竞争规律的作用必须与由社会主义核心价值观所决定的社会主义竞争理念相一致。社会主义市场经济条件下的竞争是有边界的竞争，无论是竞争范围还是竞争手段，都有自己的特殊规定性，反对无限制的竞争、不择手段的竞争。社会主义强调个人利益与社会公共利益、国家利益的统一，局部利益与整体利益的统一，当前利益与长远利益的统一，反对损人利己、危害国家利益和社会公共利益的竞争行为。鼓励竞争的同时又强调合作的重要性，竞争不是你死我活，更不是共同毁灭，而是共同发展、和谐发展。对于竞争中处于劣势地位的企业，国家有相应的政策和制度安排。基于保护弱势地位的消费者，社会主义竞争强调保障消费者合法权益。

总之，在社会主义市场经济条件下，竞争规律与价值规律都是在社会主义基本经济规律主导下发挥作用的，这是社会主义市场经济中竞争规律发挥作用的本质特色。

（三）供求规律

供求规律是商品经济规律体系中的重要规律。研究和认识供求规律，对于进一步完善社会主义市场经济体制，推动供给侧结构性改革具有重要意义。

供给与需求是市场经济的基本范畴。在市场经济中，"供给等于某种商

---

① 《中国共产党第十九届中央委员会第四次全体会议文件汇编》，人民出版社，2019，第40页。

品的卖者或生产者的总和"①，"就是处在市场上的产品，或者能提供给市场的产品"②。商品的买方或消费者代表着商品的需求，马克思指出，需求就是"市场上出现的对商品的需要"③，指的是对商品有支付能力的需求。商品供给与需求两个方面共同构成市场统一体，二者彼此对立又互相联系地矛盾运动着。

由于供求双方经常发生变化，因而相互间总是既相适应又不相适应地，交替地出现平衡和不平衡。供求之间相互适应，即供求相对平衡；供求之间不相适应，即供求不平衡是绝对的。"一方面，耗费在一种社会物品上的社会劳动的总量，即总劳动力中社会用来生产这种物品的可除部分，也就是这种物品的生产在总生产中所占的数量，和另一方面，社会要求用这种特定物品来满足的需要的规模之间，没有任何必然的联系，而只有偶然的联系。"④ 供求不平衡包括商品供求总量不平衡、商品供求结构不平衡、商品供求在时间和空间上的不平衡。从商品供求总量看，供求矛盾主要有三种状态。一是供给小于需求形成所谓卖方市场。由于商品供不应求，商品供给者处于有利地位，即使价格不断上涨，也不愁商品卖不出去；商品购买者处于不利地位，生活消费和生产消费受限。二是供给大于需求形成所谓买方市场。由于商品供过于求，商品价格会不断下降，商品供给者处于不利地位，商品生产者之间的竞争加剧，科技创新压力增大；商品购买者处于有利地位，生活消费和生产消费能获得较多满足。三是商品的供给量与需求量大体平衡，虽然只是相对平衡，供给和需求之间仍然会有缺口，但在合理范围，可以忽略不计。

供求规律是商品供求之间以及供求与价格之间相互联系、相互制约的客观性及其变动趋势。供求规律体现为价格与供求轮动趋势，这既是供求矛盾运动的基本内容，又是供求规律发生作用的表现形式（如图5-1所示）。一方面，供求影响价格，某种商品供过于求时，价格就会下降，供给会逐步减少，需求则逐步上升，直至供求趋于平衡。另一方面，价格调节供求，某种商品价格的持续下降会促进需求，直至供不应求时，价格又会

① 《马克思恩格斯文集》（第七卷），人民出版社，2009，第215页。
② 《马克思恩格斯文集》（第七卷），人民出版社，2009，第207页。
③ 《马克思恩格斯文集》（第七卷），人民出版社，2009，第210页。
④ 《马克思恩格斯文集》（第七卷），人民出版社，2009，第208页。

上升，供给会逐步增加，需求则逐步下降，直至开始趋于新的平衡。"供求关系一方面只是说明市场价格同市场价值的偏离，另一方面是说明抵消这种偏离的趋势，也就是抵消供求关系的作用的趋势。"①

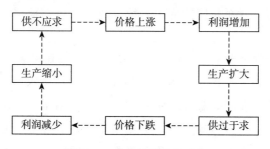

图 5 - 1 供求规律作用过程

资料来源：作者整理。

在市场经济条件下，供求规律的作用是通过竞争规律实现的。马克思曾清晰地描述了正是通过消费者之间、生产者之间以及生产者和消费者之间的竞争，商品供求规律才得以实现。"如果对这种商品来说，需求超过了供给，那么，在一定限度内，一个买者就会比另一个买者出更高的价钱，这样就使这种商品对全体买者来说都昂贵起来，提高到市场价值以上；另一方面，卖者却会共同努力，力图按照高昂的市场价格来出售。相反，如果供给超过了需求，那么，一个人开始廉价抛售，其他的人不得不跟着干，而买者却会共同努力，力图把市场价格压到尽量低于市场价值。"②

供给和需求是市场经济内在关系的两个基本方面，供给和需求问题的实质是生产与消费的问题，是社会再生产的实现问题。按比例分配社会劳动是社会再生产顺利实现的客观要求。正如马克思所言，"只有在生产受到社会实际的预定的控制的地方，社会才会在用来生产某种物品的社会劳动时间的数量和要由这种物品来满足的社会需要的规模之间，建立起联系"③。在市场经济条件下，按比例分配社会劳动是以商品供求关系变动的形式通过市场实现的。供求平衡，社会生产和消费就稳定；供求失衡，社会生产和消费就会出现波动。供求规律的自发作用容易带来经济失衡和周期波动，

---

① 《马克思恩格斯文集》（第七卷），人民出版社，2009，第212页
② 《马克思恩格斯文集》（第七卷），人民出版社，2009，第215～216页。
③ 《马克思恩格斯文集》（第七卷），人民出版社，2009，第208页。

从而造成社会资源的巨大浪费。

在社会主义市场经济条件下，供求关系的矛盾运动也会造成宏观经济不平衡和资源浪费问题。宏观调控的核心问题是优化经济结构。党的十八届三中全会提出，要创新和完善宏观调控方式，在区间调控基础上加大定向调控力度，这表明我国目前的宏观调控将从总量调控转向结构调控。[①]2011 年起，中国经济从高速增长转为中高速增长，经济结构不断优化升级，要素驱动与投资驱动转向创新驱动成为"新常态"。从供求矛盾运动角度看，其中既有供给侧的问题，也有需求侧的问题，还有供求之间的结构性错配问题，但矛盾的主要方面在供给侧[②]。新常态中我国宏观经济结构性失衡主要表现在三个方面：一是实体经济结构性供需失衡，产能过剩与短缺并存；二是金融和实体经济失衡，金融"脱实向虚"，大量资金在金融体系内自我循环；三是房地产和实体经济失衡，推高实体经济成本[③]，导致经济循环不畅，经济发展质量不高。

"解决这些结构性问题，必须从供给侧发力，找准在世界供给市场上的定位；必须把改善供给侧结构作为主攻方向，实现由低水平供需平衡向高水平供需平衡跃升。"[④] 通过去产能、去库存、去杠杆、降成本、补短板，加快市场过剩产能出清。"用改革的办法推进结构调整，减少无效和低端供给，扩大有效和中高端供给，增强供给结构对需求变化的适应性和灵活性，提高全要素生产率。"[⑤] 塑造实体经济特别是制造业竞争优势，以战略性新兴产业、高新技术制造业引领实体经济竞争力提升。深化金融改革开放，推动金融、科技和产业形成良性循环，守住不发生系统性金融风险的底线。加大基础设施等领域补短板力度。增强微观主体活力，打破阻碍各类要素自由流动的壁垒。做强做优做大国有企业和国有资本，依法保护民营企业家财产安全，激发各类市场主体活力，增强经济发展的内在动力。提升产

① 丁任重：《关于供给侧结构性改革的政治经济学分析》，《经济学家》2016 年第 3 期，第 14 页。
② 《习近平谈治国理政》（第二卷），外文出版社，2017，第 253 页。
③ 何立峰：《打赢供给侧结构性改革攻坚战》，《联合时报》2017 年 4 月 7 日，第 4 版。
④ 中共中央宣传部编《习近平总书记系列重要讲话读本》，学习出版社、人民出版社，2016，第 155 页。
⑤ 中共中央文献研究室编《习近平关于社会主义经济建设论述摘编》，中央文献出版社，2017，第 98 页。

业链水平，促进产业迈向全球价值链中高端水平，不断提高我国在全球产业链中的地位。畅通国民经济循环，加快建设统一开放、竞争有序的现代市场体系，发挥国内超大规模市场优势，为我国经济发展增添动力。

"从政治经济学的角度看，供给侧结构性改革的根本，是使我国供给能力更好满足广大人民日益增长、不断升级和个性化的物质文化和生态环境需要，从而实现社会主义生产目的。"① 因此，供给侧结构性改革中"放弃需求侧谈供给侧或放弃供给侧谈需求侧都是片面的，二者不是非此即彼、一去一存的替代关系，而是要相互配合、协调推进"②。2020 年在全国两会上，习近平提出："面向未来，我们要逐步形成以国内大循环为主体、国内国际双循环相互促进的新发展格局。"③ 这反映了实现社会主义生产目的，必须把满足国内需求作为发展的出发点和落脚点。2020 年《政府工作报告》提出要实施扩大内需战略，"我国内需潜力大，要深化供给侧结构性改革，突出民生导向，使提振消费与扩大投资有效结合、相互促进"④，"扭住扩大内需这个战略基点，使生产、分配、流通、消费更多依托国内市场，提升供给体系对国内需求的适配性，形成需求牵引供给、供给创造需求的更高水平动态平衡"⑤。2020 年 12 月，中央经济工作会议重申以深化供给侧结构性改革为主线，加快经济结构调整和经济发展动能转换，坚定不移地贯彻新发展理念，建设现代化经济体系，实现高质量发展。⑥

任何社会的各阶段都存在相应条件下运行的经济规律体系，这意味着不只是上述规律作用于社会主义市场经济，还有比如社会化大生产的按比例规律、社会主义按劳分配规律、竞争基础上的平均利润率规律、资本主义经济中的剩余价值规律等一系列经济规律，必然在相应经济条件下相互

---

① 中共中央文献研究室编《习近平关于社会主义经济建设论述摘编》，中央文献出版社，2017，第 98 页。
② 中共中央党史和文献研究院编《十八大以来重要文献选编》（下），中央文献出版社，2018，第 174 页。
③ 习近平：《在企业家座谈会上的讲话》，人民出版社，2020，第 9 页。
④ 全国人民代表大会常务委员会办公厅编《中华人民共和国第十三届全国人民代表大会第三次会议文件汇编》，人民出版社，2020，第 17 页。
⑤ 习近平：《在经济社会领域专家座谈会上的讲话》，《人民日报》2020 年 8 月 25 日，第 2 版。
⑥ 《中央经济工作会议在北京举行 习近平李克强作重要讲话 栗战书汪洋王沪宁赵乐际韩正出席会议》，《人民日报》2020 年 12 月 19 日，第 1 版。

关联相互制约地发生作用。社会主义基本经济规律与价值规律、供求规律、竞争规律、平均利润率规律等规律共同作用于社会主义市场经济。社会主义市场经济既要探索发现特有经济规律，也要运用普遍的一般经济规律和共有经济规律，更要遵循社会主义的基本经济规律。社会主义市场经济实践中，价值规律等市场经济运行规律与社会主义基本经济规律之间，既有一致性，也存在着差异与矛盾。价值规律等市场经济运行的一般规律，在促进资源优化配置、推动技术进步和劳动生产率的提高、促进社会分工等方面有较大优势，有利于实现社会主义的生产目的。但价值规律等市场经济运行规律作用的结果，也会加剧地区和行业以及社会成员之间收入差距，导致不平衡和不充分的经济社会发展，与社会主义基本经济规律的要求不一致。运用社会主义基本经济规律抵消价值规律等市场经济运行规律的消极影响，使市场经济运行规律符合社会主义基本经济规律的要求，这既是坚持市场经济的社会主义方向的必然要求，也有利于克服经济规律体系的内在矛盾，确保社会主义市场经济持续、健康、高效运行。

第三节　社会主义市场经济的运行机制与宏观调控

经济体制改革已经进入全面深化改革阶段，构建高水平社会主义市场经济体制，要充分发挥市场在资源配置中的决定性作用，更好发挥政府作用，推动有效市场和有为政府更好结合。[①]

一　市场机制

（一）市场机制及其特点

商品经济内在规律是通过市场机制发挥"看不见的手"的作用来调节市场经济关系的。机制，泛指由各部件联动而发挥特定功能的系统，包括系统的内部构造、运行原理、内在规律性、运行方式、功能等。市场体系中内在地包含诸多调节价格、供求、竞争等市场关系的机制，使各种市场

---

① 《中共中央关于制定国民经济和社会发展第十四个五年规划和二〇三五年远景目标的建议》，人民出版社，2020，第17页。

要素之间相互影响、相互适应、自行协调，从而配置资源。价格机制、供求机制和竞争机制是主要的市场机制。这些具体机制有机耦合在一起相互制约、互为因果，某一个机制呆滞，其他机制就会难以正常地发挥功能作用。其中，价格机制是核心，市场导向作用主要是通过价格机制实现的。完善的市场机制必须有完善的价格体系和价格机制、灵活的供求机制、充分的竞争机制等。

市场机制具有客观性、自发性、关联性、利益制约性、动态性等特点。客观性即市场机制的作用来自市场经济内部客观要素及其之间的运动，这是由市场机制在特定客观经济条件及其变化中运转决定的。例如市场经济中消费者在价格一定时必定选择物美价廉的商品，生产者在改进技术提高劳动生产率基础上可以降低成本。自发性即市场机制能够通过市场价格和供求关系自发配置资源，但要看到，自发性容易造成剧烈经济波动、经济危机和贫富分化等问题，因而必须把市场自发作用和政府宏观调控作用有效结合起来，推动市场经济健康运行。关联性即市场上各个要素互为因果，任何一个要素的变化都会引起其他要素的一系列连锁反应。例如，供求变化会引起价格涨落，而价格涨落又会引起利润的增减，利润增减则会引起投资变化，进而引起利率与工资变化；而投资、利率、工资等变化又会引起利润、价格、供求变化，供求关系的新变化又会引起下一轮一系列连锁反应。任何环节呆滞，都会导致市场机制难以正常发挥作用。利益制约性即市场机制通过市场主体追求自身经济利益实现资源配置。例如，价格涨落会影响到每个生产者和消费者的利益，使他们对价格变化做出反应，调整生产和消费，并最终实现生产与消费关系的协调。动态性即市场中的供求均衡是在供求关系不断变化运动中实现的。

市场机制发挥作用需要相应的经济条件。第一，要有独立的市场主体，生产经营者和消费者自主决策、自我负责，根据市场价格信号和供求变化趋势，不断调整自己的生产经营与消费行为，维护和实现自身利益。第二，市场机制调节的是最终消费品供求和生产要素供求，所以必须有完善的市场体系，建立包括消费品市场和各种生产要素市场的完整市场体系。第三，价格信号要及时、灵敏地反映市场供求状况，使商品生产者能够根据价格信号的变化及时调整自己的生产经营行为，若市场价格信号失真或严重滞后，则会造成资源错配。

（二）主要的市场机制

1. 价格机制

价格机制是市场竞争过程中，价格变化与供求等要素变化之间相互影响、相互制约的机制，包括价格形成机制和价格调节机制。价格形成机制反映影响价格及其变动的各要素及其相互联系。商品的市场价格是在市场供求关系的矛盾运动中形成的，影响商品市场价格形成的因素主要有商品价值、货币价值、商品供求关系、国家政策、国际价格等。价格调节机制或称价格运行机制，是指商品价格的涨落必然会引起供求变化，从而引导生产、经营和消费的经济运行机制。具体而言，价格上升，供给增加，需求减少；价格下降，供给减少，需求增加。狭义的价格机制就是价格运行机制。

价格机制作为市场机制的核心机制，在市场经济运行过程中有如下几个方面的功能。

其一，市场主体可以运用价格机制参与市场竞争。价格竞争是同行竞争的重要和基础性形式，商品生产者为提高市场占有率，必须在价格上以廉取胜。要降低商品的价格，就必须降低商品成本，这刺激商品生产者不断改进技术，提高劳动生产率，改善经营管理，提高经济效益，客观上也推动社会生产力发展。

其二，发出引导生产经营主体调整经济行为的信号。对于不同部门和行业的生产者来说，价格机制是调整生产方向和生产规模的信号。某种商品价格下降，企业利润减少甚至无利可图，生产者就会在价格信号的引导下把投资转移到利润率较高的部门或行业中去；反之亦然。

其三，对消费者发出改变需求方向或规模的导向信号。价格水平的上升和下降，会影响消费者的购买力，从而调节消费者的需求结构和规模。由于某些商品之间具有替代性，一种商品价格上涨，一些消费者就会放弃购买这种商品，转而去购买价格相对较低的替代品，满足自己相同的需要，这同时也起到了调节市场的需求方向和需求结构的作用。

其四，通过价格总水平变动给国家宏观调控提供信息参数和基本依据。对于那些依靠市场机制难以实现供需均衡的商品，如能源、交通等，国家可以依据市场价格信号，发挥政府这只"看得见的手"的作用，引导市场逐步实现供需的大体均衡，避免价格的较大波动。

另外，价格机制功能和作用是就币值稳定而言的，货币投放量的变化会导致价格信号失真。

2. 供求机制

市场机制作为一个复杂的有机体，其内部各要素相互关联、相互影响，不断运动变化。供求机制反映商品的供求与价格、竞争等因素之间相互制约、相互影响的机理与功能。"如果需求大于供给，价格就会上涨，因而供给似乎就会兴奋起来；只要市场上供给增加，价格又会下跌，而如果供给大于需求，价格就会急剧下跌，因而需求又被激起。"① 可见供求机制和价格机制密不可分，二者在同一过程中发挥作用。供求关系受价格和竞争等因素的影响，而供求关系的变动，又能引起价格的变动和竞争的开展。

供求机制的运行具有调节价格升降使市场价格趋向合理、引导生产者合理配置社会资源、促进需求总量和需求结构合理化与不断优化的功能和作用。供求机制要求价格信号准确才能发挥作用，一般在买方市场格局下有利于迫使个别价值高于社会价值的企业改进技术和管理，提高经济效益。另外，如果存在垄断，供求机制及其他市场机制则难以发挥作用。

价格信号引导供求实现均衡只能是一种趋势。不均衡是绝对的常态，均衡是相对的非常态。市场机制通过价格信号调节供求所达到的总体均衡，通过不间断的无限个短期不均衡来实现。

3. 竞争机制

竞争机制反映竞争同供求变化、价格涨落、要素流动等市场活动之间的有机联系。竞争既是社会资源得以有效配置的必要前提，也是价值规律得以发挥作用的外部强制力。马克思指出："竞争使资本主义生产方式的内在规律作为外在的强制规律支配着每一个资本家。"② 竞争机制是市场机制得以形成的基础。离开了竞争机制，价格机制、供求机制等市场机制就无法产生和发挥作用，市场经济的有效运行将难以实现。

按竞争主体划分，竞争分为买方竞争和卖方竞争。商品供不应求时买方竞争加剧，商品价格上升，供过于求则卖方以降低价格为主要手段展开竞争。按竞争主体所处领域划分，竞争可分为部门内部的竞争和部门之间的竞争。部门内部竞争的手段主要是改进生产技术，提高劳动生产率，从

---

① 《马克思恩格斯文集》（第一卷），人民出版社，2009，第74页。
② 《马克思恩格斯文集》（第五卷），人民出版社，2009，第683页。

而使本企业商品的个别价值低于社会价值，直接目的是为了获取超额利润，结果是形成商品的社会价值。部门之间竞争的手段主要是资本转移，目的是争得更有利的投资场所，结果是使各个部门不同的利润率形成平均的利润率。按竞争手段划分，竞争可分为价格竞争与非价格竞争。价格竞争是售卖者通过降低生产成本，用低于市场价格的价格销售商品以排挤对手，提高市场占有率；非价格竞争则通过提高产品质量和性能等，为消费者提供优质服务等增强产品信誉和知名度，提高商品的竞争力增加商品销售。一般而言，在经济发展的较低级阶段，价格竞争是主要手段；而在经济发展的较高级阶段，非价格竞争则更为重要。按市场竞争程度划分，竞争可分为完全竞争和不完全竞争。完全竞争是指由大量的买者和卖者组成的，不受任何外在力量控制或人为因素干扰的市场结构；不完全竞争是指至少有一个买者或卖者在一定程度上具有控制或影响某一行业产品价格能力的市场结构，包括完全垄断市场、寡头垄断市场和垄断竞争市场。

竞争机制在市场经济运行中起着极为重要的作用。健康的市场竞争推动商品价值的形成与实现，优胜劣汰迫使生产者不断适应市场需求从而推动整个社会技术进步和劳动生产率的提高，加快生产要素流动，实现资源向经济效益好的企业和部门流动。

二　社会主义市场经济的宏观调控

宏观调控既是现代市场经济的基本特征之一，更是我国社会主义市场经济的特点。市场在社会主义国家宏观调控下配置资源，宏观调控使市场在资源配置中起决定性作用和更好发挥政府作用。

我国宏观调控是指政府以满足人民需要和国民经济持续稳定发展为目标，综合运用经济、计划、法律和必要的行政手段，对整个国民经济运行和发展进行调节、控制和引导。"健全以国家发展规划为战略导向，以财政政策和货币政策为主要手段，就业、产业、投资、消费、环保、区域等政策紧密配合，目标优化、分工合理、高效协同的宏观经济治理体系"[1]，科学有效地宏观调控，这是完善社会主义市场经济体制、实现国家治理现代化的必然要求。

---

[1] 《中共中央关于制定国民经济和社会发展第十四个五年规划和二〇三五年远景目标的建议》，人民出版社，2020，第18页。

（一） 社会主义市场经济宏观调控的主要目标

"国家宏观调控和市场机制的作用，都是社会主义市场经济体制的本质要求，二者是统一的，是相辅相成、相互促进的。"[①] "宏观调控的主要任务是保持经济总量平衡，促进重大经济结构协调和生产力布局优化，减缓经济周期波动影响，防范区域性、系统性风险，稳定市场预期，实现经济持续健康发展。"[②]

依据我国具体情况，总结发达市场经济国家经验，我国宏观调控的基本目标主要包括充分就业、物价稳定、国际收支平衡、经济增长。

1. 充分就业

充分就业指在一定工资水平下，所有愿意并有能力接受工作的人，都能获得就业机会的状态。在西方经济学中，通常把失业率等于自然失业率时的就业水平，即资本利用效率达到最优状态的就业水平称为充分就业。充分就业不等于没有失业，在充分就业状态下仍然存在一定数量的结构性失业和摩擦性失业，即因技术进步、产业结构变化等引起的暂时性失业。充分就业被认为是人力资源有效配置的优化状态。

在社会主义市场经济中，充分就业是指每一个有劳动能力的劳动者都有参与就业、参与劳动的机会，体现的是以人民为中心的社会主义就业理念。就业是民生之本、财富之源。习近平指出："就业是最大的民生工程、民心工程、根基工程。要把稳就业摆在突出位置，实施就业优先政策，实现更高质量和更充分就业。"[③]

我国是一个人口众多的发展中国家，就业牵动着千家万户的生活，解决好就业问题事关改革发展稳定大局。如果就业问题处理不好，就会造成严重的社会问题。中国经济新常态下，由于外部不确定因素增多，经济下行的压力仍在，就业形势不容乐观。一是就业总量压力较大；二是就业结构性矛盾更为突出；三是就业面临的经济形势错综复杂。

2020 年新冠肺炎疫情发生后，按照统筹疫情防控和经济社会发展工作

---

① 中共中央文献研究室编《江泽民论有中国特色社会主义（专题摘编）》，中央文献出版社，2002，第 73 页。

② 中共中央文献研究室编《十八大以来重要文献选编》（上），中央文献出版社，2014，第 520 页。

③ 中共中央宣传部编《习近平新时代中国特色社会主义思想学习纲要》，学习出版社、人民出版社，2019，第 159 页。

的总体要求，把"六稳"和"六保"① 作为党和国家工作大局。其中稳就业和保居民就业都放在首位。这既是在特殊时期落实中共中央稳中求进工作总基调的具体部署，也是"以人民为中心"发展思想的具体体现。

必须依靠党的领导，充分发挥社会主义制度优越性，实施就业优先战略，坚持把促进就业作为经济社会发展的优先目标，加快经济转型升级，创造更多高质量就业岗位，完善、落实更加积极的就业政策。促进高校毕业生、农民工等重点群体就业，广泛开展大众创业、万众创新，鼓励创业带动就业，大规模开展职业技能培训，增强就业人员技能，推进全方位公共就业服务。维护全体社会成员平等就业权利，破除妨碍劳动力和人才流动的体制机制壁垒，努力确保就业局势总体稳定，逐步实现充分就业的目标。

2. 物价稳定

物价稳定是宏观经济平稳运行的重要基础，也是中央银行货币政策的首要目标。物价稳定是指保持物价总水平的基本稳定。物价稳定并不等于物价不变，从世界各国的发展经验来看，在纸币流通条件下，物价总水平徐徐攀升是一个普遍现象，但是物价波动的幅度不能太大。西方宏观经济学认为，物价稳定主要是要抑制通货膨胀，避免通货紧缩。通货膨胀容易导致和加剧社会分配不公，激化社会矛盾；同时造成价格信号失真，降低资源配置效率。严重的通货膨胀甚至可能危及国家和政府信用。通货紧缩则会导致有效需求不足，生产下降，失业率上升，经济增长停滞甚至衰退等。因此，必须通过宏观调控保持物价总水平的基本稳定，将物价波动控制在一定范围。如果物价总水平持续攀升，通货膨胀压力较大，政府应当采取一定的政策措施平抑物价；如果物价持续走低，通货紧缩压力较大，则政府应当采取一定的政策措施刺激经济，抑制物价负增长。西方市场经济国家的经验是在物价指数为3%~5%时，国家通常处于物价稳定状态。

---

① "六稳"：2018年7月中共中央基于中美贸易摩擦加剧，我国经济发展的外部环境发生明显变化，提出实现中国经济稳中求进的"稳就业、稳金融、稳外贸、稳外资、稳投资、稳预期"基本要求。2020年初，新冠肺炎疫情突袭而至并严重冲击我国经济，造成经济增长不稳、经济主体陷入危机、金融风险加大、世界经济前所未见地负增长使我国经济发展的外部环境严重恶化等重大变化。中共中央及时提出在扎实做好"六稳"工作基础上，保居民就业、保基本民生、保市场主体、保粮食能源安全、保产业链供应链稳定、保基层运转。

3. 国际收支平衡

国际收支是一个国家或地区与其他国家或地区之间所发生的一切经济交易的总和。国际收支平衡指一个国家或地区对其他国家或地区的全部货币收入和支出大体相抵，略有顺差或略有逆差。在开放经济条件下，如果一个国家或地区国际收支长期出现较大差额，无论是顺差还是逆差，都会对本国经济发展带来不利影响。国际收支长期出现较大顺差，一方面，会带来本国资源的过度消耗和较大的环境压力；另一方面，过多外汇储备会增加国内的通货膨胀压力和金融风险，也容易诱发国际贸易摩擦，导致国际经济关系紧张。国际收支长期出现较大逆差，会使本国外汇储备减少，增加债务和利息负担，削弱本国商品的国际竞争力，在国际贸易中处于不利地位。我国在加入世界贸易组织后，国际贸易数量和规模急剧增大，国际收支在我国的宏观经济管理中的地位越来越突出。在当前日益复杂的国际局势下，高度重视国际收支平衡这一宏观调控目标尤为重要，政府要通过宏观调控来转变贸易增长方式，提高对外贸易的质量与效益，"积极促进内需和外需、进口和出口、引进外资和对外投资协调发展，促进国际收支基本平衡"①。

4. 经济增长

经济增长是指一定时期内一个国家或地区生产或提供的产品和劳务数量的持续增加，通常用 GDP（或 GNP）增长率、人均 GDP（或 GNP）增长率等指标来衡量。市场经济国家用 GDP（或 GNP）增长率反映经济总量的增长状况和一国的经济实力的发展变化；人均 GDP 增长率和人均 GNP 增长率则反映一国富裕程度的变化。投资量、劳动量和生产率水平是决定一个国家或地区经济增长的直接因素。只有保持一定的经济增长速度，才能不断满足居民生活需要，提高居民生活水平和质量，因此各国政府都把追求一定速度的经济增长作为宏观调控的重要目标。经济增长速度应由一国经济发展状况和水平决定，过快容易导致社会经济比例失调、资源环境承载力压力增大；过慢表明一国资源利用效率较低、企业开工不足、就业机会减少、收入水平下降，影响居民生活水平和质量的提升。

---

① 《中共中央关于制定国民经济和社会发展第十四个五年规划和二〇三五年远景目标的建议》，人民出版社，2020，第 16 页。

宏观调控的各个具体目标之间是相互联系、相互制约的。改革开放 40 多年来，我国在经历了持续 30 多年的高增长后步入经济新常态，稳增长的压力增大。2020 年新冠肺炎疫情冲击全球经济后，中共中央用好宏观政策逆周期调节工具，做好"稳就业、稳金融、稳外贸、稳外资、稳投资、稳预期"工作，抓好发展第一要务，把影响增长的各环节放在了更加突出的位置。中共中央提出要提高经济发展的效率和质量，调整结构、扩大内需，拓展新的消费增长点，推动制造业升级改造和新动能成长，实行高水平对外开放，加快构建以国内大循环为主体、国内国际双循环相互促进的新发展格局，防止经济出现衰退。

我国搞的是社会主义市场经济，宏观调控除了要实现上述四大目标之外，还要考虑经济社会发展的长远目标。社会主义市场经济条件下更好地发挥政府的作用，要把建成社会现代化强国；推进经济社会高质量发展；完善和发展中国特色社会主义治理制度体系；坚持以人民为中心，不断提高人民生活质量；促进共同富裕，作为中国特色社会主义宏观经济目标。

（二）社会主义市场经济的宏观调控手段

1. 新中国宏观规划体系

以国家发展规划为战略导向，对国民经济运行实施规划管理和战略管理，是我国宏观经济管理的鲜明特色，也在社会经济实践中展现了显著优势。国家发展规划起源于 1953 年我国开始编制的第一个"国民经济五年计划"。通过"一五"到"五五"计划的实施，我国实现了从"一辆汽车、一架飞机、一辆坦克、一辆拖拉机都不能造"到"建成独立的比较完整的工业体系和国民经济体系"的伟大跨越。

从改革开放到 2020 年，我国实施了"六五"到"十三五"共八个国民经济和社会发展五年计划（规划）。从"六五"开始，我国"国民经济五年计划"转变为"国民经济和社会发展五年计划"。2006 年开始实施"十一五"规划，"计划"让位于"规划"，一字之差，反映了我国从计划经济体制到基本建成社会主义市场经济体制的深刻变化。

经过多年实践，目前我国已经初步形成了以国家发展规划为统领，以空间规划为基础，以专项规划、区域规划为支撑，由国家、省、市县各级规划共同组成的三级四类规划体系。

编制实施国家发展规划，是更好发挥政府作用的重要内容。国家发展规划，即中华人民共和国国民经济和社会发展五年规划纲要，是根据党中央关于制定国民经济和社会发展五年规划的建议，由国务院组织编制，经全国人民代表大会审查批准，居于规划体系最上位，是其他各级各类规划的总遵循。它是社会主义现代化战略在规划期内的阶段性部署和安排，主要是阐释国家战略意图、明确政府工作重点、引导资源配置，是社会共同的行动纲领，是政府履行职责的重要依据。国民经济和社会发展五年规划与国家战略规划、年度规划共同形成了中国宏观经济治理的独特优势。

综观全球，还没有哪一个国家像中国这样，能够连续 60 多年编制并执行国民经济和社会发展计划（规划）。这一系列计划（规划），以一张蓝图绘到底、一届接着一届干的战略定力，引领了集中力量办大事的方向和目标，成为国家战略落到实处的重要载体，对我国国民经济和社会发展起到了重要的推动和保障作用。

改革开放 40 多年的实践证明，国家发展规划是市场经济条件下处理好政府和市场关系的重要方式，既能充分调动各类市场主体的积极性、主动性、创造性，发挥市场配置资源的决定性作用，又能更好发挥政府作用，有效防控市场失灵和政府失灵。

适应我国经济社会发展的阶段性特征和国际国内经济形势的新变化，必须进一步完善宏观调控制度体系。党的十九大提出，"发挥国家发展规划的战略导向作用"[1]；党的十九届三中全会明确要求，"强化制定国家发展战略、统一规划体系的职能，更好发挥国家战略、规划导向作用"[2]；党的十九届四中全会进一步强调要"完善国家重大发展战略和中长期经济社会发展规划制度"[3]。为此，必须深化规划体制改革。减少规划数量，改革规划内容，界定规划功能，推进市县"多规合一"，健全空间规划体系，规范规划编制程序，提高规划编制的科学化、民主化水平，推动规划法尽快出台，以法律形式进一步明确规划编制、审批、执行等机制。加强各级各类规划的衔接协调。完善规划实施评估、监督考核机制。加强国家重大发展战略和中长期经济社会发展规划制度的协调配合，强化国家战略在各个层面的

---

① 《习近平谈治国理政》（第三卷），外文出版社，2020，第 173 页。
② 《中国共产党第十九届中央委员会第三次全体会议文件汇编》，人民出版社，2018，第 26 页。
③ 《中国共产党第十九届中央委员会第四次全体会议文件汇编》，人民出版社，2019，第 36 页。

有效落地，切实发挥国家发展规划战略导向作用，提升宏观经济治理水平，实现国家治理体系和治理能力现代化。在这些工作的基础上，党的十九届五中全会提出，到二〇三五年基本实现社会主义现代化远景目标。其中重要的内容包括建成现代化经济体系、基本实现国家治理体系和治理能力现代化。

2. 宏观调控的主要手段

宏观调控手段是指政府实施宏观调控时所采用的方式、方法和工具。一般来说，宏观调控手段主要包括经济手段、法律手段和行政手段。

（1）经济手段

经济手段是指政府在对国民经济进行调节和控制中自觉依据经济规律，运用的价格、税收、信贷、利率、汇率等经济杠杆。自觉性、间接性、诱导性是经济调节手段的特点。自觉性体现为政府自觉运用经济规律，主动对经济运行进行调节和控制，以达到一定的经济目标。间接性是政府通过市场机制和市场信号，引导市场主体根据市场变化配置资源，调节生产经营规模与方向，从而使经济活动与国家宏观经济发展目标大体一致。诱导性是政府通过调节市场主体的经济利益关系来诱导、影响市场主体的经济行为从而实现预期调控目标。由此可见，宏观调控的经济手段主要是运用市场力量和工具调节和控制经济运行，对有效解决经济运行中的各种突出矛盾和问题，应对各种经济风险，实现国民经济持续稳定发展具有重要作用。

宏观调控的经济手段主要包括宏观经济政策和经济杠杆，关键是运用和发挥好经济杠杆的作用。经济杠杆形式较多，主要有价格、税收、信贷等，它们共同构成经济杠杆体系。

价格是宏观调控的重要经济杠杆。作为宏观调控最有效的手段，价格的调节作用体现在社会再生产的四个环节。一是对生产的调节作用。价格能够调节社会资源在各个部门之间、行业之间的配置状况，从而实现国民经济的综合平衡。二是对流通的调节作用。价格杠杆可以通过商品差价和比价变化影响商品经营主体的实际收入，从而起到引导企业调整交换规模和结构的作用。三是对分配的调节作用。价格的变动具有调节国民收入分配的功能，影响国家、企业和个人之间的收入分配，也调节积累与消费的比例关系。四是对消费的调节作用。一方面，消费价格水平的高低，影响社会的消费量和消费总水平；另一方面，不同商品之间的比价，影响社会消费结构。2015 年出台的《中共中央　国务院关于推进价格机制改革的若干意见》提出，"充分发挥价格杠杆作用，更好服务宏观调控"[①]，"努力保持价格总水平处于合理区间。加强通缩、通胀预警，制定和完善相应防范治理预案。健全价格监测预警机制和应急处置体系，构建大宗商品价格指数体系，健全重要商品储备制度，提升价格总水平调控能力"[②]。贯彻落实新发展理念，深化供给侧结构性改革，推动经济高质量发展，要求充分发挥价格杠杆作用。首先，要完善要素市场价格形成机制，逐步缩小不同地区之间要素的人为差距，推动统一开放、公平竞争的要素市场的形成和完善。其次，要加快完善资源环境价格形成机制，促进绿色发展。最后，要加强价格监管，兜住民生底线，保障居民生活成本的平稳。

税收杠杆是国家参与国民收入分配和再分配的重要手段。与其他杠杆相比，税收杠杆具有强制性、统一性、稳定性等特点。税收既是国家财政收入的主要来源，又是国家调节生产、流通、分配、消费的工具。国家可以通过设置不同税种、税率和税收减免、税负调整等方式，引导纳税人的生产经营决策和消费选择与国家的经济社会发展战略规划相一致，从而影响和调节社会生产、交换、分配和消费等活动，促进宏观经济稳定，推动国民经济的发展。国家也可以通过不同税种的建立、税目的增减和税率的升降，调节国民收入分配，处理好国家、企业和个人之间的物质利益关系，促进市场竞争，维护公平正义。国家还可以运用税收手段调节进出口，促进对外贸易的发展，实现国际收支的大体平衡，减少贸易摩擦。

信贷杠杆是国家根据国民经济运行状况，通过对信贷规模、信贷方向、信贷对象、信贷期限等的调节和控制来影响资金的投放，从而调节生产和流通，实现国民经济有序运行。国家根据一定阶段国民经济发展的方向和目标，可以对不同部门和企业，在信贷资金投放和利息率方面实行"区别对待"的政策，以引导资源配置流向经济和社会发展需要的行业和部门，从而实现优化经济结构的目的。比如，从绿色发展理念出发，国家可以通过信贷资金发放的"区别对待"政策引导资金和贷款流入有利于国家环保

---

① 中共中央文献研究室编《十八大以来重要文献选编》（中），中央文献出版社，2016，第713 页。

② 中共中央文献研究室编《十八大以来重要文献选编》（中），中央文献出版社，2016，第713 页。

事业发展的部门和行业，退出对环境污染和破坏比较大的部门和行业，从而实现资金的"绿色配置"，促进人与自然和谐共生。对于不符合国家产业政策、技术标准的项目，不得予以信贷支持；对于产能过剩的产业项目，必须从严审批贷款。同时，信贷还是国家加强经济管理，促进企业改善经营管理水平，提高经济效益的重要手段。

充分发挥经济杠杆在宏观经济调控中的重要作用，必须全面深化价格体制、金融体制、投资体制、物资体制等的改革，为经济杠杆的有效运用创造良好的经济环境和条件。

（2）法律手段

法律手段是指在对国民经济进行的调节和控制中，国家根据宏观调控目标，通过制定和实施经济法律、法规来调节经济活动，维护社会经济秩序。法律手段具有普遍性、强制性、规范性、超前性、稳定性等特点。一方面，国家通过经济立法，出台各种必要的经济法律、法规，规范企业行为和政府行为，调节国家、企业和个人之间的经济利益关系，确保各类经济政策、措施和经济契约等的落地生效，维护各类经济主体的合法权益，以保证社会经济活动有序进行。另一方面，政府通过经济司法，矫正、规范市场经济条件下不择手段地追逐最大化利益的消极经济行为，打击各种经济犯罪活动。比如，通过实施《中华人民共和国反不正当竞争法》，可以起到制止不正当竞争行为，保护经营者和消费者的合法权益，维护经济秩序的作用。同时，市场机制本身也会引发诸如贫富两极分化、环境污染等问题，因此，需要诸如劳动和社会保障法、环境保护法等，维护社会经济的正常运行。

充分发挥法律手段的宏观调控作用，一是要使法律手段的运用建立在尊重经济规律的基础之上，良法是善治之前提；二是要规范经济执法、强化监督，依法依规惩治经济犯罪，维护国家经济安全和社会主义市场经济秩序。

（3）行政手段

行政手段是指在对国民经济进行的调节和控制中，国家通过政府机构直接采取强制性的命令、指示、规定等行政方式来干预经济运行的政策手段。行政手段具有直接性、强制性、垂直性、无偿性、周期短、见效快等特点。在市场经济条件下，行政手段主要运用于市场失灵，并且经济手段和法律手段不能有效发挥作用的领域。比如，某种商品的供给大大超过社会需求，导致严重的产能过剩，而商品生产者由于生产惯性，不能按照市场信号调整生产规模和方向，严重影响了国民经济的正常运行，这时行政手段就会成为政府的必然选择。例如，2009 年 9 月，国务院以国发〔2009〕38 号批转发展改革委等部门《关于抑制部分行业产能过剩和重复建设引导产业健康发展若干意见的通知》，其中对钢铁、水泥、平板玻璃、风电设备、多晶硅等产能过剩、重复建设问题比较严重的行业的调整措施主要以行政手段为主。此外，在突然遭遇重大灾害、经济危机、战争等紧急状态时，行政手段具有快速统一意志、动员社会一切力量共克时艰的优势。当然，行政调节手段也会产生消极影响，不利于发挥市场配置资源的决定性作用。因而，行政手段只是必要的补充手段。

宏观调控的经济手段、法律手段、行政手段相互联系、相互补充，共同构成宏观调控手段体系。在宏观调控手段体系中，经济手段是最主要的手段。宏观调控总是围绕一定的调控目标，综合运用经济手段、法律手段，辅之以必要的行政手段，达到预期的宏观调控目标。

（三）宏观经济政策

宏观经济政策是指在一定时期内，国家为实现宏观调控目标而制定的指导、调节和控制国民经济运行的规则体系，是宏观调控的重要手段。政府的宏观调控政策是一个体系，包括财政政策、货币政策、产业政策、外贸政策、价格政策、收入分配政策、就业政策、保护消费者政策等。财政政策、货币政策、产业政策是最基本的宏观经济政策。

1. 财政政策

财政政策是政府为实现一定的宏观经济目标，调整财政收支以调节经济总量和结构，进而调节整个国民经济运行的政策与措施。财政政策包括财政收入政策、财政支出政策和财政收支总量关系政策。财政收支规模的大小、收支的构成以及收支的范围都对国民经济运行产生重要影响，政府的财政收支活动既是政府管理国家的基本手段，又是政府对国民经济进行宏观调控的重要杠杆。

政府的财政收支总量关系表现为三种状况：一是收大于支，通常称为财政盈余；二是收支相等，通常称为财政收支平衡；三是支大于收，通常称为财政赤字。财政收入与财政支出能否保持平衡，是财政本身要解决的重要问题。

一般来说，财政收支平衡是偶然现象，不平衡则是经常发生的现象。由于财政支出是社会总需求的重要部分，财政收入相应地属于总供给。因此，根据一定时期宏观经济运行状况，政府可以运用国家预算财政收支规模来调节社会总供求关系。

根据在调节社会总供求中所起的不同作用，财政政策可分为平衡性财政政策、扩张性财政政策和紧缩性财政政策三种类型。平衡性财政政策，即中性财政政策，是指政府按财政收入规模的大小来安排财政支出，量入为出，保持财政收支大体平衡，以实现总供求大体平衡的财政政策。扩张性财政政策是指政府通过扩大财政支出和减少财政收入来扩大社会总需求的财政政策。紧缩性财政政策则是指政府通过减少财政支出和扩大财政收入来抑制或减少社会总需求的财政政策。以上三种类型的财政政策针对的宏观经济问题各有不同，政府在不同时期、不同条件下会做出不同的政策选择。在经济不景气，有效需求不足时，政府可以增加财政支出、减少财政收入或双管齐下，也就是采取赤字预算的扩张性政策，刺激需求促进经济增长；在经济过热，需求过度，通货膨胀压力增大时，可以增加财政收入、减少财政支出乃至二者并举，也就是采取盈余预算的紧缩性政策，抑制需求而给经济降温。作为国家宏观调控手段的财政政策，并不以财政收支平衡为主要目标，而是以宏观经济总量平衡为主要目标。

2. 货币政策

货币政策是指为实现一定的宏观调控目标，国家通过中央银行实施的各种管理和调控货币供应量及其结构的政策与措施。在我国，货币政策是由中国人民银行制定和执行的。中国人民银行通过调整货币供应量及其结构来影响信贷规模、利率、汇率，进而影响总需求从而达到调控宏观经济总量，实现经济增长和稳定物价的目的。货币政策包括政策目标、政策工具和政策传导机制等内容。货币政策目标是通过货币政策工具的运用来实现的。货币政策工具主要包括公开市场业务和调整再贴现率、法定准备金率、利率等。

货币政策也可分为三种类型。一是平衡性货币政策，即中性货币政策，是指保持货币供应量与经济发展对货币的需求量的大体相当，从而实现总供给与总需求的基本平衡的货币政策。二是扩张性货币政策，是中央银行通过在公开市场上买进政府债券和降低存款准备金率、再贴现率、利率等手段，扩大信贷规模，增加货币供应量，刺激社会总需求，从而促进经济增长的货币政策。三是紧缩性货币政策，是指中央银行通过在公开市场上抛售政府债券，提高存款准备金率、再贴现率、利率等手段，收缩信贷规模，减少货币供应量，抑制社会总需求，从而抑制通货膨胀、稳定币值的货币政策。一般来说，在经济不景气，有效需求不足，通货紧缩压力增大，失业率上升时，中央银行会放松银根，扩大货币供应量，刺激社会总需求，即采取扩张性货币政策；在经济过热，需求过度，通货膨胀压力增大时，中央银行会紧缩银根，减少货币供应量，抑制总需求的过度膨胀，即采取紧缩性货币政策。

财政政策和货币政策是我国宏观调控的主要手段。我国经济全面步入经济新常态的阶段后，潜在经济增长、实际经济增长均有下行态势，周期性、结构性、体制性问题集中呈现。我国经济发展不平衡、不充分问题仍然突出，创新能力不适应高质量发展要求，农业基础还不稳固，城乡区域发展和收入分配差距较大，生态环保任重道远，民生保障存在短板。同时，国际环境日趋复杂，不稳定性不确定性明显增加，经济全球化遭遇逆流，世界进入动荡变革期，我国经济社会发展面临前所未有的压力与挑战。2020年新冠肺炎疫情突袭而至，对世界经济影响深远，进一步加剧了我国经济下行风险。2020年第一季度，我国GDP同比下降6.8%，"六稳""六保"工作大局压力增大，中央适时提出加大宏观政策调节和实施力度，"宏观政策重在逆周期调节，节奏和力度要能够对冲疫情影响，防止经济运行滑出合理区间，防止短期冲击演变成趋势性变化。积极的财政政策要更加积极有为……稳健的货币政策要更加注重灵活适度"①。财政政策一方面通过持续加大减税降费力度缓解企业经营困难，另一方面通过增加政府投资缓解经济下行压力。提高财政赤字率，稳定市场信心。加大转移支付力度，缓解基层政府保基本民生、保工资、保运转压力。货币政策方面，稳健的货币政策更加注重灵活适度、精准导向，既不让市场缺钱，又不搞"大水漫灌"。一方面，通过公开市场操作、中期借贷便利、降低存款准备金率等方

---

① 习近平：《在统筹推进新冠肺炎疫情防控和经济社会发展工作部署会议上的讲话》，《人民日报》2020年2月24日，第2版。

式，确保市场流动性充裕；另一方面，继续疏通货币政策传导机制，下调政策利率，引导贷款基础利率下行，降低实体经济融资成本。同时，加大货币政策的精准支持力度，加大对制造业、小微企业、脱贫攻坚、民生就业等重点领域和薄弱环节的支持力度，提高信贷投放的精准度。在实施积极的财政政策与稳健的货币政策时，注重财政政策和货币政策的配合与协调，财政政策、货币政策与就业政策、消费政策、环保政策、区域政策等宏观经济政策的配合与协调，短期政策与中长期政策的配合与协调，统筹推进稳增长、促改革、调结构、惠民生、防风险、保稳定，努力实现高质量发展。

我国力度适中的积极的财政政策和稳健的货币政策，为经济复苏做出了重要贡献，2020 年我国经济增长好于预期，市场活力持续增强，供需关系逐步改善，第二季度、第三季度 GDP 分别增长 3.2% 和 4.9%，为 2020 年我国成为全球唯一经济正增长的主要经济体奠定了坚实基础。

（四）新时代中国特色社会主义宏观调控的特点

经过改革开放 40 多年的快速发展，我国经济发展已由高速增长阶段转向高质量发展阶段。新时代经济发展阶段的变化，对我国宏观调控提出了新要求，宏观调控的方式和手段需要不断完善和创新。党的十八大以来，党和国家在总结国内外经验、汲取正反两方面教训的基础上积极创新和完善宏观调控政策。新时代中国特色社会主义宏观调控具有以下特点。

1. 区间调控方式与定向调控相结合

2011 年起，中国经济逐步告别高速增长，进入减速换挡、调结构、转方式的新常态。宏观调控不仅要稳增长，还要促改革、调结构、惠民生和防风险，传统"工具与目标匹配"的分类调控方法难以从根本上适应新常态下经济社会发展需要。贯彻新发展理念，引领新常态，要求党和政府不断创新和完善宏观调控方式，增强宏观调控的前瞻性、科学性、有效性，促进国民经济持续稳定发展。党的十八大以来，我国宏观调控的整体思路和具体方式不断调整与完善，逐步形成了新的宏观调控框架。

2013 年，中国共产党创造性地提出了区间调控的新思路。所谓区间调控，是指宏观调控不再偏重于具体的 GDP 增长目标，而是将 GDP 增长目标设定在一个合理的区间内，只要经济运行处于这一区间，宏观政策就保持基本稳定。区间调控的关键就是要把握经济运行合理区间的"上限"和

"下限"，"下限"是稳增长，"上限"则是防通胀。当经济运行逼近下限时，稳增长就成为宏观调控的主要任务；当经济运行逼近上限时，防通胀则会成为宏观调控的着力点；当经济运行处于区间正常状态时，宏观调控将重在转变经济发展方式，调整优化经济结构，深化改革，充分发挥市场在资源配置中的决定性作用，增强经济发展活力。区间调控明确宣示政府不会让经济滑出合理区间，它的实施对于稳定市场预期，提振市场信心起到了极为重要的作用。

2014 年，中央创新宏观调控的思路和方式，在区间调控的基础上提出了定向调控。所谓定向调控，是指政府针对不同调控领域、不同群体，制定和实施清晰明确的调控政策，使宏观调控更具针对性。定向调控的实质是"抓住发展中的突出矛盾和结构性问题，定向施策，聚焦靶心，精准发力"①。不搞"大水漫灌"，而是抓住重点领域和关键环节，更多运用改革的办法，更多依靠市场的力量，有针对性地实施"喷灌""滴灌"。定向调控是区间调控的深化，有利于激发市场活力、增加公共产品的有效供给、做强实体经济、促进经济结构调整和优化。比如在货币政策方面，2014 年以来，中央银行多次采取定向降准、降息和定向再贷款等方式，为小微企业和"三农"提供必要的资金支持；在财政政策方面，2014 年以来，财政部多次实施定向减税、降费，拓宽小微企业税收优惠范围，为小微企业减负。再比如，政府可以将增加公共产品和服务的有效供给作为定向调控的着力点，激发社会资本投资的积极性，推进城市基础设施和重大水利工程等建设。

区间调控和定向调控相结合，有利于国民经济平稳运行和产业结构优化升级，是对宏观经济理论的重大创新。传统的西方宏观经济理论和调控实践大都以某一指标作为宏观调控目标，通过货币政策和财政政策的松紧来实现这一目标。在目标选择上，凯恩斯主义者倾向于经济增长率，货币主义者倾向于通货膨胀率。区间调控提出"目标＋区间"的新调控目标定位，用复合目标组成的区间目标替代了单一目标，可以有效防止宏观调控目标的顾此失彼，增加了宏观政策的稳定度，有利于市场预期的稳定。

---

① 中共中央文献研究室编《十八大以来重要文献选编》（中），中央文献出版社，2016，第 370 页。

2. 供给侧和需求侧双向发力

需求管理和供给管理是宏观经济管理的两种基本手段。需求管理是指在宏观经济管理中主要通过财政政策和货币政策等经济手段对社会总需求进行调节与控制，以实现社会总供给与社会总需求的基本平衡。供给管理是指在宏观经济管理中对社会总供给进行直接调控，以实现社会总供给与社会总需求的基本平衡。前者主要熨平短期经济波动，后者着力解决长期结构性问题。1998 年亚洲金融危机后，我国宏观调控总体上是以需求管理为主的，需求管理对推动我国经济增长曾经发挥过重要作用。2008 年全球性金融危机之后，需求管理的效果日趋下降，而为此付出的代价却越来越大。究其原因，主要是制约我国经济发展的因素，在供给和需求两侧都存在，但矛盾的主要方面越来越表现在供给侧。进入增长速度换挡期、结构调整阵痛期、前期刺激政策消化期"三期叠加"的中国经济，转变经济发展方式、调整经济结构的任务更加迫切。对于解决经济发展的中长期结构性问题，供给管理模式更有优势。习近平指出："供给侧结构性改革，重点是解放和发展社会生产力，用改革的办法推进结构调整，减少无效和低端供给，扩大有效和中高端供给，增强供给结构对需求变化的适应性和灵活性，提高全要素生产率。"[①] 强调推进供给侧结构性改革，一是因为新常态下我国经济运行面临的突出矛盾和问题的根源是结构失衡，结构性问题只能从供给侧发力，通过深化改革的办法来解决；二是因为供给侧结构性改革有利于发挥市场在资源配置中的决定性作用，有效破解产能过剩难题；三是因为供给侧结构性改革有利于催生新的经济增长点，提高潜在经济增长率和全要素生产率。

当然，强调供给侧管理的重要性，并不是不要或完全放弃需求侧管理。特别是在经济下行压力持续增大，经济增长有可能"硬着陆"，从而影响宏观经济稳定运行时，需求管理就势在必行。事实上，需求管理与供给管理各有特点、各有利弊，二者是相互补充、相得益彰的。将二者结合起来，有助于提高宏观经济治理水平，防止宏观经济总量失衡和重大经济比例关系失调，实现国民经济健康协调稳定运行。"十三五"规划纲要提出："必

---

① 习近平：《在省部级主要领导干部学习贯彻党的十八届五中全会精神专题研讨班上的讲话》，《人民日报》2016 年 5 月 10 日，第 2 版。

须在适度扩大总需求的同时，着力推进供给侧结构性改革"①；"十四五"规划纲要进一步强调宏观调控要"搞好跨周期政策设计，提高逆周期调节能力，促进经济总量平衡、结构优化"②。当前我国宏观经济周期性矛盾、结构性矛盾、体制性矛盾并存。因此，宏观调控必须把需求管理与供给侧结构性改革结合起来，一方面，运用积极的财政政策和灵活有度的货币政策对经济波动进行逆周期调节，以应对经济下行压力，实现短期稳增长、保就业的目标；另一方面，通过供给侧结构性改革，把改善供给结构作为主攻方向，减少无效和低端供给，扩大有效和中高端供给，提高潜在增长率，实现由低水平供需平衡向高水平供需平衡跃升。

3. 重视预期管理，正确引导经济社会发展预期

预期是指预期主体依据已获得的信息对未来可能发生的事件或现象所做的主观判断和估计。所谓预期管理，是指政府相关部门通过信息沟通，引导、协调、稳定社会预期，从而减少政策制定与实施过程中的阻力或成本，以更好地实现宏观调控目标。在经济社会发展中，经常会出现"羊群效应""跟风现象"等非理性行为，而这种非理性行为通常与部分人的非理性预期密切相关。比如新冠肺炎疫情初期，有人渲染物资短缺和物价上涨，导致人们心理恐慌，造成跟风抢购某些物资的现象，结果需求突增推涨部分商品价格。而实际上，这些物资整体上并不短缺，价格上涨是由短期非理性预期诱发的抢购导致的。由此可见，预期可以引导人们的行为，而少数人的行为又会进一步传导影响多数人的行为，从而产生累积效应。经济社会越发展，预期的形成就越复杂多变，因此，加强预期管理，引导全社会形成正确合理的经济社会发展预期，对维护经济和社会稳定具有重要意义。

党的十八大以来，我国对宏观调控中的预期管理越来越重视，提出加强预期引导的宏观调控新思路。"十三五"规划纲要指出："实施宏观调控，要更加注重引导市场行为和社会心理预期"③，"稳定政策基调，改善与市场

---

① 国家发展和改革委员会编《〈中华人民共和国国民经济和社会发展第十三个五年规划纲要〉辅导读本》，人民出版社，2016，第21页。

② 《中共中央关于制定国民经济和社会发展第十四个五年规划和二〇三五年远景目标的建议》，人民出版社，2020，第18页。

③ 国家发展和改革委员会编《〈中华人民共和国国民经济和社会发展第十三个五年规划纲要〉辅导读本》，人民出版社，2016，第38页。

的沟通，增强可预期性和透明度"①。2018年7月31日召开的中共中央政治局会议，首次提出"稳就业、稳金融、稳外贸、稳外资、稳投资、稳预期"工作任务。把稳预期作为其中的一个关键，是因为预期稳了，人们的后顾之忧才能解除，企业才敢投资，消费者才敢消费，稳投资、稳就业才有可靠的基础。"十四五"规划纲要明确提出了"完善宏观经济政策制定和执行机制，重视预期管理，提高调控的科学性"②。通过预期管理，正确引导经济社会发展预期，正逐步成为我国政府宏观调控的思路和方式。

我国的预期管理还处在起步阶段，应加快建立有利于稳定经济社会发展预期的相关制度，提高预期管理的能力。一是要提高政策透明度和可预期性。进一步推动政府部门信息公开，及时发布、公开各类宏观经济统计数据和政策措施，并加强对统计数据和政策措施的科学解读，拓宽政府与市场沟通的渠道，丰富沟通的内容，减少信息不对称带来的认知偏差，以引导市场行为和社会预期，减少经济波动带来的不确定性。二是要有效引导舆论。政府相关部门应高度重视社会舆论动态，及时对经济社会发展的热点、难点问题进行释疑解惑，回应经济社会主体的重大关切，消除经济社会主体对有关问题和政策法规的误解误读，引导社会形成正确合理的预期。例如，2018年社会上有人提出所谓"民营经济离场论"，把混合所有制改革曲解为新一轮"公私合营"，等等。习近平总书记主持召开了民营企业座谈会，及时对上述问题进行了澄清，指出这些说法是完全错误的，不符合党的大政方针，并深入解读了党和国家的民营企业政策。习近平指出，"非公有制经济在我国经济社会发展中的地位和作用没有变！我们毫不动摇鼓励、支持、引导非公有制经济发展的方针政策没有变！我们致力于为非公有制经济发展营造良好环境和提供更多机会的方针政策没有变！"③"任何否定、怀疑、动摇我国基本经济制度的言行都不符合党和国家方针政策，都不要听、不要信！"④ 这给所有民营企业和民营企业家吃了安心丸，提振

---

① 全国人民代表大会常务委员会办公厅编《中华人民共和国第十二届全国人民代表大会第四次会议文件汇编》，人民出版社，2016，第83页。

② 《中共中央关于制定国民经济和社会发展第十四个五年规划和二〇三五年远景目标的建议》，人民出版社，2020，第18页。

③ 习近平：《在民营企业座谈会上的讲话》，《人民日报》2018年11月2日，第2版。

④ 习近平：《在民营企业座谈会上的讲话》，《人民日报》2018年11月2日，第2版。

了民营企业和民营企业家发挥重要作用的信心。三是政府相关部门要进一步提高对宏观经济的研究分析和预判能力。政府相关部门只有在掌握大量经济运行信息并进行科学分析的基础上，才能对未来经济走势形成正确合理的判断，有效地与市场沟通，从而提高预期引导的效率。

思考题

1. 如何理解社会主义市场经济体制的基本框架？如何进一步完善社会主义市场经济体制？

2. 如何理解社会主义基本经济规律？

3. 市场经济中的运行机制有哪些？如何充分发挥它们的作用？

4. 如何理解"市场在资源配置中起决定性作用和更好发挥政府作用"？

5. 案例分析

我国宏观政策有力支持经济复苏

2020 年，各国为应对疫情出台了一系列货币政策、财政政策，为全球经济稳定和复苏发挥了积极作用。为有效应对疫情，促进经济社会发展，我国先后出台了多项货币政策和财政政策措施。总体看，我国宏观政策的力度是合适的，较好地支持了实体经济增长，有效填补了疫情冲击下的全球防疫物资等必需品和其他工业品的供给缺口，为国内外经济复苏做出了重要贡献。在应对疫情和支持经济复苏的过程中，债务规模和杠杆率都必然出现阶段性上升，之后经济增长逐步恢复将为更好地长期保持合理的宏观杠杆率水平创造条件。

新冠肺炎疫情突袭而至后，中国人民银行果断推出涉及 9 万亿元货币资金的货币政策应对措施，主要包括：引导中期借贷便利和公开市场操作中标利率下行，推进 LPR 改革释放利率市场化红利，三次降低存款准备金率释放 1.75 万亿元长期资金，推出 1.8 万亿元再贷款、再贴现政策，创新两项直达实体经济的货币政策工具以支持小微企业融资 4.7 万亿元。金融部门通过降低利率、减少收费、贷款延期还本付息等措施向实体经济让利约 1.25 万亿元，全年可实现 1.5 万亿元的目标。货币政策保持流动性合理充裕，预计带动 2020 年全年人民币贷款新增 20 万亿元左右，社会融资规模增量超过 30 万亿元。广义货币和社会融资规模增速高于去年，金融对实体经济保持了较强的支持力度。

财政政策持续发力，有效缓解疫情对实体经济的冲击。今年财政赤字规模比上年增加 1 万亿元，发行了抗疫特别国债 1 万亿元，安排地方政府专项债券 3.75 万亿元，比去年增加 1.6 万亿元。在去年财政政策高基数的基础之上，以上三项合计净增加 3.6 万亿元财政支持。此外，还通过减税降费、加大重点领域支出、增强重大项目建设保障支持力度等措施，为经济社会全面恢复发展提供内生动力。

从国内看，我国应对疫情的宏观政策力度是合适的，政策精准发力，宣布的政策全部及时落地、充分落实，取得了显著成效。一是有效控制了疫情，这是经济复苏的基本前提。我国在主要经济体中率先控制住了疫情，2 个月内将本土每日新增病例降至个位数，合理适度的宏观政策可以有效助力经济复苏。相反，如果疫情控制不力，力度再大的宏观政策也无法从根本上抵消经济面临的冲击。二是宏观政策与疫情防控节奏相适应，根据疫情防控和经济社会恢复发展的阶段性特点，分层次、有梯度地出台。在疫情的不同阶段，宏观政策各有侧重，有序支持了医疗和生活物资保供、复工复产、生产生活秩序加快恢复。三是从政策实施方式看，我国宏观政策精准导向，不搞大水漫灌。中国人民银行推出了两项直达实体经济的货币政策工具——普惠小微企业贷款延期支持工具、普惠小微企业信用贷款支持计划；财政部门创新转移支付机制，资金直达市县基层，发行了抗疫特别国债，支持抗疫和地方基础设施建设。四是从政策效果看，我国经济社会已全面恢复发展。第一季度我国 GDP 同比负增长 6.8%，第二、三季度 GDP 分别增长 3.2% 和 4.9%，前三季度经济增速由负转正，消费、投资、出口等经济指标全面向好。

从全球看，中国宏观政策力度是合适的，支持经济快速恢复，对世界经济做出了重要贡献。一是阻止了全球经济陷入更大的萎缩。根据 IMF 预测，全球经济已陷入二战以来最严重的衰退，2020 年将萎缩 4.4%，中国是唯一保持正增长的主要经济体，今明两年合计全球经济能实现正增长离不开中国经济的正增长。二是中国经济增长对全球有正的溢出效应，尤其促进了周边国家和主要贸易伙伴的经济复苏。三是在疫情冲击下，中国在某种程度上承担了全球最后供应商的角色，为全球疫情防控、经济恢复奠定了基础。中国生产的快速恢复有效补充了疫情冲击下全球防疫物资和其他工业品的供给缺口，向全球提供了大量必需物资和恢复生产急需的中间产品，为全球防疫和产业链恢复做出了重要贡献。

资料来源：中国人民银行货币政策分析小组《中国货币政策执行报告（2020 年第三季度）》，http://www.pbc.gov.cn/goutongjiaoliu/113456/113469/4133903/2020112615473038246.pdf。

讨论分析：

（1）新冠肺炎疫情对我国财政政策、货币政策有什么影响？

（2）如何评价当前我国财政政策、货币政策的效果？

第六章

社会主义市场经济的成就与前路

社会主义市场经济理论是关于我国经济体制改革的理论，播种于新中国初期经济体制选择探索，孕育于 1978 年后经济体制改革摸索，诞生于 1992 年确立社会主义市场经济体制为经济体制改革目标模式，发展于中国特色社会主义进入新时代。社会主义市场经济理论与实践辩证统一，理论既指导改革开放实践，又在实践中得到校验和发展，取得伟大成就并将继续在社会主义初级阶段攻坚克难。

第一节　社会主义市场经济取得巨大成就

在党的十八届三中全会上，习近平指出："中国人民的面貌、社会主义中国的面貌、中国共产党的面貌能发生如此深刻的变化，我国能在国际社会赢得举足轻重的地位，靠的就是坚持不懈推进改革开放。"①

考量社会主义市场经济实践成就，有多维视角。第一，从经济体制改革目标体系的实现考量，因为经济体制改革的目标体系是遵循客观规律对经济体制改革的总体设计，应该作为验收经济体制改革系统工程成果的基础性依据。第二，从社会主义市场经济体制框架的建立与演进考量，因为社会主义市场经济体制框架如同经济体制改革的战车，它是否业已建立、

---

① 中共中央文献研究室编《十八大以来重要文献选编》（上），中央文献出版社，2014，第 494 页。

行之有效，并随着实践发展需要不断升级完善，可以反映经济体制改革能否顺利行进及取得成就。第三，最常用的是 1992 年邓小平在"南方谈话"时提出的"三个有利于"判断标准，即"是否有利于发展社会主义社会的生产力，是否有利于增强社会主义国家的综合国力，是否有利于提高人民的生活水平"[①]。另外，对各领域各种成就的考量，还有各种行业或社会标准。不同视角的考量标准是相互联系的，这一方面是因为考量的都是社会主义市场经济这一对象及其要件；另一方面是因为考量的旨趣具有同向性，即作为社会主义国家，最本质的标准是人民群众的认可与拥护。

"三个有利于"标准，综合体现我国经济体制改革目标体系的指向，内在地包含对社会主义市场经济框架的运用与完善过程及结果考量，最能集中体现各种具体维度的考量目的。因此，我们选择最有代表性和说服力的"三个有利于"标准考量社会主义市场经济成就。

一 社会生产生活结构性升级

1992 年社会主义市场经济理论正式诞生后，引领社会主义市场经济实践，极大调动了亿万人民的积极性。在近 30 年建立和完善社会主义市场经济的实践中，国内生产总值（GDP）这一衡量社会生产力和综合国力的重要指标步步攀升。

从表 6-1 可以看到，确立社会主义市场经济体制目标的第 1 个 10 年，我国 GDP 总量在 2002 年突破 10 万美元，增幅近 3.28 倍，世界排名由第 10 位跃至第 6 位；第 2 个 10 年增幅超过 4.07 倍，其间我国 GDP 于 2008 年超过德国，跃升世界第 3 位，2010 年超过日本，此后成为仅次于美国的世界第二大经济体。

表 6-1 1992~2021 年 GDP 及城乡生产生活水平主要数据

指标		1992 年	2002 年	2012 年	2021 年
GDP	总量（亿元）	23938	102398	519322	1143670
	世界排名	10	6	2（2010 年起）	2

---

① 《邓小平文选》（第三卷），人民出版社，1993，第 372 页。

续表

指标		1992 年	2002 年	2012 年	2021 年
人均 GDP	数值（元）	2043	7971	38354	80976
	世界排名	124	112	84	
城市	人均可支配收入（元）	1826（人均生活费收入）	7703	21986	47412
	恩格尔系数（%）	53.0	37.7	36.2	28.6
	人均住房面积（平方米）	14.8	24.5	32.9	39.8（2019 年）
农村	人均纯收入（元）	784	2476	7917	18931（人均可支配收入）
	恩格尔系数（%）	57.6	46.2	39.3	32.7
	人均住房面积（平方米）	18.9	26.5	37.1	48.9（2019 年）

资料来源：《关于 1992 年国民经济和社会发展的统计公报》，国家统计局网站，1993 年 2 月 18 日，http://www.stats.gov.cn/tjsj/tjgb/ndtjgb/qgndtjgb/200203/t20020331_30006.html；《中华人民共和国 2002 年国民经济和社会发展统计公报》，国家统计局网站，2003 年 2 月 28 日，http://www.stats.gov.cn/tjsj/tjgb/ndtjgb/qgndtjgb/200302/t20030228_30016.html；《中华人民共和国 2012 年国民经济和社会发展统计公报》，国家统计局网站，2013 年 2 月 22 日，http://www.stats.gov.cn/tjsj/tjgb/ndtjgb/qgndtjgb/201302/t20130221_30027；《中华人民共和国 2021 年国民经济和社会发展统计公报》，国家统计局网站，2022 年 2 月 28 日，http://www.stats.gov.cn/tjsj/zxfb/202202/t20220227_1827960.html。《中国统计年鉴 2013》，国家统计局网站，http://www.stats.gov.cn/tjsj/ndsj/2013/indexch.htm；方小舟《从居民收支看全面建成小康社会成就》，《人民日报》2020 年 7 月 27 日，第 10 版。

人均 GDP 更能反映经济发展、劳动生产率实际水平。2011 年我国人均 GDP 比 2002 年增长 1.5 倍[1]，当时虽然与达到世界人均值（2012 年时排 67 位）还有距离，但我国人均 GDP 及世界排名近 30 年快速提高。2006 年进入世界前 100 位，2012 年跃升至第 84 位；2021 年我国人均 GDP 达到 80976 元，按年平均汇率折算达 12551 美元，超过世界人均 GDP 水平。[2] 根据相应

---

[1] 《去年我国人均 GDP 达 5432 美元 较 2002 年增长 1.5 倍》，中国财经网，2012 年 8 月 21 日，http://finance.china.com.cn/moneychina/news/gnjj/20120821/478308.shtml。

[2] 盛来运：《逆境中促发展 变局中开新局——〈2021 年国民经济和社会发展统计公报〉评读》，国家统计局网站，2022 年 2 月 28 日，http://www.stats.gov.cn/tjsj/sjjd/202202/t20220227_1827958.html。

计算，对于人民生活水平影响更直接的城市人均可支配收入增幅，在前两个 10 年分别达 3.2 倍、1.85 倍后，到 2021 年时比 2012 年增长约 1.16 倍；农村人均纯收入或可支配收入增幅分别达 2.16 和 2.20 倍，到 2021 年时又比 2012 年增长 1.39 倍。反映民众生活质量的人均住房面积也显著扩大，城乡居住已经进入住得舒适的水平。社会主义市场经济使我国社会经济很快在整体上由短缺走向充裕，卖方说了算的市场逆转为买方是上帝的市场。

社会主义市场经济带来社会变革，大众生活发生结构性升级。近 30 年，我国城市与农村的恩格尔系数明显下降，这说明民众的可支配收入中的消费开支更多地使用在满足享受或发展需要方面。非针对性基本消费包括基本住房、医疗、教育等不投身市场活动也必需的花费，社会主义市场经济体制运行中这些消费由福利型转向市场型，且占据民众非食物性支出的大项。这一方面说明城乡人民收入与住房等反映生活水平提高的指标得到大幅度改善，是富起来的一种必然趋势；但另一方面，必须辩证地看民众消费结构变化，即这些消费由计划经济体制下企业办社会的福利保障型转化为市场型后，住房、医疗、教育等作为大众的必需且大额的开支，必然使人们的收入越来越多地用于非食物性支出。这是市场经济的基本特点，但也给来不及做好准备的人们带来经济上的巨大压力。

社会结构性升级以社会生产结构变化为基础。从一二三产业产值占 GDP 比重可明显看出，整体上产业结构升级幅度较大（见表 6-2），确立社会主义市场经济体制目标的第一个 10 年，第一产业产值占 GDP 的比重快速下降，对应的是第三产业产值占比拉升。处于工业化进程中的我国，1992～2012 年，第二产业的 GDP 占比稳中略升，反映我国工业化进程加快，成为制造业大国，加入世界贸易组织后国外投资商将制造业投资转向中国也推进中国成为"世界工厂"。第三个 10 年，第一产业 GDP 占比继续下降，第二产业的 GDP 占比也开始下降，这与中国进入工业化后半程，资本有机构成提高，快速成长的非公经济以及第一、第二产业释放的劳动人口进入第三产业等有较大关系。我国产业结构将近 30 年升级的全过程，体现了社会主义市场经济与工业化进程的复合效应。

表 6 - 2　1992 ~ 2021 年一二三产业增加值占 GDP 比重及城乡人口占比

单位：亿元，%

指标		1992 年	2002 年	2012 年	2021 年
第一产业	增加值	5866.6	16537.0	21762.79	83086
	增加值占 GDP 比重	21.78	13.74	9.4	7.3
第二产业	增加值	11699.5	53896.8	244121.69	450904
	增加值占 GDP 比重	43.45	44.79	45.3	39.4
第三产业	增加值	9357.46	49898.9	207219.574	553977
	增加值占 GDP 比重	34.75	41.47	45.3	53.3
城镇	人口占比	27.46	39.09	51.27	64.72（常住人口）
农村	人口占比	72.54	60.91	48.73	35.28（常住人口）

资料来源：《中国统计年鉴 2014》，国家统计局网站，http://www.stats.gov.cn/tjsj/ndsj/2014/in-dexch.htm；《中华人民共和国 2016 年国民经济和社会发展统计公报》，国家统计局网站，2017 年 2 月 28 日，http://www.stats.gov.cn/tjsj/zxfb/201702/t20170228_1467424.html；《中华人民共和国 2021 年国民经济和社会发展统计公报》，国家统计局网站，2022 年 2 月 28 日，http://www.stats.gov.cn/tjsj/zxfb/202202/t20220227_1827960.html。

产业结构升级必然反映为人口结构上的农村人口占比降低。2011 年年底我国城镇人口首超农村，占比达 51.27%，这意味着农业劳动生产率提高，每个农民的农业劳动可提供更多人所需的粮食。国民经济中农业的贡献率降低，反映我国越来越超越农业国地位，迈向工业国之列。改革开放和社会主义现代化建设的伟大成就举世瞩目，我国实现了从生产力相对落后的状况到经济总量跃居世界第二位的历史性突破，实现了人民生活从温饱不足到总体小康、奔向全面小康的历史性跨越，推进了中华民族从站起来到富起来的伟大飞跃。[1]

党的十八大之后，社会主义市场经济实践进入第三个 10 年。2013 年 10 月，习近平在 APEC 工商领导人峰会演讲中指出："我们不再简单以国内生产总值增长率论英雄，而是强调以提高经济增长质量和效益为立足点。"[2] 随后召开的党的十八届三中全会将完善社会主义市场经济引向全面深化改革，拓展了经济社会进一步稳扎稳打的发展空间，取得了越来越多成就。经济合作与发展组织（简称"经合组织"，OECD）曾经预测，中国最快将

[1] 《中共中央关于党的百年奋斗重大成就和历史经验的决议》，人民出版社，2021，第 22 页。
[2] 《习近平谈治国理政》，外文出版社，2014，第 345 页。

于 2016 年成为超过美国的最大经济体。① 我国 GDP 总量虽然仍然居世界第二，但我国购买力平价 GDP 从 2016 年起已居世界第一，意味着在中国生活更实惠。2021 年，城镇常住人口占总人口的比重（常住人口城镇化率）提高到近 65%。2021 年 29.8% 的全国居民恩格尔系数大大低于中等发达国家 40% 以内的水平，"吃饭花不了多少钱" 成为城乡大多数人的感慨。2019 年我国人均 GDP 首次突破一万美元大关②，2020 年新冠肺炎疫情冲击全球，在抗击疫情和复工复产的复杂严峻环境中，我国成为全球唯一保持正增长的主要经济体，2021 年全年国内生产总值达 114.36 万亿元多，比上年增长 8.1%，全球新冠肺炎疫情发生后两年平均增长 5.1%。全面深化改革的动力推进国民经济持续发展，全面建成小康社会目标于 2021 年如期实现。这一切都说明，中国共产党明确全面深化改革总目标；明确必须坚持和完善社会主义基本经济制度，使市场在资源配置中起决定性作用，更好发挥政府作用，把握新发展阶段，贯彻创新、协调、绿色、开放、共享的新发展理念，加快构建以国内大循环为主体、国内国际双循环相互促进的新发展格局，推动高质量发展，统筹发展和安全；③ 各方面都取得了巨大胜利。

"反贫困始终是古今中外治国安邦的一件大事"④，站起来的新中国一直致力于治理贫困问题。在资本主义市场经济必然两极分化、我国确立社会主义市场经济体制目标后出现贫富分化问题面前，我国加大反贫困工作力度，2014 年起，我国在农村实施 "精准扶贫" "精准脱贫" "乡村振兴" 战略，"锚定共同富裕目标、依托精准手段，构建政府、市场和社会协同发力的 '益贫市场' 机制，解放贫困者的生产力，使他们不仅成为分配的受益者，也成为增长的贡献者，推动实现整个社会更加均衡、更加公平

---

① *Balance of Economic Eower will Shift Dramatically over the Next 50 Years*, Says OECD, https://www.oecd.org/newsroom/balance of economic power will shift dramatically over the next 50 years says oecd.htm.

② 宁吉喆：《中国经济运行呈现十大亮点》，人民网，2020 年 2 月 1 日，http://cpc.people.com.cn/n1/2020/0201/c64102 – 31566301.html。

③ 《中共中央关于党的百年奋斗重大成就和历史经验的决议》，人民出版社，2021，第 25 页。

④ 习近平：《在全国脱贫攻坚总结表彰大会上的讲话》，《人民日报》2021 年 2 月 26 日，第 2 版。

的发展"①。全国贫困人口和贫困发生率持续降低（如图 6-1 所示）。2019年，我国贫困发生率降至 0.6%。② 2020 年，按照每人每年生活水平 2300 元（2010 年不变价）的现行农村贫困标准计算，551 万农村贫困人口全部实现脱贫。③ 我国"现行标准下 9899 万农村贫困人口全部脱贫，832 个贫困县全部摘帽，12.8 万个贫困村全部出列，区域性整体贫困得到解决，完成了消除绝对贫困的艰巨任务，创造了又一个彪炳史册的人间奇迹!"④ 历史性地解决了困扰中华民族几千年的绝对贫困问题，提前 10 年实现联合国 2030 年可持续发展议程的减贫目标。虽然还有城市中的相对贫困问题没完全解决，2021 年人均可支配收入 8333 元与 18445 元的家庭占比还各有 20%,⑤ 基尼系数虽平稳下降也仍然高于警戒水平，但中国反贫困的价值取向、有效方式、持续施策、巨大成就，展现的是社会主义旗帜下的反贫困态度和可期的更好未来。到 2020 年时累计解决了近 8 亿人口的脱贫问题，是全球脱贫贡献最大的国家。连国际上关注人权的组织也承认，数亿人生活水平提高，数千万人口的脱贫，直接改善了中国民众的生存权、发展权。在社会主义市场经济中我国反贫困的一个重要方式是想方设法使贫困人口进入市场，让他们在市场中把生产的产品和劳动力资源转化为市场收入。

经济体制是生产关系的具体形式，推动或阻碍社会生产力发展。虽然我们必须清醒认识到，生产关系对生产力的反作用不应看成决定作用，但不改革经济体制，生产力就不会发展这么快，通过改革生产关系和上层建筑中不适应生产力发展的一系列相互联系的环节和方面，解放了社会生产力。

二 民众思想、行为、生活方式极大改变并展现自信风貌

体制是一种对社会生产关系的组织安排，直接作用于人们的社会生活，

① 新华社国家高端智库：《中国减贫学——政治经济学视野下的中国减贫理论与实践》，2021年 2 月，第 2 页。
② 李克强：《政府工作报告——2020 年 5 月 22 日在第十三届全国人民代表大会第三次会议上》，中国政府网，2020 年 5 月 29 日，http://www.gov.cn/zhuanti/2020lhzfgzbg/。
③ 国家统计局：《中华人民共和国 2020 年国民经济和社会发展统计公报》，国家统计局网站，2021 年 2 月 28 日，http://www.stats.gov.cn/tjsj/zxfb/202102/t20210227_1814154.html。
④ 习近平：《在全国脱贫攻坚总结表彰大会上的讲话》，《人民日报》，2021 年 2 月 26 日，第 2 版。
⑤ 国家统计局：《中华人民共和国 2021 年国民经济和社会发展统计公报》，国家统计局网站，2022 年 2 月 28 日，http://www.stats.gov.cn/tjsj/zxfb/202202/t20220227_1827960.html。

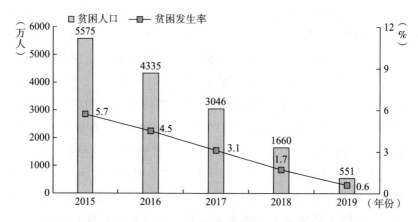

图 6 - 1 2015～2019 年全国贫困人口和贫困发生率

资料来源：《中华人民共和国 2019 年国民经济和社会发展统计公报》，国家统计局网站，2020 年 2 月 28 日，http://www.stats.gov.cn/tjsj/zxfb/202002/t20200228_1728913.html。

由此必然影响人们的思想与行为。改革开放以来，民众的物质生活水平、舆论宽松度在整体上有了极大提高。尤其是随着社会主义市场经济实践推进，人们在生活方式、交往方式、思维方式等很多方面发生巨变，达到了近乎被重塑的程度。

在社会主义市场经济实践中，经济主体树立和强化了参与市场活动需要的多方面意识。市场经济是商品经济的高级阶段，既追求效率，也必须通过提供给客户合适的产品与服务实现自我利益。总的来看，从改革开放初期"时间就是金钱、效率就是生命"到之后"顾客就是上帝"，近 30 年来，生产者从产品质量竞争扩展到产品研发、设计、制造、销售竞争，从售中服务延伸到售后服务再拓展到售前服务，市场主体需要从维权到相关法律体系建设与切实执行等等，经济主体建立起了多方面适应市场活动的意识。伴随社会主义市场经济实践过程，参与意识、竞争意识、效率意识、服务意识、忧患意识、法制意识等参与市场经济必须具备的意识，随着加入市场经济活动和市场体系的规范与成熟而日益增强。不仅如此，经济主体要在走向成熟的市场中实现长期发展，必须承担主体责任，自律的生产者才能维护品牌地位和形象，才能做大做强。由此人们对维护诚信等公共经济环境的意识也在加强。同样，消费者在市场活动中也得到观念更新，除了关注消费的经济性，越来越重视消费安全、消费权利、绿色消费等，这说明参加市场活动在一定程度上要求人们加强市场秩序意识、可持续增长环境意识等社会责任意识，共同促进整个社会的发展。

市场的快速发育使居民生活便利程度大大提高，人们通过购买市场服务减轻了家务负担、提高了家务劳动效率、增加了休息娱乐时间，通过参与市场获得多种收入提高了生活质量。以2019年为例，全年国内游客达60.1亿人次，比上年增长8.4%，减去入境游客14531万人次，仍然可谓空前旺盛。国内居民出境达16921万人次，增长4.5%，其中因私出境16211万人次，增长4.6%，赴港澳台10237万人次，增长3.2%。[①] 2021年，我国居民消费多元化结构中，教育文化娱乐支出占比为10.8%，较上年有所提高。[②]

衣食住行条件大为改善，受教育机会和程度大为提高。截至2021年，我国全年研究生教育招生117.7万人，在学研究生333.2万人，毕业生77.3万人。普通、职业本专科生招生1001.3万人，在校生3496.1万人，毕业生826.5万人。中等职业教育招生656.2万人，在校生1738.5万人，毕业生484.1万人。普通高中招生905.0万人，在校生2605.0万人，毕业生780.2万人。初中招生1705.4万人，在校生5018.4万人，毕业生1587.1万人。普通小学招生1782.6万人，在校生10779.9万人，毕业生1718.0万人。特殊教育招生14.9万人，在校生92.0万人，毕业生14.6万人。学前教育在园幼儿4805.2万人。九年义务教育巩固率为95.4%，高中阶段毛入学率为91.4%。[③] 民众的生存、享受、发展需要总体上获得越来越多的满足，人们在精神面貌上展现出自信自尊。

社会变革升级首先反映社会的进步，但变革中也产生新的问题，近30年来人们思想与行为方式的转变也呈现出不良的一面。比如，市场主体取向个体利益，人际关系趋于功利、松散。人是社会关系的产物，市场经济是塑造"经济人"的温床，个人、家庭、经济组织等各类经济主体，决策者、执行者等各个层面，在市场经济活动中很快产生了价值取向转向个体利益的问题。市场活动的个体利益优先浸染社会生活、人与人交往等各个

---

① 国家统计局：《中华人民共和国2019年国民经济和社会发展统计公报》，国家统计局网站，2020年2月28日，http://www.stats.gov.cn/tjsj/zxfb/202002/t20200228_1728913.html。

② 国家统计局：《中华人民共和国2021年国民经济和社会发展统计公报》，国家统计局网站，2022年2月28日，http://www.stats.gov.cn/tjsj/zxfb/202202/t20220227_1827960.html。

③ 国家统计局：《中华人民共和国2021年国民经济和社会发展统计公报》，国家统计局网站，2022年2月28日，http://www.stats.gov.cn/tjsj/zxfb/202202/t20220227_1827960.html。

领域，人际关系悄然呈现有利你来我往，无利对面不认状态。功利松散型人际关系模式，取代了之前基于共同利益取向的协作亲和型人际关系模式。再比如，权力决定优先谁的利益等隐性规则作用增强，在使用与约束权力缺乏成熟规则时，有的政府官员会利用权力的弹性空间寻租。

三 国际经济影响力大幅提升

通过近30年的社会主义市场经济实践，我国越来越走近世界经济舞台中央。1992～2021年，我国进出口和外汇储备直线式提升（如表6-3所示）。

我国经济实力显著增强，主要总量指标跃居世界前列。从表6-3可看出，自2006年起，我国外汇储备持续居世界首位。2011年，我国货物进出口总额跃居世界第2位。2012年起，货物出口总额居世界第1位，货物进口总额居世界第2位。2012～2017年，中国进口商品达10万亿美元左右，对外投资达5000亿美元的规模，出境游超过4亿人次。中国越发展，越能给亚洲和世界带来发展机遇。[①] 1978年改革开放起步时我国货物进出口总额占世界比重为0.8%，居世界第29位；2012年占世界比重提升到10.4%，居世界第2位。2013年，我国货物进出口总额首次跃居世界第1位。到2017年，我国谷物、花生、茶叶产品产量由世界第2位上升至世界第1位；肉类由第3位提高到第1位；甘蔗产量由第10位提高到第3位。主要工业产品产量大幅增加，跃居世界前列。其中，粗钢、煤产量和发电量、水泥和化肥产量于2017年跃升世界第1位，原油产量上升到世界第5位。2018年，我国货物进出口总额为46230亿美元，居世界第1位，占世界比重超过1978年11个百分点达到11.8%；服务进出口总额、对外直接投资额跃居世界第2位，出境旅游人数和境外旅游支出居世界第1位。高铁、高速公路里程等现代基础设施建设领跑世界。[②] 2019年蝉联出口第一后，2020年在极不平凡、严峻复杂的国内外形势和新冠肺炎疫情的严重冲击下，我国成为全球唯一实现经济正增长的主要经济体，外贸进出口明显好于预期，全年

---

① 习近平：《共同创造亚洲和世界的美好未来——在博鳌亚洲论坛2013年年会上的主旨演讲》，人民出版社，2013，第8页。

② 国家统计局：《国际地位显著提高 国际影响力持续增强——新中国成立70周年经济社会发展成就系列报告之二十三》，国家统计局网站，2019年9月6日，http://www.stats.gov.cn/ztjc/zthd/sjtjr/d10j/70cj/201909/t20190906_1696332.html。

进出口、出口总值双双创历史新高，国际市场份额也创历史最好纪录，成为全球唯一实现货物贸易正增长的主要经济体，货物贸易第一大国地位进一步巩固。2021 年，全年货物进出口总额 391009 亿元，比上年增长21.4%。其中，出口 217348 亿元，增长 21.2%；进口 173661 亿元，增长21.5%。货物进出口顺差 43687 亿元，比上年增加 7344 亿元。对共建"一带一路"国家进出口总额 115979 亿元，比上年增长 23.6%。其中，出口65924 亿元，增长 21.5%；进口 50055 亿元，增长 26.4%。[①]

表 6-3 1992~2021 年我国货物进出口和外汇储备总额及世界排名

单位：亿美元

指标		1992 年	2002 年	2012 年	2021 年
货物进出口	出口总额	850	3255.96	20489.3	34090
	世界排名			1	1
	进口总额	806	2951.7	18178.3	27237.95
	进出口总额世界排名			2	1
外汇储备	总额	194.43	2864.07	33116	32501.66
	世界排名			1	1

资料来源：《关于1992年国民经济和社会发展的统计公报》，国家统计局网站，1993年2月18日，http://www.stats.gov.cn/tjsj/tjgb/ndtjgb/qgndtjgb/200203/t20020331_30006.html；《关于2002年国民经济和社会发展的统计公报》，国家统计局网站，2003年2月28日，http://www.stats.gov.cn/tjsj/tjgb/ndtjgb/qgndtjgb/200302/t20030228_30016.html；《关于2012年国民经济和社会发展的统计公报》，国家统计局网站，2013年2月22日，http://www.stats.gov.cn/tjsj/tjgb/ndtjgb/qgndtjgb/201302/t20130221_30027.html；《中华人民共和国2021年国民经济和社会发展统计公报》，国家统计局网站，2022年2月28日，http://www.stats.gov.cn/tjsj/zxfb/202202/t20220227_1827960.html；盛来运《不平凡之年书写非凡答卷——〈2020年国民经济和社会发展统计公报〉评读》，国家统计局网站，2021年2月28日，http://www.stats.gov.cn/tjsj/sjjd/202102/t20210228_1814157.html；《官方储备资产》，国家外汇局网站，http://www.safe.gov.cn/safe/2021/0202/18181.html。

中国取得的骄人成绩对世界做出了贡献。2008 年国际金融危机爆发后，世界主要经济体增长明显放缓甚至面临衰退，中国经济仍保持高增速并率先回升，成为带动世界经济复苏的重要引擎。2012 年我国利用外资规模跃

---

① 《中华人民共和国2021年国民经济和社会发展统计公报》，国家统计局网站，2022年2月28日，http://www.stats.gov.cn/tjsj/zxfb/202202/t20220227_1827960.html。

居全球第 2 位，2013 年中国 GDP 约 2 倍于日本①。我国经济总量占世界的份额由 2002 年的 4.4% 提高到 2011 年的 10% 左右，对世界经济增长的贡献率超过 20%。② 据统计，中国加入世界贸易组织的 10 年中，每年平均进口 7500 亿美元的商品，相当于为贸易伙伴创造 1400 多万个就业岗位，在华外商投资企业累计汇出利润 2617 亿美元，年均增长 30%。中国对外投资企业聘用当地员工接近 80 万人，每年在当地纳税超过 100 亿美元，中国物美价廉的商品为国外消费者带来了巨大实惠。由于进口中国商品，美国消费者这 10 年共节省开支 6000 多亿美元，欧盟每个家庭每年可以节省开支 300 欧元。仅 2019 年，我国对共建"一带一路"国家的进出口总额达 92690 亿元，比上年增长 10.8%。其中，出口增长 13.2%，进口增长 7.9%，双向投资深入发展。2019 年，我国对共建"一带一路"国家非金融类直接投资额达 150 亿美元，占对外总投资比重比上年提高 0.6 个百分点，共建"一带一路"国家对华直接投资金额达 84 亿美元，增长 30.6%。③ 2020 年对共建"一带一路"国家进出口总额达 93696 亿元，年增 1.0%④；2021 年进出口总额 115979 亿元，比上年增长 23.6%；⑤ 广泛推动了共建"一带一路"国家经济发展。

在社会主义市场经济实践的近 30 年里，综合国力不断提升的中国，不仅在经济上，而且在诸多领域表现出社会主义负责任大国的国际形象，如，加入世界贸易组织、参与联合国维和行动、主持以实现朝鲜半岛无核化为目的的六方会谈、与不少邻国解决了领土争端、加入并在众多地区性组织中起推动和平发展合作共赢的积极作用等。在国际政治舞台上，硬实力、软实力支撑中国发挥稳定的促进世界和平发展的中坚作用，中国发出的不

---

① 《朝日新闻：中国 2013 年 GDP 达日本 2 倍》，中国社会科学网，2014 年 1 月 21 日，http://www.cssn.cn/jjx/jjx_gdxw/201401/t20140121_949643.shtml。

② 国家统计局：《新世纪实现新跨越 新征程谱写新篇章——从十六大到十八大经济社会发展成就系列报告之一》，国家统计网站，2012 年 8 月 15 日，http://www.stats.gov.cn/ztjc/ztfx/kxfzcjhh/201208/t20120815_72837.html。

③ 盛来运：《稳中上台阶 进中增福祉——〈2019 年统计公报〉评读》，国家统计局网站，2020 年 2 月 28 日，http://www.stats.gov.cn/tjsj/sjjd/202002/t20200228_1728918.html。

④ 国家统计局：《中华人民共和国 2020 年国民经济和社会发展统计公报》，国家统计局网站，2021 年 2 月 28 日，http://www.stats.gov.cn/tjsj/zxfb/202102/t20210227_1814154.html。

⑤ 《中华人民共和国 2021 年国民经济和社会发展统计公报》，国家统计局网站，2022 年 2 月 28 日，http://www.stats.gov.cn/tjsj/zxfb/202202/t20220227_1827960.html。

准任何人搞乱亚洲[1]、不准在中国门口滋事[2]的声音，掷地有声；提出"一带一路"倡议、发起创建亚洲基础设施投资银行并得到广泛的国际响应；作为世界最大的制造业国家加入和推进国际市场，让全球获得中国实惠；在国际经济关系中展现合作共赢等社会主义价值取向以及求同存异、和合一家等优秀传统文化等，与西方文化交流、交锋、交融，积极推进世界和谐文化和文化多样性。

世界上爱护和平的国家、民族、人民，都高度褒扬新中国在维护世界和平基础上取得的伟大建设成就。即使某些评价的目的复杂，但仍然能够从侧面反映改革开放特别是社会主义市场经济实践以来中国影响力状况。提出"软实力"这一概念的约瑟夫·奈，曾经于 2005 年底在《华尔街日报》发表《中国软实力的崛起》，2009 年他又撰文《中国软实力的兴起及其对美国的影响》，尽管其并非褒扬中国，但还是引用了诸多反映中国软实力提升的例子。英国广播公司（BBC）2005 年对 22 个国家的调查显示，近一半被调查者非常积极正面地看待中国的影响力。2008 年，芝加哥全球事务委员会和韩国东亚研究院就亚洲地区的软实力问题展开了一项细致的多国民意调查，结果显示，中国影响力的上升被亚洲地区的大部分民众认为是"积极的"。

中国在应对世界性危机、抗击新冠肺炎疫情的原则和能力方面，显示出世界其他市场经济国家难以企及的可靠性和稳定性。这是中国市场经济的社会主义背景使然，是社会主义市场经济既可有效调动市场机制，又必须让市场经济为社会主义服务才能实现的。

前无古人的社会主义市场经济实践取得了多领域多方面喜人成就，市场体系更完善成熟、市场配置资源的程度越来越高，带来过去难以料想的社会生产资源优化配置和民众生活极大便利实惠。市场体系治理规范法制化程度不断提高，营商环境日益清朗开阔，污染防治卓有成效。我国建成了包括养老、医疗、低保、住房在内的世界最大的社会保障体系，2020 年

---

① 《今日海外言论（4 月 18 日）：不许任何国家把亚洲搞乱》，新华网，2013 年 4 月 18 日 ht-tp：//www. xinhuanet. com/world/2013－04/18/c_ 124597408. htm。

② 《王毅谈朝鲜半岛局势：不允许在中国家门口生事》，中国共产党新闻网，2013 年 4 月 7 日，http：//theory. people. com. cn/n/2013/0407/c136457－21037358. html。

基本养老保险覆盖 136101 万人①，2021 年又新增 3008 万人，覆盖率超过 95%。宏观调控能力经受住了世界百年未有之大变局下的市场考验、逆全球化和新冠肺炎疫情等重大风险挑战。在新技术革命推动生产力新布局中，社会主义市场经济必将继续不负使命，披荆斩棘，绘就更加波澜壮阔、气势恢宏的历史画卷。

第二节　社会主义市场经济理论发展任务

社会主义市场经济实践取得了伟大的成就，一方面是源于实践又高于实践的正确理论指导；另一方面不断推进的实践又不断检验理论并完善理论。

一　加快社会主义市场经济理论学术化体系建设

社会主义市场经济取得的成就充分证明，社会主义对市场经济驾驭得好才能实现"三个有利于"，反之则会受制于甚至受害于市场经济。总结社会主义市场经济基本经验和教训，完善社会主义市场经济体制，揭示和把握运用社会主义市场经济规律，需要加快社会主义市场经济理论转化为学术化体系的建设。

科学的学术化理论体系应有鲜明的学科属性，包括明确的研究对象、坚实的理论基础、成熟的核心理论、明晰的理论边界等。在已经由执政党的创新理论转化为学科化体系的道路上，社会主义市场经济理论必须在这些理论要件上不断完善。

（一）夯实社会主义市场经济的理论基础

社会主义市场经济理论使社会主义经济体制研究有了一套相对独立的理论。作为多学科交叉的新兴应用学科，以怎样的基本原理确立理论体系，或者说建立在怎样的理论基础之上，决定理论体系发展的方向与科学性，也决定理论引领的实践发展方向。

---

① 李克强：《政府工作报告——2020 年 5 月 22 日在第十三届全国人民代表大会第三次会议上》，中国政府网，2020 年 5 月 29 日，http://www.gov.cn/zhuanti/2020lhzfgzbg/。

本书第四章论证了社会主义市场经济的理论基础是马克思主义理论，从经济理论属性来说是马克思主义政治经济学基本原理。但是，社会主义市场经济的理论基础受侵蚀已久，马克思主义政治经济学一度承受连锁性掏空效应，政治经济学研究与传播濒临资源枯竭，包括高校学生在内的民众，接触马克思主义政治经济学原理的可能性几乎为零。西方市场经济理论一度不仅几乎完全占据了我国经济理论及其传播的主阵地，也成为经济实践主战场最常用的指导理论。这说明我国社会建设的理论过滤网还很单薄稀疏，对危害社会主义本质的伪科学经济理论必须加强过滤。[①]

党的十八大以来，习近平总书记多次在重大场合强调中国特色社会主义是科学社会主义，2014 年 7 月到 2016 年 7 月的两年内，习近平总书记多次在重要讲话中阐述政治经济学对我国经济建设的重大意义，他指出："现在，各种经济学理论五花八门，但我们政治经济学的根本只能是马克思主义政治经济学，而不能是别的什么经济理论。"[②] 习近平总书记的多次重要讲话，再次宣示社会主义市场经济理论与实践的地基是马克思主义政治经济学，西方经济学力扮金科玉律教科书做颐指气使教师爷[③]的局面必须改善。如何推进经济理论建设以马克思主义政治经济学为指导，开拓当代中国马克思主义政治经济学新境界，建设以政治经济学为理论基础的学术化社会主义市场经济理论，这是正在进行又充满艰难的一项工作，必须调整经济理论的研究及教育传播体制以激活相应的研究传播机制，才能大力夯实社会主义市场经济的理论基础。

（二）厘清社会主义市场经济理论的重要范畴

一个理论是围绕其核心范畴指向的事物产生、变化规律展开探析的。社会主义市场经济理论已经发展成一门相对独立的学科，遵从学科建设规律、明晰范畴体系是走向成熟的必然趋势。目前，社会主义市场经济理论形成已经有了几十年时间，在实践砥砺与检验不断充分的条件下，把社会

---

① 常荆莎、吴东华：《论坚持马克思主义政治经济学的主导地位——兼论高校社会主义市场经济理论基础教育问题》，《当代经济研究》2016 年第 5 期，第 18～23 页。

② 中共中央党史和文献研究院编《十八大以来重要文献选编》（下），中央文献出版社，2018，第 2 页。

③ 中共中央党校（国家行政学院）编《习近平新时代中国特色社会主义思想基本问题》，人民出版社、中共中央党校出版社，2020，第 68 页。

主义市场经济基本经验升华成理论体系，需要更加准确地凝练社会主义市场经济理论的重要范畴，深入研究包含社会主义市场经济理论核心范畴在内的诸多重要范畴。在研究不够深入清晰透彻的情形下，人们无法准确认识这一理论的研究对象、研究任务、研究目的、研究边界等学科属性。比如，很多人分不清社会主义基本制度、社会主义经济制度、社会主义基本经济制度、社会主义初级阶段基本经济制度、经济体制等重要范畴，导致人们很难厘清市场经济中哪些事物真正有利或至少无害于社会主义、经济体制偏离社会主义根本要求的风险边界在哪里、如何具体评价继而控制偏离风险等问题。这些问题反过来形成一系列社会主义市场经济理论的研究任务。比如：社会主义市场经济如何实现社会主义本质要求、体现社会主义本质特征，社会主义市场经济体制如何既以经济建设为中心又实现社会主义生产目的，如何运用社会主义基本经济规律、商品经济基本规律、社会化大生产基本规律处理好社会主义市场经济中的重大经济关系等。诸多纷扰，究其理论根源在于对这些重要范畴的理论凝练还需更加清晰准确。

（三）巩固社会主义市场经济理论的核心理论

社会主义市场经济理论，包括社会主义市场经济是什么、为什么、怎么做、怎么样、到哪去等基本问题的具体内容，这些具体理论内容板块在探索中逐渐形成与完善。我国经济体制改革的目标与性质理论，是社会主义市场经济理论的核心内容，其他内容都是以此为原点拓展的。

改革开放伊始，我国就经济体制改革在怎样的前提下谋求怎样的直接结果、具体改革哪些环节、最终实现什么目的等相关问题做出了基本回答。1992 年党的十四大确定了目标体制后，推进了社会主义市场经济理论具体内容板块的形成与成熟。近 30 年来，中共中央的一系列决定、决议，反映了我国从一开始就对经济体制改革目标与性质这一元问题非常明晰，也反映了我国对社会主义市场经济的认识不断深化、细化。但是，由于理论整合性不足，人们对经济体制目标体系及层次关系的认识还比较模糊，主要表现在围绕我国究竟能改什么、不能改什么，各举其证，标准各异，争论不休，攻其一点不及其余较为普遍。比如，很多人认为，一切有利于解放和发展生产力的改革举措都应该推行，把是否有利于我国社会主义制度完善和发展丢到一边。其中有的属于认知片面，误读误解了我国经济体制改革的目标与性质；有的则是有意将理论庸俗化，误导大众对改革性质的认识。

任何科学理论都源于实践又接受实践检验，在实践中不断走向成熟的理论才能有效引领大众和推进实践。逐步健全社会主义市场经济理论体系，要求进一步有机整合其具体理论。其中，整合、完善、巩固我国经济体制改革的目标与性质理论最具实质性的意义。因为，改革的性质和目标理论是否确立和稳定，一方面决定社会主义市场经济理论相关内容拓展与延伸的方向；另一方面决定理论引领我国改革实践往哪里去，决定改革能否促进社会主义基本制度自我完善与发展。认清我国经济体制改革具有多层次目标，把握目标间的辩证关系，是推进社会主义市场经济坚持科学社会主义重大原则的核心或关键。

整合我国经济体制改革目标与性质的理论具有紧迫性。既有层次又更整合地突出我国经济体制改革目标与性质，是我国完善社会主义市场经济理论的基础性任务，关系到理论符合科学逻辑的基本要求，关系到区别目标之间的本末、明确各目标在目标体系中的地位与作用，关系到把握目标间一致性与差异性、依存性与摩擦性的对立统一关系。

本书第三章论证了我国经济体制改革的目标与性质问题，指出从理论上厘清我国经济体制改革目标，实质是要厘清我国经济体制改革与社会主义制度完善之间的关系，厘清生产关系本质取向与具体实现的关系，厘清生产关系与社会生产力发展的关系。依据改革开放以来中共中央的一系列决定、决议，按照我国改革开放对目标与性质问题不断深化的认识历程，我国经济体制改革具有的多层次目标包括具体目标、直接目标、目标模式、根本目的。

实现中国特色社会主义制度完善和发展，是我国经济体制改革的基本性质，也是改革的前提、总目标、根本目的。从动态上看，实现社会主义制度的自我完善既是改革的出发点，又是改革的归宿点；从层次上看，既是基础性要求，又是本质性目的。既是在规定了哪些不能改的基础上谈改革，又是强调通过改革的途径实现改哪些。宏观上，它确定了改革的方向、轨道、边界；微观上，它需要具体化为各种规制，检验、过滤有害于社会主义的生产关系。

改革我国经济体制、发展社会主义社会生产力、完善社会主义基本制度、增进人民福祉，环环相扣、辩证统一。目前人们认识我国经济体制改革目标与性质理论时，通常容易混淆改革的直接目标和根本目的。经济体制改革的直接目标是为了解放和发展生产力，人类社会的历史与现实都深刻证明了历史唯物主义的基本观点，发展生产力是所有社会、各个国家的直接任务，完成这一直接任务才能维护统治阶级的利益和社会制度。换言之，解放和发展生产力只是经济体制要实现的直接目标并不是最终根本目的，因为每个社会的实践活动都以生产力的发展为直接结果，而本质的问题是为谁发展生产力或生产力发展的果实属于谁。社会主义社会要借助发展生产力促进社会主义各项事业，完善社会主义制度，而不断完善成熟的社会主义制度是确保人民共享社会进步成就、维护人民幸福的制度根基。

二　抗击对社会主义市场经济理论基石的解构

邓小平是社会主义市场经济理论的主要贡献者，改革开放的性质与目标理论是社会主义市场经济理论的基石，也是邓小平社会主义市场经济思想的内核。解构社会主义市场经济理论最为普遍的现象是解构邓小平的社会主义市场经济思想，其实质在于解构改革性质与目标理论、引偏我们的实践。

（一）破除误导改革目的的扭曲化"猫论"

1959～1961年，在"大跃进"运动及自然灾害影响下，新中国遭遇了第一次严重经济困难。1961年1月，中共中央八届九中全会提出对国民经济实行"调整、巩固、充实、提高"的"八字方针"，"大跃进"开始转向实事求是的调整。毛泽东提出1961年应成为一个"大兴调查研究之风"年，此后一年多中央派调查组赴各地基层了解情况。1962年7月，我国部分地区仍未完全摆脱经济困难，时任中央书记处书记和中央委员会总书记、国务院副总理的邓小平，基于调查了解发表了两次讲话，对迅速落实"八字方针"，制定克服困难的措施，发展国民经济、满足人民生活需要，发挥了积极有效的历史作用。针对调动广大农民生产积极性的问题，邓小平引用刘伯承元帅打仗时爱说的一句四川俚语，"黄猫、黑猫，只要捉住老鼠就是好猫"[①]，这一俚语后来被片面理解为仅追求生产力而不顾生产关系并遭到批判。

---

① 《邓小平文选》（第一卷），人民出版社，1994，第323页。

1978 年后，这一"白猫、黑猫"的俚语再次被简称为"猫论"。1989年，邓小平回答薄一波应怎样看待相关问题时说，第一，我现在不收回；第二，我是针对当时的情况说的。①

邓小平在 1962 年 7 月讲话中强调："总的来说，在全国，要巩固集体经济，也就是要巩固社会主义制度，这是根本方向。当然，也要解决工作中领导中的具体问题。在农村，还得要调整基层的生产关系，要承认多种多样的形式。"② 其突出了遵循生产关系要适合生产力发展性质的基本规律、选择具体经济关系要满足巩固社会主义基本制度的要求。

将特定历史背景下的邓小平讲话精神，断章取义地理解为邓小平提出改革开放的目的，这是扭曲邓小平社会主义市场经济思想的惯见现象。这样经过扭曲的论调不属于邓小平理论③，改革开放后有人拿此误导经济体制与社会主义制度的关系，违背邓小平讲话精神的理论品质，将社会主义市场经济的中间目标——发展生产力——当成根本目的，误导实践。掐头去尾地将邓小平讲话精神肢解后再泛化，一度有人衍生出"不论什么方式，赚到钱就是本事"谬误，无视社会主义市场经济"诚实劳动和合法经营"的前提，歪曲社会主义市场经济的性质。

党的十八大以来，"既不走封闭僵化的老路、也不走改旗易帜的邪路"④被进一步转化为党和国家的政策与行动，有利于确保社会主义市场经济理论的科学性与正确方向，推动社会主义市场经济服务于完善社会主义基本制度。

（二）破除肢解"南方谈话"而将手段目的化

1992 年邓小平《在武昌、深圳、珠海、上海等地的谈话要点》被称为"南方谈话"，其对我国确立社会主义市场经济体制目标起到了关键推动作用，被广泛视为社会主义市场经济理论的蓝本。

---

① 周贵发：《"猫论"不宜作为邓小平理论来援引》，《贵阳金筑大学学报》2001 年第 6 期，第 60 页。

② 《邓小平文选》（第一卷），人民出版社，1994，第 324 页。

③ 周贵发：《"猫论"不宜作为邓小平理论来援引》，《贵阳金筑大学学报》2001 年第 6 期，第 59 页。

④ 中共中央党史和文献研究院编《十八大以来重要文献选编》（下），中央文献出版社，2018，第 351 页。

"南方谈话"中，最为人熟知的是："计划多一点还是市场多一点，不是社会主义与资本主义的本质区别。计划经济不等于社会主义，资本主义也有计划；市场经济不等于资本主义，社会主义也有市场。计划和市场都是经济手段。"① 这一论断的广泛传播，让人们懂得计划和市场都是经济手段，社会主义也可以搞市场经济。但是，如果仅仅以这一论断作为"南方谈话"的全部深刻内涵，会肢解"南方谈话"。在"南方谈话"中，邓小平绝不仅仅只阐述了关于计划与市场都是经济手段的思想，他谈了六个方面。

第一，改革和革命都解放和发展生产力。在这方面，邓小平首先强调坚持社会主义，改革开放，发展经济，改善人民生活，中国才能发展。改革开放必须坚持党的十一届三中全会以来的路线方针政策，"一个中心、两个基本点"的基本路线要管一百年。

第二，改革开放要敢闯和敢试，及时总结与纠错，预计需要30年我们才会形成一整套更加成熟、更加定型的制度。他提出，判断改革开放会取得社会主义成就还是倒退到资本主义，应以"三个有利于"作为标准，这一标准现已视作判断与改革有关的事物性质与成败的标准。邓小平以深圳当时的状况为例，指出公有制作为主体，"三资"企业受到我国整个政治、经济条件制约而可以有益补充社会主义经济、有利于社会主义。特区试验表明，经济手段为社会主义服务使特区姓"社"不姓"资"，计划和市场都是社会主义可以运用的经济手段。邓小平提出后来被称为社会主义本质论的思想：社会主义的本质是解放生产力，发展生产力，消灭剥削，消除两极分化，最终达到共同富裕。他还说，股票等资本主义用过的，试一两年对了放开，错了纠正。他特别强调，社会主义要赢得与资本主义相比较的优势，就必须大胆吸收和借鉴人类社会创造的一切文明成果、当今世界各国包括资本主义发达国家的一切反映现代社会化生产规律的先进经营方式、管理方法。关于市场经济可能出现两极分化和走社会主义道路就要逐步实现共同富裕，他提出基本构想：一部分地区有条件先发展起来，先发展起来的地区带动后发展的地区，社会主义制度应该而且能够避免两极分化。他指出对改革开放有不同意见是正常的，提出不搞争论，争取时间干。邓小平提醒人们，右可以葬送社会主义，"左"也可以葬送社会主义，中国要

---

① 《邓小平文选》（第三卷），人民出版社，1993年，第373页。

警惕右，但主要（当时）是防止"左"，指出保持清醒头脑就不会犯大错误，出现问题也容易纠正和改正。

第三，提出经济稳定、协调发展是硬道理，科学技术是第一生产力，必须依靠科技和教育发展经济。邓小平指出知识分子是工人阶级的一部分，要爱国，让我们的国家发达起来。

第四，抓改革开放和打击各种犯罪活动的两只手都要硬。邓小平对中国共产党的历史经验、中国共产党的重要建设任务、巩固为人民执政的地位及根本原理、防止颠覆性风险，都做了全面考虑。他指出，事实证明，共产党能消灭丑恶的事物。整个改革开放过程中都要反腐败，把干部和共产党员的廉政建设作为大事来抓。要搞法制建设。必须在整个改革开放过程中坚持四项基本原则。资产阶级自由化泛滥后果会极其严重，搞建设花多年时间而垮起来可是一夜之间。靠无产阶级专政保卫社会主义制度，运用人民民主专政的力量，巩固人民的政权，是正义的事情，没有什么输理的地方。巩固和发展社会主义制度，需要我们几代人、十几代人，甚至几十代人坚持不懈地努力奋斗，决不能掉以轻心。

第五，办好中国的事情，坚持社会主义和改革开放，经济快一点发展起来，国家长治久安，关键在人。在这里，邓小平继承第一代领导集体在我国社会主义革命和建设中的清醒认识，深刻把握帝国主义把对我国和平演变的希望寄托在中国的第三代、第四代身上。针对中国要出问题还是在共产党内部，提出要选德才兼备的人进领导班子，按"革命化、年轻化、知识化、专业化"的标准培养人，让人民感受到改革开放的真心诚意。他强调实事求是，学马列要精、要管用，反对形式主义。实践是检验真理的唯一标准。马克思主义不玄奥，是很朴实的道理。

第六，在苏东剧变、世界社会主义进入低潮面前，邓小平提醒我们要遵循马克思主义运用历史唯物主义揭示的人类社会发展规律。他指出一些国家出现严重曲折，但人民经受锻炼，从中吸取教训，将促使社会主义向更健康的方向发展。世界和平与发展这两大问题至今没有解决，中国反对霸权主义、强权政治，永不称霸，是维护世界和平的坚定力量。我们要埋头苦干，新中国成立100年时把我国建设成中等水平的发达国家，我们的担子重，责任大。

总之，"南方谈话"内涵深刻、外延丰富。对我国改革开放要敢闯敢试，抓住发展机会，认识社会主义本质任务、目的与手段的关系，把握办好中国的事情关键在人，在整个改革开放的过程中始终坚持四项基本原则、反腐败、抵御和平演变，搞好法制建设，运用马克思主义务实于治理国家、防止"右"和"左"干扰我国社会主义建设，用人民民主专政保护社会主义制度，在和平与发展时代主题中我们新中国成立百年时达到中等发达国家水平等一系列问题，"南方谈话"提供了整套规划思路，起到了对我国社会主义改革开放进一步实践定方向、定基调，重大问题定预案的作用。

"南方谈话"可以视为改革开放的纲领性思想。其丰富的精神内涵，从理论的内容到理论所体现的方法论，具有如下特点。其一，全面涉及生产力、生产关系、上层建筑，无一偏废。其二，不是机械地强调每个方面，而是强调生产力、生产关系、上层建筑之间的有机统一，强调坚持社会主义道路、坚持经济制度与改革经济体制、经济建设与廉政及精神文明建设、马克思主义的科学性与实用性结合，其间充分体现谋求和确保市场工具推动社会主义经济，为实现社会主义制度不断成熟与完善服务的根本立意。其三，提醒人们把握社会历史规律的总趋势，坚持走社会主义道路。这就确定了改革的基本前提，改革不是改向，遵循了生产关系必须符合生产力性质的一般经济规律，指出了变革不适应社会生产力要求的具体生产关系这一改革内容，鲜明地体现了运用辩证唯物主义与历史唯物主义认知和把握我国现阶段任务、问题、目标这一方法论。

"南方谈话"对我国20世纪90年代以后社会主义初级阶段改革开放发展的设计是全方位的，绝非片面阐释我国社会主义市场经济的建立与完善。全面领会"南方谈话"，而不是择一弃余，才能把握"南方谈话"作为马克思主义中国化第二次飞跃要领的意蕴，才能推进社会主义市场经济实践中手段与目的有机统一。片面领会和只看重经济手段，本质上便堕入不择手段，这既不是我国确立和完善社会主义市场经济体制的初衷，违背唯物史观揭示的社会发展规律，更会激化现阶段社会矛盾、陷改革于无序局面、加大我国经济体制改革的重大风险，甚至犯颠覆性错误。

（三）抗击西方错误思潮对我国改革性质与目标理论的解构

随着我国改革出现利益分化，不同利益主体都对社会进一步发展有自己的理论诉求，这也为西方错误思潮在我国的传播提供了温床。西方错误思潮一直千方百计扰乱我国经济体制改革方向，解构我国改革的根本目的。

1. 利益分化是西方错误思潮产生实际影响的经济条件

一切理论都有其深刻的经济根源，西方错误思潮之所以能够对我国产生实际影响，不过是一定经济诉求在思想文化或政治上的反映。我国经济体制改革中产生利益分化，形成经济资源占有量不同的群体、不同的经济成分、不同性质的经济关系，不同利益群体为了维护、实现、发展自己的利益，必然寻求理论层面的支持，追求利益的合理性与合法性。利用我国改革开放愿意学习外来文化，利益分化又使一部分人希望用"舶来品"巩固自己的受益空间，国际垄断资本力图通过新自由主义为主的西方经济思潮理论对我国渗透，主张完全自由化、市场化、西化，旨在夺取我国市场，实现其在全球的利益最大化。他们先从西方经济学一般原理开始，在我国传播和培养人们这样一个观念：完全竞争市场效率最高，消费者在完全竞争市场能够以最合理的价格获取商品和服务。受此影响，很多人毫不思考国家发展历程、发展取向、社会性质等差异，缺乏对竞争条件的深刻思考，糊涂或恶意地附和反公有制滥调，赞成对外完全开放金融、能源等国民经济体系的核心市场。

无疑，竞争是市场经济的必然伴侣，有序、适度、有效地竞争有助于市场健康发展、有利于市场主体。然而，暂且不论现实中是否存在完全竞争市场，仅就竞争双方的利益取决于竞争力而言，我国刚刚进入工业化的后半程，虽然基础工业经过半个多世纪的积累有了飞速发展，现代化金融等第三产业发展时间更短也成绩斐然，但相比相应行业的国际垄断资本发展短则百年长则几个世纪，且其早已在全球扩张中积蓄了巨大势力，我国决不能放松全球任何一个发达国家都会严防死守的经济堤坝。我国不拒绝竞争，主动加入国际竞争借势谋强，但绝不等于不设防地参与无条件竞争和无条件开放。改革开放中，我国已经承受了一些竞争力弱的行业"交学费"的代价，人民群众从中学会很多的同时也失去很多，如果这些竞争整体是健康的、推进社会发展的，那么人民群众承受的代价是一种为进步做出的牺牲。而不顾国家民族核心利益安危和双方实力悬殊，彻底开放世界上任何发达国家都死守的行业，等于向国际垄断资本拱手让出我们的全部利益。

政治经济学揭示了自由竞争造成生产集中，生产集中必然引起垄断的原理。掌握大量垄断资本的少数人所具有的竞争力可以大到制定价格、控制产销量，在市场上形成"一夫当关万夫莫开"、制约为数众多买方的竞争实力，通过垄断可以盘剥民众。连西方经济学的市场结构原理也揭示过，在国际性寡头垄断市场上，垄断一方的寡头操纵市场价格，众多分散的非垄断主体由于交易成本太高，几乎不可能集结起来形成一致对抗强大垄断的有效竞争力。所以，新自由主义及其鼓动的国内所谓学者推动完全自由化、市场化、西化，实质是帮助国际垄断资本无障碍穿行，以其强大竞争力直入我国，获得全球最大市场，坐享最大利益，致使我国成为国际垄断资本的奴役对象。如果我们在国际垄断资本强大的竞争力面前，一味被西方经济理论中的某些"鸦片"所迷惑，就难免"对国际垄断资本麻木不仁"①。

实践中没有纯粹的市场经济，市场经济都是为具体社会形态下统治阶级服务的经济体制。社会主义市场经济不是资本主义市场经济，市场经济必须为社会主义服务而不是危害社会主义制度。市场经济服务的最终对象是社会主人，人民大众当家做主的经济基础——公有制及实现劳动群众当家做主的按劳分配制度，是社会主义全过程各阶段的制度根本和主体制度，不是在哪种体制下要坚持而换一种体制就可以放松的。如果不清楚我国为什么坚持公有制、我国公有制与西方国有经济有何本质区别，就极易被庸俗化理论引入理论与实践陷阱。

一个社会的主流思想从根本上来说是统治阶级的思想。劳动群众是我国的主人，社会主义市场经济理论必须从理论上坚持社会主义制度，可以采用比公有制和按劳分配更能够调动劳动者积极性的组织与实现形式，维护和完善社会主义制度，但绝不是消灭公有制和按劳分配制度代之以私有制和按资分配的方式。没有公有制，劳动群众无家可当、无资可分、无主可做，理论上和实践中都退回到劳动者"自由得一无所有"②的状态。

2. 苏东剧变已经充分证明西方错误思潮具有强力解构作用

劳动者是形成生产力的主体因素，激发劳动者的积极性与创造力，方可获得社会进步的原动力。历史证明，尽管曾经和现存社会主义国家发展

---

① 龚剑：《左大培、孟捷、贾根良、周文四人谈：经济理论的多元化和中国经济学的构建》，《演化与创新经济学评论》2011 年第 2 期，第 25 页。
② 《马克思恩格斯文集》（第五卷），人民出版社，2009，第 197 页。

都存在一些问题，但是社会主义条件下大众的主人翁地位与姿态，社会发展给大众带来的现实利益和发展前景，都是非社会主义道路无法比拟的。自社会主义成为现实以来，搞垮劳动者当家做主的社会，一直是资本主义的不懈目的。多个社会主义国家诞生初期都遭受过试图灭其于摇篮的战争威胁而未灭，但无形的战争最终葬送了世界上第一个社会主义国家。西方错误思潮胜过核能武器战斗力，在引导苏东这些前社会主义国家将改革转变为改向，瓦解社会主义阵营、断送这些国家的社会主义道路前程问题上起了关键作用。

苏东剧变使世界社会主义实践遭受重创，给以中国为代表的现存社会主义国家探索适合本国特色的社会主义道路提供了深刻的启示，其中重要的一条是应正视西方错误思潮对社会主义道路、理论、制度、文化的解构。西方一直没有停止过以其思潮对一切社会主义国家政要的渗透，正如毛泽东、邓小平多次指出的那样，他们寄希望于第三代、第四代。邓小平在苏东剧变后特别强调："国家的主权、国家的安全要始终放在第一位，对这一点我们比过去更清楚了。"①

我国经济体制改革已经顺利走过 40 余年，整体上的巨大成就获得国内外高度肯定。我们应该自信，社会主义市场经济逐步建立与运行近 30 年成就卓著，我们必须首先从成就上认识我国社会主义的发展进程②，警惕和防止自怨自艾带来的消极甚至内部瓦解因素。同时我们也要在已有的自警中，致力于处理严重冲击我国改革性质与目标的一些问题。人民群众在这些冲击中是利益受损者，由此产生和累积了负面情绪，在这种环境下极易被误导。错误思潮一直误导大众，将产生问题的根源归咎于社会主义制度、归咎于中国共产党执政。

目前，人们还没有完全真正认清，一些问题的产生与尖锐化正是非社会主义性质的事物导致的。我国改革已处于深水区，东欧国家改革变改向，也是改革到一定的深度时发生的。西方思潮乘机使这些国家的共产党放弃马克思主义的指导思想，结果使他们脱离群众的腐化思想蔓延，最终走向

---

① 《邓小平文选》（第三卷），人民出版社，1993，第 348 页。
② 侯惠勤：《从"根本成就"上把握中国特色社会主义》，《红旗文稿》2012 年第 22 期，第 7 ~ 10 页。

背离社会主义的轨道。我国全面深化改革开放必须战胜困难，克服苏联等解体的前社会主义国家遇到的问题，必须对西方社会主义思潮保持高度的警惕。

3. 新自由主义等敌对思潮力图将我国改革引上邪路的目的与常见做法

在诸多力图瓦解我国经济体制改革性质的西方思潮中，新自由主义最具代表性。新自由主义创立于20世纪20~30年代，20世纪90年代在全球蔓延，其沿用经济自由主义代表人物亚当·斯密提出的"经济人假设"，并将此当作公理，反对国家干预经济，信奉市场万能的市场原教旨主义，推崇私有制是最强劲的经济发展动力，在经济上主张自由化、市场化、私有化。他们千方百计获取上层建筑庇护，因此反对与自由主义对立的集体主义、社会主义；其以制度框架为由推销有限政府论，竭力推动价值多元化和多党政治制度，反对私有制的对立面公有制。

我国改革开放尤其是确立经济体制改革目标模式，与新自由主义的全球蔓延在时间上重合。新自由主义希望借助我国市场取向的经济改革获得新的突破。他们对改革的社会制度基础等核心问题，采用只做表面文章、用流行元素包装西方庸俗经济学的陈词滥调等手法，解构我国社会主义市场经济理论，旨在引导人们放弃中国特色社会主义道路、理论、制度、文化，试图扭转我国国民经济的发展方向。

2008年后，西方国家受危机重创纷纷将矛头对准危机的理论根源——新自由主义。澳大利亚前总理陆克文2009年2月在澳大利亚《月刊》杂志撰文指出："新自由主义是全球金融危机的祸首……这一后果的始作俑者就是过去30多年以来自由市场意识形态所主导的经济政策……事实证明，新自由主义及其所伴生的自由市场至上主义，不过是披着经济哲学外衣的个人的贪欲。"曾经积极推行新自由主义的神话般人物美联储前主席格林斯潘在《华尔街日报》发表文章，他也认为金融危机是政府管理不力和放任的自由市场的结果。① 有的学者质疑："在转型时，新自由主义的理论听起来也是非常有说服力的，只要有政府的干预扭曲，必然有资源的错误配置和寻租腐败等。但是，为什么按照那样的理论指导去进行转型，导致的结果

---

① 《要自觉划清马克思主义同反马克思主义的界限——访中国社会科学院学部委员靳辉明教授》，《思想理论教育导刊》2010年第8期，第4页。

是经济增长的速度比原来慢、危机发生的频率比原来更高呢?"[1]

在国际金融危机实际上宣告新自由主义在现代资本主义社会破产后,国际垄断资本要摆脱危机必须寻找脱困出路,寄望于从国际上获得拉动经济增长的机会。于是,新自由主义的推销市场转向还没有完全清算它的国家,中国被其寄予"厚望"。他们非常了解,我国进口额早已在全球数一数二,只要从我国目前超过 2 万亿美元[2]的货物进口额中分得不大的百分点,乘数效应就足以让西方二手以下的技术产品如汽车制造、机器设备等多个行业获得生机,就能够支撑起世界奢侈品行业,也能够使电信产品巨头稳住富可敌国的地位。如此诱人的市场使已经声名狼藉的新自由主义,不遗余力地在我国找到几个所谓著名"学者"代言,他们不放弃一切机会地推销新自由主义,为受西方冷落的新自由主义在东方中国赢得"强心剂"。

新自由主义对社会主义市场经济理论的错误解读主要表现在以下几个方面。

其一,错误地将社会主义市场经济解构成去社会主义的市场经济。新自由主义者视我国发展社会主义市场经济为绝好的兜售机会,比如,他们误导人们:"为什么人类在这么短的时间内发生了这么大的变化,我想最重要的就是人类有一种新的经济制度、政治制度,这就是市场经济……像我们中国,那么只是在过去 30 年里面,我们真正开始实行市场化的改革,这样使得我们中国在 30 年里面取得的经济增长的成就,变成了一个在世界上被称为一个奇迹。"[3] 其将市场经济体制置换成经济、政治制度,将社会主义中国的改革成就定性为市场化改革结果,这种文字加减游戏,越过基本学术逻辑规范,使逻辑指代移位,在轻描淡写间完成去社会主义的理论解构。

其二,误导人们对历史与改革性质的认知,去公有制。比如,把业已形成的收入差距歪曲成普惠大众:"市场经济是一个普惠大众的经济,普通老百姓从市场经济当中得到的好处最大,而不是达官贵人。市场经济使人

---

[1] 林毅夫:《从 70 年发展看经济学理论创新》,《经济日报》2019 年 6 月 13 日,第 12 版。

[2] 参见国家统计公报:2019 年我国货物进口额达 2.07 万亿美元;2020 年受新冠肺炎疫情冲击,我国货物进口额约为 2.062 万亿美元;2021 年则升至 2.7 万亿多美元。

[3] 《张维迎:市场的逻辑与中国的历史转型》,网易财经,2011 年 5 月 4 日,https://www.163.com/money/article/737NU53400254M71.html。

与人之间变得更加平等。"① 新自由主义的传播人一度利用正式学术场合逐渐趋冷后，更加重视非正式讲坛论坛、网络，不顾一切地抛出"不把国企比例降到10%就不是市场经济"；"中国在经济领域上要做三件事情，一是国有企业的私有化；二是土地的私有化；三是金融的自由化……很难想象在国有企业占到如此大的比重、如此重要的地位的情况下，中国能够进入真正的资产经济，国有企业已经成为未来中国进一步成长的一个主要的障碍之一……可以通过市场转让这些股份到非国有部门和个人，也可以通过像英国那样半转让、半赠送的办法分给普通的老百姓。我想如果这个步骤采取之后，中国居民的财富就可以得到一个比较大的增长"②；"只要国有企业主导，就不可能有公平竞争"③；"投资本身是企业家的事，不是政府的事，应彻底废除政府审批投资项目"④；等等观点。不仅如此，新自由主义叠加历史虚无主义描述我国经济体制改革的历史："从现实来看，现在我们走的是私有产权和市场经济，而且是很成功的一条路……世界上经济搞成功的国家没有一个是以公有制为主的。"⑤ 他们把我国的社会主义市场经济建立与完善总结为完全市场化，并将完全市场化、完全私有化乔装为国际标准考量我国改革进程。此间种种论调，无论从国内外相关事实，还是从连现代西方经济学都已经认识到的市场失灵问题来看，都是极其荒谬的。经过他们偷换的概念，根本不是我国建立和完善社会主义市场经济的目标。他们运用的打富民旗号却挖民之根本的"明修栈道、暗度陈仓"手法，直指消灭以公有制为根本经济制度的社会主义制度。新自由主义如此苦心孤诣，在我国改革开放舆论上安装"特洛伊木马"，希望一步步对我国改革开放进行理论解构，推翻我国的经济理论防火墙。

---

① 《张维迎：市场的逻辑与中国的历史转型》，网易财经，2011年5月4日，https://www.163.com/money/article/737NU53400254M71.html。
② 《张维迎称国企是中国成长障碍 建议股份赠送民众》，新浪网，2012年3月19日，http://finance.sina.com.cn/review/jcgc/20120319/022811618831.shtml。
③ 《张维迎：国有企业主导不可能有公平竞争》，中国平安网站，2014年4月24日，https://stock.pingan.com/a/20140224/3759319.shtml。
④ 《张维迎：应彻底废除政府审批投资项目》，中国青年网，2013年4月16日，http://news.youth.cn/gn/201404/t20140403_4969100.htm。
⑤ 茅于轼：《只立不破的三十年改革》，载《"市场化三十年"论坛论文汇编》（第一辑），2008，第57~60页。

其三，只下结论不做论证，将严肃问题引向伪科学。科学理论具有系统性、开放性、可验证性等基本特征和要求，必须经过严密论证和实践检验。诸多事例说明，错误思潮对科学论证毫无兴趣，谈问题信口开河，偷换概念，把历史片段无限夸大并当作全部，去除历史事实的全貌与总趋势，一心一意推销其取消公有制、全面私有化的主张。不可小觑的是，这种传播、渲染伪科学结论的方式，容易麻痹人们的认知。他们利用青年人好奇心故弄玄虚地抛出伪科学问题①，让本应严肃的科学研究堕入娱乐化炒作。国内新自由主义传播者将国外理论碎片式移植入中国实践，逃避用理论回应中国问题。他们竭力通过一些影响力较大的话语平台扩散其理论观点，误导性很强。这些都是国际垄断资本在全球扩张的理论表现，以新自由主义为代表的社会思潮，本质上都是基于国际垄断资本主义利益反对社会主义，为西方国家垄断资本主义向我国转嫁危机损失，为最大限度实现全球利益扫平障碍。

目前，我国社会主义市场经济理论经过近30年的发展，内容体系越来越丰富。要防御和破除理论被庸俗化的现象，必须推动以人民为中心的哲学社会科学研究。观察当代中国哲学社会科学，需要有一个宽广的视角，需要放到世界和我国发展大历史中去看。② 坚持以马克思主义为指导，坚持为人民服务，深入研究和回答中国特色社会主义面临的重大理论和实践问题，维护社会主义首要主体——人民群众——的核心竞争力，巩固全党全国各族人民团结奋斗的共同思想基础。

十八大以来，中国共产党以习近平为代表推进了社会主义市场经济理论发展。全面深化改革开放理论、新发展理念、社会主义市场经济体制成为我国社会主义初级阶段一项基本经济制度、提出建设高质量现代化经济体系与构建高水平社会主义市场经济体制、加快构建国内国际双循环相互促进的新发展格局，推动高质量发展，统筹发展和安全等，都是坚持以人民为中心的一系列社会主义建设思想，体现了新中国建设经验、经济体制改革遇到的课题、科学社会主义重大原则、社会发展必然规律的要求的辩

---

① 《七个经济学的普通问题》，豆丁网，2010年4月7日，https://www.docin.com/p-4871751 5.html。

② 习近平：《在哲学社会科学工作座谈会上的讲话》，人民出版社，2016，第3页。

证统一。

第三节　在社会主义市场经济实践中进一步
处理好重大问题

新时代中国特色社会主义已经胜利完成中国共产党第一个百年奋斗目标，在全面建成小康社会的基础上，开启全面建设社会主义现代化国家新征程。我国发展环境面临深刻复杂变化。当前和今后一个时期，我国发展仍然处于重要战略机遇期，但机遇和挑战都有新的发展变化。我国已转向高质量发展阶段，制度优势显著，治理效能提升，经济长期向好，物质基础雄厚，人力资源丰富，市场空间广阔，发展韧性强劲，社会大局稳定，继续发展具有多方面优势和条件；同时我国发展不平衡不充分问题仍然突出，重点领域关键环节改革任务仍然艰巨。党的十九届五中全会确定了"十四五"时期经济社会发展必须遵循的原则：坚持党的全面领导、坚持以人民为中心、坚持新发展理念、坚持深化改革开放、坚持系统观念。① 这些原则与新中国社会主义建设一贯坚持的原则具有一致性与继承性，也由改革实践取得的经验证明，是在当前和今后一段时间应对中国特色社会主义建设中的各种问题必须把握的基本精神。

一　中国共产党领导人民夯实社会主义经济制度根基

根基不牢，地动山摇。没有坚实的制度根基就建不稳一个社会的制度体系。

（一）筑牢联合起来的劳动群众当家做主的公有制根基

1. 社会主义公有制才能保障劳动者当家做主

马克思主义理论告诉我们，一套经济制度在严重压抑生产力发展中的劳动者这一人的要素时，就成为生产力发展的桎梏。社会形态更替的历史也证明了马克思揭示的这一社会运行一般规律，社会形态的更迭是生产力

---

① 《中共中央关于制定国民经济和社会发展第十四个五年规划和二○三五年远景目标的建议》，人民出版社，2020，第12页。

突破被严重束缚的状态、改变实质性经济关系即经济制度的过程。经济制度的核心是生产资料所有制，生产资料所有制决定生产者在社会生产中的地位。我们可以通过表6－4，概括地总结不同所有制中生产资料与劳动不同结合方式的主要特点，从中把握劳动者的地位与命运。

表6－4　生产资料与劳动不同结合方式的主要特点

所有制特点	生产资料与劳动的结合方式	劳动者的剩余索取权特点	相应的社会形态
生产资料私有	生产资料所有者奴役他人人身进行生产	剩余劳动甚至必要劳动被剥削	奴隶社会
	生产资料所有者将生产资料租佃给他人进行生产	剩余产品被剥削	封建社会
	生产资料所有者家庭运用自有生产资料进行生产	自得其所	未形成其主导的社会
	资产者雇佣他人进行生产	剩余价值被剥削	资本主义社会
联合起来的劳动者共同占有生产资料	共同占有生产资料的劳动者以共同劳动进行生产	剥削制度被消灭，劳动者当家做主	社会主义社会、共产主义社会

生产要素包含人的劳动、劳动对象、劳动资料，其中物的要素即劳动对象和劳动资料称为生产资料。人类告别原始独居便开始逐渐以分工协作为特点的社会生产实践，分工促使生产劳动的联合性不断提高。现今社会生产除了已经远远不只有农业、畜牧业、工业等行业以外，行业内部也呈现无限细分趋势。在社会生产力不断提高的同时，社会生产既基于协作又提高了对生产劳动的协作要求。一个产品，比如汽车，不仅是不同部门乃至不同行业协作的产物，而且在生产一个汽车零部件的企业内部各生产加工环节，生产劳动越来越不是一个劳动者的行为，而是联合性的劳动。生产要素中人的劳动联合性加强，并不随之促成生产资料的共同占有，劳动者和生产资料有直接还是间接结合的区别。

在社会主义社会之前，人类社会历史上劳动者与生产资料的结合进行生产有几种典型情况：连人身自由都完全没有的奴隶运用奴隶主的生产资料进行生产；有人身自由而基本上没有生产资料的劳动者，租佃地主以土地为主要形式的生产资料进行生产；"自由得一无所有"的劳动者，受雇于资产者进行生产。这几种情况分别主要存在于奴隶社会、封建社会、资本主义社会。

自主劳动者与生产资料直接接结合进行生产的历史始于小私有制。劳动者运用自己拥有的生产资料进行生产，生产资料私有与个体劳动结合，例如小农经济、小商品经济。生产资料所有者个人及家庭运用自有生产资料，从事以满足自家消费为目的的劳动，这种相对于拥有大量生产资料的人自己脱离直接生产的私有制被称为小私有制。小私有制生产方式，尤其是其中的小商品生产，从奴隶社会末期出现后持续到资本主义社会初期，在日益发展的商品经济中会分化抑或孵化出资本主义商品生产，但小私有制并不因此被资本主义生产完全覆灭，而是继续在夹缝中存在。小私有制中的劳动者虽然自得其所，但生产规模小、生产分散，一直难以成为统治阶级主导独立的社会形态，他们在所处的社会形态中一直存在于夹缝中。

自主劳动者与生产资料直接结合进行生产，才能摆脱有形或无形的奴役，可以做自己的主人。但要告别整体被挤压的社会体系，必须在社会化大生产的要求下采取共同占有生产资料共同劳动的生产方式，消灭剥削制度，开启联合起来成为社会统治阶级的历史，进入社会主义社会并不断奋斗到共产主义社会。

公有制是一种社会所有制，其核心是联合起来的劳动者共同占有生产资料，是以劳动群众为主的人民大众当家做主的社会主义经济制度核心。维护联合劳动者共同拥有生产资料的公有制，劳动者才有家可当、才可以为自己、为共同利益生产。中国共产党建党百年以来为人民服务，矢志不渝，我们相信中国共产党将发挥中国特色社会主义的最大优势，领导人民夯实当家做主的制度基础。

2. 公有制为主体才能使市场经济服务于社会主义

社会主义市场经济体制必须毫不动摇巩固和发展公有制经济，毫不动摇鼓励、支持、引导非公有制经济发展，[①] 这是生产关系一定要适合生产力发展性质的一般经济规律对我国社会主义初级阶段的必然要求。

在社会主义市场经济中坚持公有制为主体、毫不动摇巩固和发展公有制经济，这是不以人的意志为转移的。第一，公有制是适应社会化大生产要求的生产关系。市场经济作为发达的商品经济，建立在社会化大生产基

---

① 《中共中央　国务院关于深化国有企业改革的指导意见》，人民出版社，2015，第 9 页。

础上。资本主义市场经济陷入难以解决的矛盾深渊，根子在于生产资料私有制已经严重束缚劳动者的生存空间，严重束缚社会生产力的解放和发展。社会化大生产要求社会占有生产资料，建立劳动群众的社会所有制，联合起来的劳动者共同占有生产资料、共同劳动、共同占有劳动产品，才是把在资本主义商品经济中生产商品却越来越远离占有商品的劳动者解放出来的根本出路。第二，公有制是联合起来的劳动群众当家做主的前提条件。我国在社会化大生产基础上确立了社会主义基本制度，新中国70多年的建设已经为社会主义奠定了越来越雄厚和强大的物质技术基础。社会主义社会是劳动群众做主的人民大众的大家庭，虽然我国仍然处于社会主义初级阶段，但如果没有公有制或公有制羸弱不堪，人民大众仍将陷入无家可归和风雨飘摇的社会生活。让人民群众有家可归、有家可当，就必须坚持公有制为主体，使人民群众有安居乐业的共同的生产资料。没有公有制或公有制羸弱不堪，社会主义也无法存续和发展。第三，宪法是一个国家社会各领域事业的根本法律遵循，我国现行宪法第六条规定："中华人民共和国的社会主义经济制度的基础是生产资料的社会主义公有制，即全民所有制和劳动群众集体所有制。"这就从国家根本大法的高度，决定了在我国坚持社会主义公有制是法治中国之必需。第四，公有制是社会主义政治、文化等基本制度立足的基础。社会主义制度是中华人民共和国的根本制度，包括政治、经济、文化等一系列制度。而经济基础决定上层建筑的唯物史观告诉我们，经济制度是政治、文化等社会主义制度的基础。作为经济制度核心、根本、基础的公有制，支撑社会主义各项制度，稳固社会主义制度大厦。第五，公有制是共产党执政的经济基础。我国是共产党执政的社会主义国家，中国共产党领导是中国特色社会主义最本质的特征，是中国特色社会主义制度的最大优势。[1] 当今世界上没有一个私有制占统治地位的资本主义国家会允许共产党执政，根本原因在于"共产党人的最近目的是和其他一切无产阶级政党的最近目的一样的：使无产阶级形成为阶级，推翻资产阶级的统治，由无产阶级夺取政权"[2]。共产党是为以劳动群众为基础的人民大众谋利益的。要坚持和发展中国特色社会主义，就必须坚持中国

---

[1] 中共中央文献研究室编《十五大以来重要文献选编》（上），人民出版社，2000，第808页。
[2] 《马克思恩格斯选集》（第一卷），人民出版社，2012，第413页。

共产党领导以发挥中国特色社会主义制度的最大优势，就必须为中国共产党夯实公有制这一执政基础。

总之，人民大众是我国社会主义社会的主人，要解放和发展人民大众参与、共享的社会主义社会生产力，实现、保护、巩固人民大众的主人地位，无论我国社会主义首先选择计划经济体制，还是改革开放选择社会主义市场经济体制，都必须从根本上依靠社会主义制度。尤其是实现人民大众经济利益，必须依靠社会主义公有制为基础和根本的社会主义经济制度。

改革开放史证明，毫不动摇巩固和发展公有制经济，不仅从来没有冲击毫不动摇鼓励、支持、引导非公有制经济发展，反而为非公经济带来发展机遇与空间。非公经济是在对公有制经济有着无法割舍的产业链、价值链等方面的基础上，既不断发展也对社会主义经济带来有益补充。但是，非公经济唯利是图、无序竞争等自身缺陷，在参与社会主义市场经济中给公有制经济带来了较大的冲击与影响。公有制内部具体经济关系呈现资本化的趋势等问题说明，一旦公有制在国民经济中的比重降低到失去对国民经济的控制力、影响力、带动力的程度，整个社会经济的局势与性质必然面临颠覆性风险。2020 年，我国面对全球新冠肺炎疫情冲击，在市场失灵、非公经济不愿意或难以承受非利性抗疫的紧急关头，国有企业、公立医院勇挑重担，[①] 没有公有制经济挺身而出、义无反顾、逆行出征，就不可能取得把人民生命安全和身体健康放在第一位的实践胜利，就不可能用 1 个多月初步遏制疫情蔓延势头、在 2 个月左右时本土每日新增病例控制在个位数、在 3 个月左右时取得武汉保卫战、湖北保卫战的决定性成果。在复工复产面临诸多困难的环境里，又是公有制经济在做好"六稳"工作，全面落实"六保"任务中一马当先，在鼓励、支持、引导非公有制经济脱困中发力，使我国成为 2020 年全球唯一保持正增长、2021 年增长超预期的主要经济体。所以，科学理论、改革开放的历史、现实经济运行的客观需要都说明，坚持公有制为主体，毫不动摇巩固和发展公有制经济，是维护中国经济、政治、社会稳定发展的无可替代的前提，是毫不动摇鼓励、支持、引导非公有制经济发展的前提条件。与此同时，我们当然也不能忘记，"非公有制

---

① 习近平：《在全国抗击新冠肺炎疫情表彰大会上的讲话》，《人民日报》2020 年 9 月 9 日，第 2 版。

经济在我国经济社会发展中的地位和作用没有变，我们毫不动摇鼓励、支持、引导非公有制经济发展的方针政策没有变，我们致力于为非公有制经济发展营造良好环境和提供更多机会的方针政策没有变"①。

（二）做强做优做大国有经济

新中国成立以来，全民所有制经济采取国有经济的形式，由社会主义的国家政府控制，主导社会主义经济发展大局，70 多年来取得社会主义国家日益繁荣昌盛的伟大成就。深化国资国企改革，做强做优做大国有资本和国有企业。② 这是我国在开启全面建设社会主义现代化国家新征程时，对全面深化改革、构建高水平社会主义市场经济体制的重要具体要求，也是对只强调国有资本而淡化国有企业、国有企业在改革中往何处去等相关问题的明确回答。

国有企业的功能不只是实现国有资本保值增值。国有企业是社会主义全民所有制经济在经济运行实践中最重要的组织和实现形式，其直接运用生产要素，组织作为社会主义社会主人的劳动者把投入变成产出，创造社会主义最主要的物质文明和精神文明，是社会主义劳动群众当家做主最重要的微观基础。70 多年来，公有制为主体、国有经济为主导，确保了我国建成独立自主的完整经济体系和工业基础，确保了稳固经济发展的基础能源和关系国计民生的重要产品生产加工，确保了国家建设重大工程项目与抢险救灾、国家技术创新等重大任务的完成。

现阶段，我国国有经济包括国有控股企业和国有资本参股企业以及非生产性企业与事业单位等。国有企业主导我国社会主义经济，就必须控制垄断性行业，推动国民经济健康发展。尤其大型国企，是参与国际竞争的中坚力量，是防范国际垄断资本冲击我国经济运行的屏障。例如，在我国进入世界 500 强的企业中，国有企业是主角，这不是面子问题，而是在世界级经济舞台上既守卫世界最具规模的中国市场，又形成中国企业在世界市场中的竞争力问题，换言之是我国国民经济在全球化配置资源中抗压和增强核心竞争力的问题，关系国家经济安全，关系民众生活的长期稳定。

---

① 《习近平谈治国理政》（第二卷），外文出版社，2017，第259页。
② 《中共中央关于制定国民经济和社会发展第十四个五年规划和二〇三五年远景目标的建议》，人民出版社，2020，第24页。

全民所有制在我国采用国家所有制，国有经济控制我国垄断性行业，具有理论和实践依据。一方面，公有制为主体决定国有经济当然是我国国民经济的第一主体，享受参与社会经济活动的第一资格，在经济活动中必然可以行使主体权利。如果社会主义经济的首要主体被排斥在社会经济活动的重要领域以外，被剥夺参与重大经济活动的资格，就与资本主义市场经济毫无区别，实质也就是去社会主义。另一方面，主体不是符号，不能脱离现实的经济土壤，无根无藤必无果，国有经济必须在社会经济主战场创造财富、增进全民共同的福祉，才能够有实力有能力有带动力，推动社会经济发展。非公经济必须有经济社会综合实力强大的国有经济带动，才可能与公有制经济统一于社会主义现代化进程中。

国有经济主导我国经济具有法律和政策依据。我国宪法第六、七条规定国有经济性质、地位，第九、十条规定国有资产范围。第七条："国有经济，即社会主义全民所有制经济，是国民经济中的主导力量。国家保障国有经济的巩固和发展。"[①] 表明了国有经济的权责利结合关系。党的十五届四中全会通过的《中共中央关于国有企业改革和发展若干重大问题的决定》，具体说明国有经济主导体现为控制力，通过国有独资、国有控股和参股方式，"在关系国民经济命脉的重要行业和关键领域占支配地位，支撑、引导和带动整个社会经济的发展，在实现国家宏观调控目标中发挥重要作用"[②]，应保持必要的数量、分布的优化、质的提高。党的十八届三中全会通过的《中共中央关于全面深化改革若干重大问题的决定》，要求"国有资本投资运营要服务于国家战略目标，更多投向关系国家安全、国民经济命脉的重要行业和关键领域，重点提供公共服务、发展重要前瞻性战略性产业、保护生态环境、支持科技进步、保障国家安全"[③]，且要"准确界定不同国有企业功能"[④]。

---

① 中共中央文献研究室编《改革开放三十年重要文献选编》（上），人民出版社，2008，第301页。

② 中共中央文献研究室编《改革开放三十年重要文献选编》（下），人民出版社，2008，第1038页。

③ 中共中央文献研究室编《十八大以来重要文献选编》（上），中央文献出版社，2014，第515页。

④ 中共中央文献研究室编《十八大以来重要文献选编》（上），中央文献出版社，2014，第842页。

对于我国在社会主义市场经济坚持国有经济主导这一问题，总有一种被新自由主义严重误导的声音，把我国的国有经济与资本主义国有经济等同。他们倡导以西方成熟的市场经济国家为榜样，按西方经济学对资本主义国有经济的定位来限定我国国有经济的性质与活动空间，打着反垄断等旗号，有意混淆两种国有经济，主张压缩国有经济比重。现代西方经济学关于国有经济问题的主张，主要源于20世纪30年代，在世界性资本主义经济危机面前，西方经济理论补充了以凯恩斯主义为代表的宏观经济学的内容，把根源于资本主义基本矛盾的生产相对过剩归因于资本主义社会有效需求不足的表象，提出政府采用国有经济、国私共有经济、政府宏观调控等方式干预经济的主张。二战后美国、英国等西方国家政府先后运用了这种理论主张，运用国有经济保护投资环境，刺激了国家的经济增长。

西方国家的国有经济与我国国有经济同名异性，稍微对比一下二者的理论基础、制度根基、任务、目标，就很容易分辨出两种国有经济质的差异。

我国的国有经济是由国家控制的全民所有制经济，全体社会成员是我国国有经济的共同所有者，国有经济是大众根本利益的物质基础。国有经济既源于大众共同的财富及其积累，又是增进大众利益的条件。国有经济担负确保国民经济安全稳定健康发展的基础性任务，也担负代表国家民族参与国际竞争的经济使命，还是联合劳动者运用自己共有生产资料参与生产经营者活动、谋取物质产品与服务的基本条件。尽管当下我国全民所有制经济还由于生产力现实水平有限而具有浓厚的集体经济色彩，实际运用国有资产成为取得对应收益的条件，但国有经济壮大反映了全体社会成员拥有资产的增加，劳动者可在属于自己共同所有的经济组织中得到就业机会、公共福利、主人翁的自豪感。

资本主义国有经济是国家垄断资本主义形式。政府用一部分税收、国债收入，全资或参股企业等经济组织，参与投入大、投资回收期长、利润率低、风险高的部门的经济活动。国有经济之所以主要参与这些部门的投资，根源在于这些部门民间资本不愿投资但影响资本投资环境和资本主义社会长远发展，不得不由政府投资以克服资本主义本质性社会关系即私有制的局限，在私有制允许的范围内最大限度地释放尽可能多的生产力。按照凯恩斯主义的市场失灵理论，国有经济不以盈利为前提，目的是修补市场缺陷，支撑有效需求，实现资本主义全局和长远的经济均衡增长。所以，西方资本主义市场经济国家国有经济的巨额投资，不是花费在电力、交通运输、港口、邮电、宇航等部门，煤炭、钢铁等技术落后、出现巨额亏损等传统工业部门，就是耗费在实现军事和政治上控制世界所需的尖端武器研发及高技术研究领域等。这是为拉动私人垄断资本后续投资做开路先锋，是垄断资本的总后勤部，为垄断资本实现全球经济扩张占领制高点、追求可持续的垄断资本利益，提供技术和环境支持。这种国有经济不归全体社会成员共有，其运行的实质性结果也证明，它的目标不是增进全体社会成员共同利益，其旨在更大范围、更高层次地加强垄断的私有制经济，确保垄断资本的最大利益。资本主义国家的国有经济是国家垄断资本主义加强资本主义统治的重要手段。一如恩格斯所说，"现代国家，不管它的形式如何，本质上都是资本主义的机器，资本家的国家，理想的总资本家。它越是把更多的生产力据为己有，就越是成为真正的总资本家，越是剥削更多的公民"①。

在我国推销新自由主义的人，一是反对政府干预，反对国有经济；二是即使不得不接受国有经济的存在，也借西方宏观经济学有"挤出效应"一说，混淆国有经济性质。他们一直主张按西方标准改革国有经济，既鼓动国有经济退出竞争性市场只起市场补位作用，又反过来以国有经济缺乏竞争力的名义鼓动降低国有经济比重。20世纪90年代我国加大运用市场手段后，新自由主义思潮利用我国的美好预期和缺乏严格的实践规制，渗透影响我国国企改制。例如，我国在国有企业改制、改组及重组过程中，一度以舶来品管理者收购（Management Buy-Outs，MBO）方式"贱卖"国企，其间出现的高管贪腐、职工下岗等现象，严重损害了公有制经济健康。"公知"们借此更加宣扬国有经济一无是处、必须破除，他们混淆问题的现象与本质，将垄断的负面性全部归咎于国有经济，诱导民众将反垄断置换为阻止国有经济参与市场经济。

2009年，全国规模以上工业企业中，国有企业和集体企业的工业总产值为5.52万亿元，占规模以上工业企业总产值的10.07%，与美国的所谓"国企"比重接近。反对国有经济的诸多论调，完全不顾公有制经济承担的

---

① 《马克思恩格斯选集》（第三卷），人民出版社，2012，第810页。

社会责任，不顾公有制退出竞争性市场的害处，放大国有经济存在的问题，这种现象一度甚嚣尘上。新自由主义论调偏执地指出大多数发展中国家搞私有制，建议政府通过市场转让国企股份给非公部门和个人，或半转让半赠送分给普通的老百姓。这些论调不只没得到老百姓青睐，甚至精通西方经济学的学者都指出，一旦分掉央企股份，这些巨型企业会很快落入原高管家族与官僚权贵手中，早前改制的中小企业就是前车之鉴，到那时"改革没戏，革命玩完，官僚权贵笑傲江湖。全面进入权贵资本主义，这些人必得首功"①。

所以，如果我们陷入西方经济学尤其是新自由主义混淆国有经济性质的论调，要么排斥国有经济进入社会主义市场经济实践，要么无底线推动国有资产所有权与经营权分离，不仅必将授人以国有经济盘剥民众的话柄，更会落入私有经济控制社会主义国家经济命脉的陷阱。

对于我国国有经济成就，连国际经济人士都予以承认。拉扎德银行是华尔街最神秘的投资银行，其一位董事在2013博鳌论坛上说："首先我想说的一点就是中国国有企业做了很大的事，有很大的成就，如果和50年前、15年前相比，和今天相比，我们只能说世界上没有任何一个国家实现了这么大的成就……中国的电力公司，中国建设核电站的公司都是世界上最有效率的公司之一……如果想和国际上的大企业进行竞争，如果想成为国际市场上的大角色、大块头，没有别的办法，只有国有企业才行。"法国电力首席财务官说他们的公司国家股份占84%，黑石集团大中华区主席根据行业发展经验说，香港由于没有一个特别强大的本地银行，在政府需要干预的关键时刻感到很难着手，中国国企的问题不在于是国企，而在于如何治理。②

根据第四次全国经济普查结果，2018年年末，全国共有国有控股企业24.2万个，比2013年年末增加2.4万个，增长10.9%。国有控股企业数量仅占全部企业的1.3%，从业人员占全部企业的15.7%。私营企业数量快速增长，2018年年末全国私营企业1561.4万个，比2013年年末增加1001.0

---

① 《多位专家谈国企私有化改革：防止落入权贵手中》，新浪网，2012年3月22日，http://news.sina.com.cn/c/sd/2012-03-22/113524157236.shtml。

② 《张维迎博鳌论坛批国企遭诺奖得主等经济学家"围攻"》，观察者网，2013年4月27日，http://www.guancha.cn/Policy/2013_04_07_136914.shtml。

万个，增长 178.6%，占全部企业法人单位的比重由 68.3% 提高到 84.1%。① 2018 年，私营企业在规模以上工业企业中，资产总计、主营业务收入和利润总额占比均超过 20%；石油天然气开采业和电力生产供应业中，国有控股企业主营业务收入占所在行业的比重分别高达 93.2% 和 91.7%；石油加工、冶金、有色等重要的原材料工业领域，国有控股工业所占比重为 37.0%～61.1%。国有企业为推进国家的工业化和现代化做出了巨大的贡献。② 在不同所有制都发生很大数量变化的趋势下，国有经济仍然发挥着强大压舱石作用。

坚守国有经济的支柱地位，不可能靠公有制经济以外的主体，也不可能用西方以私有制为基础的经济理论来指导。以西方经济理论为依据而降低我国国有经济比重，是对我国社会主义经济制度核心的严峻挑战。社会主义市场经济理论必须对这一现实问题态度坚决、旗帜鲜明。2016 年 7 月 4日，习近平总书记指出国有企业发展的战略地位和根本目标：“国有企业是壮大国家综合实力、保障人民共同利益的重要力量，必须理直气壮做强做优做大。”③ 这为国有企业为主体的国有经济改革发展明确了方向。在社会经济生活中，国有企业服从国家发展的整体利益，自觉遵循社会主义社会的基本经济规律、社会化大生产的按比例发展规律。针对优化产业结构、带动非公有制经济健康发展，国有企业无可替代，是推动经济发展当之无愧的主力军、排头兵和突击队。2016 年 11 月，习近平在全国国有企业党的建设工作会议上强调要使国有企业“成为党和国家最可信赖的依靠力量，成为坚决贯彻执行党中央决策部署的重要力量，成为贯彻新发展理念、全面深化改革的重要力量，成为实施‘走出去’战略、‘一带一路’建设等重大战略的重要力量，成为壮大综合国力、促进经济社会发展、保障和改善民生的重要力量，成为我们党赢得具有许多新的历史特点的伟大斗争胜利的重要力量”④。

① 《单位数量翻倍增长 市场活力不断激发——第四次全国经济普查系列报告之一》，国家统计局网站，2019 年 11 月 27 日，http://www.stats.gov.cn/tjsj/zxfb/201911/t20191127_1712252.html。
② 《工业经济跨越发展 制造大国屹立东方——新中国成立 70 周年经济社会发展成就系列报告之三》，国家统计局网站，2019 年 7 月 10 日，http://www.stats.gov.cn/ztjc/zthd/bwcxljsm/70znxc/201907/t20190710_1675169.html。
③ 慎海雄主编《习近平改革开放思想研究》，人民出版社，2018，第 123 页。
④ 慎海雄主编《习近平改革开放思想研究》，人民出版社，2018，第 157 页。

（三） 平衡现阶段我国公有制经济比重下降的适度与失度

所有制结构是经济体制中重要的具体体制，调整所有制结构是改革的一个重要方面，决定不同所有制经济的地位与作用，理论与政策设计必须高度重视这一问题。我国社会主义改造完成后直到改革开放前，公有制一统天下，选择高度集中的计划经济体制配置社会资源，顺利完成了确保我国社会主义制度在由建立走向巩固的基础上快速发展社会主义社会生产力的使命。我国尚处于社会主义初级阶段，生产力整体水平还不够高且呈现多层次，在盘活社会经济提高效率、迈开步伐进一步前进的新要求面前，高度集中的计划经济体制缺乏适用性，单一的公有制和按劳分配不能最大限度地调动一切积极因素。我国根据现阶段的生产力现实基础，在社会主义制度前提下，坚持公有制为主体，鼓励、支持、引导非公有制的经济主体加入社会经济实践，增强社会生产力发展的活力。改革开放后我国为非公有制经济发展营造日趋宽松的基本环境，公有制经济比重逐渐降低，这是改革的必要和必然趋势。

公有制比重下降，本意绝不是放弃公有制的主体地位，所以降低不能没有限度。党的十四大确立我国经济体制改革的目标模式之后，党的十五大总结改革开放的经验与问题，根据我国社会主义初级阶段基本路线的要求，对社会运行各个领域制定了基本纲领即奋斗目标，第一次阐明建设有中国特色社会主义的经济，从理论和政策导向上明确社会主义市场经济主体间地位与相互关系，要坚持和完善社会主义公有制为主体、多种所有制经济共同发展的基本经济制度。① 党的十六大在此基础上进一步提出：第一，必须毫不动摇地巩固和发展公有制经济；第二，必须毫不动摇地鼓励、支持和引导非公有制经济发展；第三，坚持公有制为主体，促进非公有制经济发展，统一于社会主义现代化建设的进程中，不能把这两者对立起来。② 党的十七大用我国基本经济制度和"两个毫不动摇"原则融入健全社会主义市场经济体系各个方面。党的十八大则将现阶段基本经济制度、经济体制纳入中国特色社会主义制度体系，阐明中国特色社会主义是亿万人民自己的事业，必须坚持人民的主体地位。强调坚持社会主义市场经济的

---

① 《十五大报告辅导读本》，人民出版社，1997，第19页。

② 《中国共产党第十六次全国代表大会文件汇编》，人民出版社，2002，第24~25页。

改革方向，不断推进我国社会主义制度自我完善和发展。指出全面建成小康社会要求"构建系统完备、科学规范、运行有效的制度体系，使各方面制度更加成熟更加定型。要加快完善社会主义市场经济体制，完善公有制为主体、多种所有制经济共同发展的基本经济制度，完善按劳分配为主体、多种分配方式并存的分配制度，更大程度更广范围发挥市场在资源配置中的基础性作用，完善宏观调控体系，完善开放型经济体系，推动经济更有效率、更加公平、更可持续发展"[①]。党的十九届四中全会强调，必须坚持社会主义基本经济制度，充分发挥市场在资源配置中的决定性作用，更好发挥政府作用，全面贯彻新发展理念，坚持以供给侧结构性改革为主线，加快建设现代化经济体系。这就使我们必须加快推进解决社会主义市场经济现实中的重大问题。[②]

很明显，社会主义市场经济理论与所有制结构政策设计始终强调，公有制经济在社会主义市场经济实践中占主体地位，"两个毫不动摇"阐明的是必须巩固和发展公有制经济，必须鼓励、支持、引导非公有制经济发展。但是，改革实践遇到的各种问题既考验非公经济是否一定给社会主义经济注入的正能量，也考验生产资料公有制这一经济制度的坚实度。公有制经济必须在实践中绽放活力，在社会经济大浪中起到稳定、带动、影响、控制的作用，战胜体制对制度的各种挑战，社会主义市场经济才能够促使社会主义制度更加成熟。

解决社会主义初级阶段面临的问题，绝不是开历史倒车退回全面私有化，现代资本主义国家的历史和现实已经充分昭示私有化促使财富集中于垄断资本，更具危害性。苏联解体后，私有化使俄罗斯国民经济急剧衰落，居民生活水平大幅下降，但快速造就了一批垄断寡头和超级富翁；在私有化改革中买下国家电话公司的墨西哥富翁，垄断墨西哥9成电话业务，一度跻身世界首富行列，而私有化浪潮使墨西哥成为贫富差距最大的国家之一。我国如果全

---

① 中共中央文献研究室编《十八大以来重要文献选编》（上），中央文献出版社，2014，第14页。

② 《中共中央关于坚持和完善中国特色社会主义制度 推进国家治理体系和治理能力现代化若干重大问题的决定》，新华网，2019年11月5日，http://cpc.people.com.cn/n1/2019/1105/c419242-31439391.html。

盘私有化，世界最大的市场必然造就更大的富豪。[①] 对照我国现实，公有制经济比重的下降，直接拉大了贫富差距。[②]

公有制是大众利益的制度之基，我国国有经济必须通过改革盘活资源、提高效率，但是国有经济比重这一科学问题绝不应该是西方标准。即使按西方标准，我国国有经济的比重也已经低于早已私有化的俄罗斯，大体与美国所谓国有经济比重相当。要在制度根基上确保人民大众的主人地位，阻断动摇制度基础的一切因素，控制公有制比重降低的"失度"，改革开放才能真正成为亿万人民的共同事业。

二　有效控制先富与后富的收入差距　扎实推进共同富裕

先富与后富、先富与共富，在社会主义市场经济的生产和分配中，实质是处理好效率与公平的关系，处理好市场经济服务于巩固社会主义制度的关系。社会主义市场经济体制目标确立之初，要解决的突出问题是盘活社会经济，调动一切积极因素，提高微观经济组织的效率。党的十四大报告、党的十四届三中全会通过的《中共中央关于建立社会主义市场经济体制若干问题的决定》、党的十五大报告，均明确指出效率优先、兼顾公平，人民群众当时高度认同这一策略。

一批人在先富策略的鼓励下很快先富起来，与改革开放最初涌现的万元户相比，目前个人或家庭资产数以亿万元计不足以为奇。中国人民银行调查统计司城镇居民家庭资产负债调查课题组于 2019 年 10 月中下旬在全国 30 个省（自治区、直辖市）对 3 万余户城镇居民家庭开展了资产负债情况调查。将家庭总资产由低到高分为六组，最低 20% 家庭所拥有的资产仅占全部样本家庭资产的 2.6%，而最高 20% 家庭的总资产占比为 63.0%，其中最高 10% 家庭的总资产占比为 47.5%。[③] 另据国家统计局数据，2019 年，按全国居民五等份收入分组，低收入组和中间偏下收入组共 40% 家庭户对应的人口为 6.1 亿人，年人均收入为 11485 元，月人均收入近 1000 元。其

---

①　秋石：《巩固党和人民团结奋斗的共同思想基础》，《求是》2013 年第 20 期，第 5 页。

②　张顺铃、郭慧：《现阶段我国的贫富分化及其对策》，《合肥工业大学学报》（社会科学版）2004 年第 12 期，第 172 页。

③　《央行调查：10% 家庭资产占比近半 少数家庭资不抵债》，人民网，2020 年 4 月 25 日，http://money.people.com.cn/n1/2020/0425/c42877 – 31687429.html。

中，低收入组户月人均收入低于 1000 元，中间偏下收入组户月人均收入高于 1000 元。[①] 2021 年，按全国居民五等份收入分组，低收入组年人均可支配收入为 8333 元，中间偏下收入组年人均可支配收入为 18445 元。[②] 这反映在市场给人们带来的不同机会面前，经过 40 多年改革开放，收入差距沉淀成财产占有差距，这一差距又反过来加大收入差距；也证明人民日益增长的美好生活需要和不平衡不充分发展之间的矛盾是我国社会主要矛盾。

人们靠不同方式实现了不同程度的富裕，被民众诟病的是一部分人并不是靠诚实劳动和合法经营致富的。我国 1994 年基尼系数突破国际公认的警戒线 0.40，根据国家统计局 2021 年之前最后一次即 2013 年发布的数据，我国 2008 年基尼系数达到 0.491 的峰值后逐年回落，到 2012 年为 0.474。另据报道，2020 年降至 0.468。[③] 有学者考证，我国 1978 年城镇居民个人收入的基尼系数为 0.185，农村为 0.212；1990 年城市为 0.23，农村为 0.31。高收入户与低收入户各 20% 的平均收入相比，1978 年农村居民比差为 2.9 倍，1992 年为 6.2 倍；1983 年城市居民比差为 2.3 倍，1992 年为 2.6 倍。[④] 国际经验一般认为，城乡之间居民收入比 2 倍左右为基本平衡的程度，3 倍以上则会因差距过大而结构失衡。我国 1990 年为 2.2 倍，1996 年提高到 2.6 倍，2003 年升至 3.23 倍；[⑤] 2010 年为 3.23 倍，2011 年微降到 3.13 倍。2012 年我国 20% 最高收入组与 20% 最低收入组的收入水平差距为 20 倍。[⑥] 改革中出现的收入分化是令人民大众最为不满的现实问题之一。人们起初在乎先富后富的方式，后来习以为常地表现得"宽容"，但对收入分化结果的不满和改善自己生活的诉求一直反应强烈。

针对收入差距拉大的问题，我国对社会主义市场经济框架中的个人收

---

① 国家统计局编《中国统计摘要 2020》，中国统计出版社，2020，第 59 页。

② 国家统计局：《中华人民共和国 2021 年国民经济和社会发展统计公报》，国家统计局网站，2022 年 2 月 28 日，http://www.stats.gov.cn/tjsj/zxfb/202202/t20220227_1827960.html。

③ 〈中国的全面小康〉白皮书新闻发布会答记者问》，国家统计局网站，2021 年 9 月 28 日，http://www.stats.gov.cn/xxgk/jd/zcjd/202109/t20210930_1822661.html。

④ 程恩富：《公平、效率与经济人分析——与张五常先生商榷之二》，《学术月刊》1996 年第 1 期，第 41 页。

⑤ 李实：《中国城乡之间收入差距及协调发展》，载《2004 年中国改革论坛论文集》，2004，第 134 页。

⑥ 《中国城乡居民收入比 13 年来首次缩小至 3 倍以下》，新华网，2015 年 1 月 20 日，http://www.xinhuanet.com/politics/2015-01/20/c_127403633.htm。

入分配环节进行了方向性调整。2002 年，党的十六大报告关于收入分配的导向调整为"坚持效率优先、兼顾公平，既要提倡奉献精神，又要落实分配政策，既要反对平均主义，又要防止收入悬殊。初次分配注重效率……再分配注重公平"①。党的十六届四中全会按照构建社会主义和谐社会的要求，强调要注重社会公平，合理调整国民收入分配格局，切实采取有力措施解决地区之间和部分社会成员收入差距过大的问题，逐步实现全体人民共同富裕。党的十六届五中全会针对收入分配领域中存在的矛盾比较突出的问题，提出要在经济发展的基础上，更加注重社会公平，合理调整国民收入分配格局，加大调节收入分配力度，使全体人民都能享受到改革开放和社会主义现代化建设的成果。党的十七大更明确了初次分配和再分配都要处理好效率和公平的关系，再分配更加注重公平。

党的十八大要求："调整国民收入分配格局，加大再分配调节力度，着力解决收入分配差距较大问题，使发展成果更多更公平惠及全体人民，朝着共同富裕方向稳步前进。"②"更公平"成为十八大收入分配问题的亮点。

党的十八届三中全会指出全面深化改革的意义与指导思想时强调："坚持社会主义市场经济改革方向，以促进社会公平正义、增进人民福祉为出发点和落脚点……紧紧围绕更好保障和改善民生、促进社会公平正义深化社会体制改革，改革收入分配制度，促进共同富裕，推进社会领域制度创新，推进基本公共服务均等化，加快形成科学有效的社会治理体制，确保社会既充满活力又和谐有序。"③

党的十九大报告进一步直面问题并指出，"中国特色社会主义进入新时代，我国社会主要矛盾已经转化为人民日益增长的美好生活需要和不平衡不充分的发展之间的矛盾"④；"必须认识到，我国社会主要矛盾的变化是关系全局的历史性变化，对党和国家工作提出了许多新要求。我们要在继

---

① 中共中央文献研究室编《十六大以来重要文献选编》（上），中央文献出版社，2005，第21 页。

② 中共中央文献研究室编《十八大以来重要文献选编》（上），中央文献出版社，2014，第12 页。

③ 中共中央文献研究室编《十八大以来重要文献选编》（上），中央文献出版社，2014，第512 ~ 513 页。

④ 习近平：《决胜全面建成小康社会 夺取新时代中国特色社会主义伟大胜利——在中国共产党第十九次全国代表大会上的报告》，人民出版社，2017，第 11 页。

续推动发展的基础上，着力解决好发展不平衡不充分问题，大力提升发展质量和效益，更好满足人民在经济、政治、文化、社会、生态等方面日益增长的需要，更好推动人的全面发展、社会全面进步"①；"坚持在发展中保障和改善民生。增进民生福祉是发展的根本目的。必须多谋民生之利、多解民生之忧，在发展中补齐民生短板、促进社会公平正义，在幼有所育、学有所教、劳有所得、病有所医、老有所养、住有所居、弱有所扶上不断取得新进展，深入开展脱贫攻坚，保证全体人民在共建共享发展中有更多获得感，不断促进人的全面发展、全体人民共同富裕。建设平安中国，加强和创新社会治理，维护社会和谐稳定，确保国家长治久安、人民安居乐业"②。

党的十八大以来，我国接续努力完善分配结构。2020 年，尽管受新冠肺炎疫情冲击，但我国人均可支配收入仍稳步增高（见图 6－2 至图 6－5），全国农民工人均月收入比 2019 年增长 2.8%。根据 2021 年国家统计公报可以计算出，全国 20% 最高收入组与 20% 最低收入组的收入水平差距降至10.3 倍。

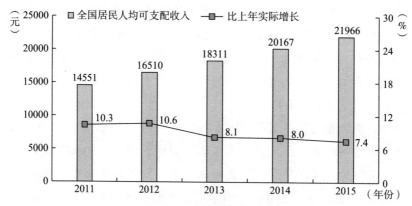

图 6－2　2011～2015 年全国居民人均可支配收入及其增长速度

资料来源：《中华人民共和国 2015 年国民经济和社会发展统计公报》。

---

① 习近平：《决胜全面建成小康社会　夺取新时代中国特色社会主义伟大胜利——在中国共产党第十九次全国代表大会上的报告》，人民出版社，2017，第 11～12 页。

② 习近平：《决胜全面建成小康社会　夺取新时代中国特色社会主义伟大胜利——在中国共产党第十九次全国代表大会上的报告》，人民出版社，2017，第 23 页。

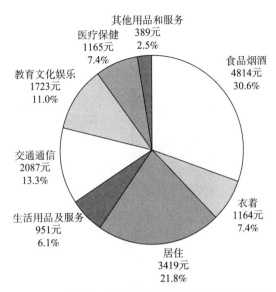

图 6 – 3 2015 年全国居民人均消费支出及其构成

资料来源:《中华人民共和国 2015 年国民经济和社会发展统计公报》。

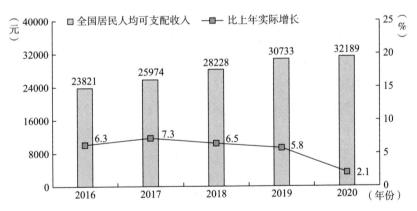

图 6 – 4 2016 ~ 2020 年全国居民人均可支配收入及其增长速度

资料来源:《中华人民共和国 2015 年国民经济和社会发展统计公报》。

共同富裕是社会主义本质要求和人民群众的共同期盼,新中国成立以来中国共产党带领全国人民持续致力于追求共同富裕并取得了巨大进步,特别是党的十八大以来我国加快治理农村绝对贫困并于 2020 年取得了决定性胜利。党的十九届五中全会第一次以党的全会文件形式,在 2035 年基本实现社会主义现代化远景目标中提出全体人民共同富裕取得更为明显的实质性进展,突出强调"扎实推动共同富裕,不断增强人民群众获得感、幸

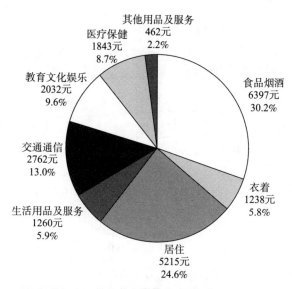

图 6 - 5　2020 年全国居民人均消费支出及其构成

资料来源：《中华人民共和国 2015 年国民经济和社会发展统计公报》。

福感、安全感，促进人的全面发展和社会全面进步"①，改善人民生活品质和提高社会建设水平，并提出一些重要要求和重大举措，实事求是、符合发展规律地指明了前进方向和奋斗目标。2021 年我国圆满实现全面建成小康社会，十九届六中全会强调，立足新发展阶段、贯彻新发展理念、构建新发展格局、推动高质量发展，全面深化改革开放，促进共同富裕。我们可以相信，我国在全面建设社会主义现代化国家新征程里，分配结构明显改善的目标一定会实现。

三　坚持社会主义市场经济的改革方向

本书第三章曾经提及，在我国社会主义市场经济发展历程中，一直存在认识社会主义市场经济的两种错误思维。一种是停留在要么去社会主义，要么去市场经济。去社会主义一度甚嚣尘上，这是邓小平的"南方谈话"中一针见血指出的"资产阶级自由化"，这种思维至今仍未放弃指给我国改革开放一条邪路。去市场经济的声音也一直存在，在市场化泛滥带来的各

---

① 《中共中央关于制定国民经济和社会发展第十四个五年规划和二　三五年远景目标的建议》，人民出版社，2020，第 5 页。

种对社会主义制度冲击、对人民群众利益损害面前，人们把担忧转化为无条件抵制市场经济，不相信社会主义基本制度可以驾驭市场经济，倡导现阶段停止市场在资源配置中起决定性作用，其中一部分人希望回到计划经济。另一种是视市场经济为社会主义和市场经济的简单相加的"井水""河水"关系，把社会主义局限为政治制度而且仅仅作为标签，把市场经济唯利是图、天经地义作为内核，在"皮"和"肉"上割裂社会主义市场经济，这种错误认识下的实践必然是马踢骑士而不是骑士驭马，结果与走向资本主义市场经济几无二致，是去社会主义思维的翻版。1992 年邓小平"南方谈话"中指出："右可以葬送社会主义，'左'也可以葬送社会主义。中国要警惕右，但主要是防止'左'。"与 1992 年相比，情势一度表现为去社会主义的力量占优。

党的十八大以来，中国共产党继续坚持并不断强调不走封闭僵化的老路和改旗易帜的邪路，坚持社会主义市场经济改革方向。党的十九届四中全会将社会主义市场经济体制作为我国现阶段一项基本经济制度，党的十九届五中全会把"坚持深化改革开放"[①] 作为"十四五"时期经济社会发展必须遵循的一项原则，党的十九届六中全会要求全党必须坚持党的基本理论、基本路线、基本方略，立足新发展阶段、贯彻新发展理念、构建新发展格局、推动高质量发展，全面深化改革开放。这充分说明，社会主义市场经济既不是社会主义与市场经济的简单相加，也不是相互平行互不干预的"井水不犯河水"，更不是去社会主义、去市场经济。社会主义市场经济是为社会主义服务的市场经济，是社会主义与市场经济融合在一起的有机统一体。

社会主义市场经济是一个历史范畴，现阶段我国社会主义建设事业离不开社会主义市场经济体制，也一定会在建设现代化经济体系和构建高水平社会主义市场经济体制中，克服影响社会主义市场经济健康成熟的失信、环境污染、资本泛滥、权力寻租等各种问题。

诚信是成熟市场的经济要件，失信问题目前仍然影响我国社会主义市场经济完善成熟。究其根源在于主体为了维护自己在社会实践中的利益。

---

① 《中共中央关于制定国民经济和社会发展第十四个五年规划和二〇三五年远景目标的建议》，人民出版社，2020，第 7 页。

如果社会活动中能够建立排斥失信主体的社会机制，失信的代价远大于收益，失信就能够得到相当程度的约束。因此，应致力于建立维护诚信的两个基本条件：其一，主体间利益一致；其二，失信出局。我们已经看到，失信现象频发时，人们会对人对事判断无措。失信重创的是整个行业乃至整个社会的信誉，其连带效应对社会生活的危害不只表现在经济领域，也危害到国民道德环境，冲击人与人以及人对社会的信任感。社会主义诚信立于超越自然经济和小商品经济诚信的生产力基础上，社会主义在诚信起点、诚信约束机制、诚信境界等多方面具有超越之前社会的优势。现阶段要突破市场经济个利为先之围，从社会主义市场经济推动社会主义社会生产力层面，为社会主义诚信实现超越铸筑物质基础；从根本生产关系层面做强做优做大做真共同利益的基础即公有制经济，引导非公有制经济健康发展，缩小不公平的利益差异，扩大共同利益，扩大和夯实共享；从具体生产关系层面下大力气建立、健全征信体系，提高失信者的代价，营造诚信环境；从联通文化层、制度层、器物层统筹治理层面，使诚信文化化为规制，使规制得到落实，使约束内化为经济主体的行事理念和行为习惯；① 通过政府公信先行，健全法制护航，社会主义市场经济各个实践主体自律，实现和强化社会诚信。

成本外化损害市场经济健康发展的自然环境。市场经济主体趋利动机使之向外转嫁成本，这是经济学试图解决的问题。社会主义市场经济加速我国工业化进程，但是市场趋利的成本外化使工业化带来诸多危害民生的问题。如环境污染问题，抵减巨额 GDP、破坏后代人的生存条件导致发展的不可持续，损害了国际形象。党的十九大提出要坚决打好防范化解重大风险、精准脱贫、污染防治的攻坚战，使全面建成小康社会得到人民认可、经得起历史检验。目前我国在三大攻坚战中取得一步步阶段性成果，尤其是在精准脱贫攻坚战上取得全胜，为我国进一步打赢另外两大攻坚战提供了经验与信心。

我国社会主义市场经济还在不断建设完善，受几千年封建权力观、西方利己主义与拜金主义、市场趋利规则泛滥的影响，官员腐败一直是大众最关注的问题。这种现象既是由于传统文化中的官本位、外来文化的拜金

① 常荆莎、付文军：《诚信演进的政治经济学分析——兼论社会主义诚信的特质及其实现》，《经济纵横》2019 年第 5 期，第 28 ~ 33 页。

主义等思想糟粕影响，也是市场经济塑造追求个人利益的"经济人"的副产品。改革开放以来中国共产党持续加大反腐败斗争力度，顺应了完善社会主义市场经济的必然要求，强化了执政党干部和政府官员确立约束与监督机制，阻止权力滥用。

党的十八大以来的"打虎拍蝇"成效显著，不敢腐的环境已经形成，不能腐的规制在严明，不想腐任重道远。制度反腐败取得压倒性胜利，使敛财型腐败、圈钱交换型腐败得到进一步遏制。但不容忽视的是，以权谋私进入实质性扭转阶段时也面临腐败类型的变种。比如，拥有权力的人之间的权权交换型腐败。一些执掌人民赋予权力的人置人民群众利益于不顾，依然摆不正权力观，他们即使在公有制经济组织内部承担领导工作却以资本逻辑处事，人民公务员用公共资源主要惠及自己甚至所谓自己圈子的人。这种现象已经引起人民群众的普遍不满。又比如，社会主义市场经济中，国有企业屡遇非议，非议有不同的动机，一种是前文分析过的新自由主义思潮混淆不同社会形态国有经济性质，对这种情况的非议应该理直气壮地予以驳斥，毫不动摇地坚持公有制为主导，公有制必须控制关系国民经济命脉和国计民生的领域。但不能回避且必须重视的是，这些行业中存在人民大众不能接受的问题。如部分企业高管用全民共有财产谋私利，高管与普通员工收入差距过大，基层劳动者与管理者的关系呈现劳资化趋势等。以做优做强国做大国有经济为目标，必须整治这些问题。推进国有经济改革，不只是机构调整、经营方式的调整，要在改革中强化国有经济内部人与人之间分工协作、尊重创造财富的劳动者，把国有经济党建化为生产过程中践行党的宗旨，建立社会主义同志式相互平等的同事关系。要创新反腐机制，遏制国有经济企事业单位管理人员和干部权权交换型腐败。中国共产党能够由几十人发展起来，领导大众推翻拥有几百万军队的国民党政府，靠的是一心为民。现在拥有九千万党员的执政党，即使不到万分之一的党员干部在市场经济中扭曲了权力观而腐败，影响也会极其恶劣。人们从新媒体传播扩散甚至歪曲放大效应中快速了解到腐败现象，会动摇对政府官员乃至政府和执政党的信任。

不受节制、不守规矩，甚至改变规则的资本无序扩张，严重破坏市场秩序，会改变市场经济的社会主义方向，危害社会主义市场经济的健康乃至国民经济运行的安全。2020 年中央经济工作会议将强化反垄断和防止资本无序扩张作为 2021 年的一项重点任务。① 2021 年 11 月国家市场监管总局加挂国家反垄断局，充实反垄断监管力量，充分体现了党中央、国务院对反垄断工作的高度重视。完善监管体制机制，坚决反对各种形式垄断和不正当竞争，防止资本无序扩张，保护市场主体和消费者合法权益，为促进各类市场主体健康发展营造良好竞争和营商环境。

社会生产是在消耗物质资料的基础上进行的，不断生产出产品也相应地排出废弃物污染环境。中共中央统筹国内国际两个大局，建设美丽中国和积极构建人类命运共同体，着力解决资源环境约束突出问题、实现中华民族永续发展，做出重大战略决策，"立足新发展阶段，贯彻新发展理念，构建新发展格局，坚持系统观念，处理好发展和减排、整体和局部、短期和中长期的关系，把碳达峰、碳中和纳入经济社会发展全局，以经济社会发展全面绿色转型为引领，以能源绿色低碳发展为关键，加快形成节约资源和保护环境的产业结构、生产方式、生活方式、空间格局，坚定不移走生态优先、绿色低碳的高质量发展道路，确保如期实现碳达峰、碳中和。"② 2030 年实现二氧化碳排放量达到峰值，2060 年实现碳中和。

社会主义市场经济走过的 30 年里，社会主义市场经济理论与实践取得了伟大的成就，在迈向建设社会主义现代化强国的道路上，我国必将总结社会主义市场经济的基本经验，建设高水平社会主义市场经济体制，披荆斩棘、攻坚克难，奋力实现第二个百年奋斗目标。

思考题：

1. 如何看待社会主义市场经济取得的巨大成就？

2. 社会主义市场经济理论的发展完善需要解决哪些基础性问题？

3. 如何认识和破解社会主义市场经济实践提出的难题？

4. 社会主义国有经济改革为何不能以西方经济理论为指导？

---

① 《一图读懂 2020 年中央经济工作会议》，人民网，2020 年 12 月 20 日，http：//finance. people. com. cn/n1/2020/1220/c1004 – 31972510. html。

② 《中共中央　国务院关于完整准确全面贯彻新发展理念做好碳达峰碳中和工作的意见》，中国政府网，2021 年 10 月 24 日，http：//www. gov. cn/zhengce/2021 – 10/24/content_ 5644613. htm。

后 记

　　社会主义市场经济理论是中国共产党人百年来具有原创性的经济理论创新之作，自 1992 年这一理论诞生以来，学界对其进行了较之前更加广泛和深入的研究，取得了一系列积极和富有价值且可资本书借鉴的学术成果。但现有研究缺少对社会主义市场经济理论的研究对象、研究任务、重要范畴、主体内容、理论基础、历史使命等基本学理问题的系统分析。

　　本书力图以完整准确的文献研究为基础，逻辑还原"社会主义市场经济"的初衷、使命，以科学性和阶级性辩证统一的马克思主义政治经济学为理论基础，以有益于社会主义市场经济性质与目标为原则吸收西方经济学可借鉴之处，摆脱了现有相当多读物将市场运行本身作为焦点而不同程度地陷入被西方主流经济学笼罩的阴影，最终落脚于中国特色社会主义市场经济在新时代的发展和完善。本书对学界鲜有交代的社会主义市场经济理论基本学理给出了基本结论，这对目前还明显缺乏的相关研究具有补白价值，有助于推进社会主义市场经济理论学术化进程；本书解析了中国共产党遵循唯物史观处理好生产力与经济制度、经济制度与经济体制关系的内在机理，呈现了新中国选择经济体制的一致性内在逻辑，证明新中国在改革开放前后两个时期对经济体制的选择不可否定也无法否定，有利于澄清国内外对中国社会主义市场经济的诸多诘难和曲解；本书论证了社会主义市场经济理论的核心或基石是我国经济体制改革的性质与目标理论，有利于我们在理论上深刻理解和在实践中坚定把握社会主义市场经济"为什么出发""要到哪里去""以人民为中心"；本书总结的中国社会主义市场经济成效与面临的理论及实践挑战，有助于分析构建高水平社会主义市场经济体制的相关问题。

　　本书作者在写作过程中参阅了国内外专家学者的大量研究成果，专家学者们的思想精华给我们思考问题提供了十分有益的启迪；中国地质大学（武汉）研究生院、党委宣传部、大学生发展与创新教育研究中心、马克思主义学院及马克思主义基本原理研究团队等单位与课题组，对本书出版给予了大力支持；武汉大学王今朝教授、天津师范大学沈文玮教授对开展本书相关研究提出了宝贵建议；社会科学文献出版社以陈凤玲编辑为代表的工作人员为本书出版付出了辛勤劳动。在此对上述学者、单位、出版社编辑及关心本书写作的人们一并表示深深的感谢。

　　本书由常荆莎主持全书的撰写、统稿和定稿，易又群、王晓南负责部分审稿和修订工作。各章撰写人如下：导论、第一章为常荆莎撰写；第二章为王晓南撰写；第三章为常荆莎、王晓南撰写；第四章为常荆莎撰写；第五章为易又群撰写；第六章为常荆莎撰写。

　　本书可作为教材供高校等用于相关课程教学，也可供机关干部等学习参考，还可为各类读者思考相关问题提供参考。探讨社会主义市场经济，涉及诸多理论与实践重要问题，作为学术界第一本试图系统地厘清社会主义市场经济理论基本学理问题的专著，对从波澜壮阔的改革开放实践迈入的社会主义市场经济进行概括，挑战作者们的理论功底与眼界，也必然使作品难免涉猎有限、存在不足之处，敬请读者指正。

常荆莎

2021 年 11 月

图书在版编目（CIP）数据

社会主义市场经济概论：以政治经济学为理论基础
的阐释 / 常荆莎，易又群，王晓南著. -- 北京：社会
科学文献出版社，2022.4

（中国地质大学马克思主义文库）

ISBN 978 - 7 - 5201 - 9777 - 9

Ⅰ.①社… Ⅱ.①常… ②易… ③王… Ⅲ.①中国经
济 - 社会主义市场经济 - 概论 - 研究生 - 教材 Ⅳ.
①F123.91

中国版本图书馆 CIP 数据核字（2022）第 028024 号

中国地质大学马克思主义文库

社会主义市场经济概论

——以政治经济学为理论基础的阐释

著　　者 / 常荆莎　易又群　王晓南

出 版 人 / 王利民
责任编辑 / 陈凤玲
文稿编辑 / 刘珊珊
责任印制 / 王京美

出　　版 / 社会科学文献出版社·经济与管理分社（010）59367226
　　　　　地址：北京市北三环中路甲 29 号院华龙大厦　邮编：100029
　　　　　网址：www. ssap. com. cn
发　　行 / 社会科学文献出版社（010）59367028
印　　装 / 三河市尚艺印装有限公司

规　　格 / 开本：787mm × 1092mm　1/16
　　　　　印张：14.25　字数：232 千字
版　　次 / 2022 年 4 月第 1 版　2022 年 4 月第 1 次印刷
书　　号 / ISBN 978 - 7 - 5201 - 9777 - 9
定　　价 / 128.00 元

读者服务电话：4008918866